'밀레니얼 세대가 일터에서 원하는 것'에 대한 추천사

"오늘날을 사는 인력들의 특성은 예전보다 훨씬 더 다양해지고 복잡해졌고, 도전해야 할 과제들도 더 많아졌다. 앞으로 다가올 10년 동안, 조직의 규모가 크건 작건 간에, 모든 조직들은 밀레니얼 세대를 어떻게 포용하느냐에 따라 성공과 실패 여부가 갈리게 될 것이다. 이 책은 밀레니얼 세대를 이해하는데 있어서 가치높은 통찰과 도구들을 제공해주며, 젊은 구성원들이 가지고 있는 독특한 가치를 활용하는 방법을 알려준다."

– 스코트 피타스키(Scott Pitasky),
스타벅스의 부사장 & 외부업체 관리 담당 최고책임자

"현재 자신의 삶에서 밀레니얼 세대를 잘 이해하고 있다고 생각한다면, 다시 한번 스스로의 모습을 점검해보길 바란다. 새로운 세대 연구를 다룬 이 책에서, 딜과 레빈슨은 밀레니얼 세대가 원하고 생각하고 행동하는 것을 어떻게 바라볼지에 대해 새로운 시각을 제공하며, 그들의 몰입도와 기여도를 최대화하기 위한 방법을 알려준다. 밀레니얼 세대를 담당하는 관리자, 부모, 역량개발자로서, '밀레니얼 세대가 일터에서 원하는 것'에서 제공해주는 국제화된 시각과 실용적인 제안들은 이미 내 사고에 영향을 미치기 시작했다."

– 메리 에켄로드(Mary Eckenrod),
존슨 컨트롤스社의 부사장 & 해외인력 관리 담당

"이 책은 당신이 밀레니얼 세대에게 영감을 불어넣고 그들과 좋은 관계를 맺을 수 있는 방법을 새로이 개발할 수 있도록 도와줄 것이다. 매력있고 복잡한 특성을 가지고 있는 세대를 진정으로 이해하기를 원하는 사람이라면 누구라도, 표면적으로는 다소 모순적인 것처럼 보이는 역설을 해결하는 딜과 레빈슨의 능력으로부터 도움을 얻을 수 있을 것이다. 이 책을 세대의 비밀을 이해하는 암호해독기로 활용하길 바란다. 이 책을 통해 당신은 배우고, 성장하여, 의미있는 차이를 지속적으로 만들고자 하는 밀레니얼 세대의 열정을 최대한 끌어내는 방법은 무엇인지, 그리고 그들을 깊이 몰입하게 만드는 비밀은 어떤 것인지를 알 수 있게 될 것이다."

– 에바 세이지 개빈(Eva Sage Gavin), 아스펜 인스티튜트(Aspen Institute) 산하
미국의 미래를 위한 기술(Skills for America's Future) 자문위원회 부의장,
보스턴 컨설팅 그룹(Boston Consulting Group)의 수석고문,
前 갭(Gap Inc.)의 글로벌 인적자원·법인업무 수석 부사장

"이 책은 당신이 밀레니얼 세대의 몰입도를 높이고, 사업의 발전속도를 강화하기 위해 지금 당장 활용할 수 있는 정말 대단한 가이드이다. 딜과 레빈슨은 실제로 밀레니얼 세대들을 움직일 수 있는 방법에 대해 놀라울만큼 풍부하고 실용적인 도구들을 보여주고 있다. '밀레니얼 세대가 일터에서 원하는 것'은 혁신과 장기적인 성장을 위해 치러야 하는 인재 전쟁에서 당신이 승리하도록 도와줄 것이다."

– 스티브 밀로비치(Steve Milovich),
월트디즈니社, 디즈니 ABC 텔레비전의 글로벌 인적자원 담당 전무이사

"어느 나라의 조직이라도 '밀레니얼 세대가 일터에서 원하는 것'에서 제공한 날카로운 통찰력을 통해 도움을 받을 수 있을 것이다. 기존에 사람들이 많이 가지고 있었던 잘못된 개념들을 벗어나서, 딜과 레빈슨은 밀레니얼 세대들의 몰입도를 높이고 동기부여를 하는 방법에 대해 리더와 관리자, 동료들이 활용할 수 있는 유용한 팁들을 제공해준다. 밀레니얼 세대는 우리의 일터를 이끌어나갈 미래이므로, 이 책은 그들과 함께 일하고 있는 누구에게라도 최고의 조력을 제공할 수 있도록 도와줄 것이다."

– 앤 힐(Anne Hill), 수석부사장 & 최고 인사 책임자(CHRO), 애버리 데니슨社

이 책은 "밀레니얼 세대를 관리하고 그들과 함께 일할 수 있는 방법을 알려

주는 최첨단의 지침서이다. 딜과 레빈슨이 전세계 조직들을 대상으로 진행한 광범위한 연구결과를 기반으로 하여, 이 책은 다양한 논쟁들을 해결해나간다. 밀레니얼 세대가 자신의 권리만 주장하며 일을 안하려 하는지 아니면 열심히 일하는 사람들인지, 항상 보살핌을 필요로 하는지 아니면 독립적인지, 최첨단 기술을 통해서만 이야기를 하려 하는지 아니면 사람들과 깊은 관계를 맺고 싶어하는지, 조직에 대한 충성도가 없는지 아니면 몰입도가 높은지에 대한 논쟁 말이다. 탄탄한 연구 결과를 기반으로 쓰여진 이 책은 실용적인 제안들을 풍부하게 제공해주고 있다.”

– 애덤 그랜트(Adam Grant), 와튼스쿨 조직경영학 교수 &
뉴욕타임스 베스트셀러인 ‘기브앤테이크’와 ‘오리지널스’의 저자

“대부분의 전문가들은 몇가지 일화들과 진부한 해설들을 바탕으로, 밀레니얼 세대가 기성세대와는 완전히 다른 특성을 가진 사람들인 것처럼 대한다. 하지만 딜과 레빈슨은 전혀 다른 접근방법을 택하고 있다. 과학적 분석을 통해 자료–기반의 통찰력을 제공하고, 실제 우리의 사회에서 일어나고 있는 변화와 사람들의 머릿속에 있는 신화를 분리시켜준다. 특히 국가간 차이는 정말 유용한 자료이다. 세대간의 차이보다 훨씬 더 중요한 것은 문화라는 것을 깨달을 수 있었다!”

– 토니 사르삼(Tony Sarsam), 레디팩푸즈(Ready Pack Foods)의 CEO

“‘밀레니얼 세대가 일터에서 원하는 것’은 자신의 인재관리스킬과 전략이 어느 방향으로 나아가야 할지를 알고 싶어하는 모든 리더들을 위한 책이다. 딜과 레빈슨은 매우 내용이 알찬 글로벌 연구를 기반으로 하여 우리의 차세대 핵심 인재들을 성공적으로 이끌고 관리하는 데에 도움이 될 설득력 있는 지침서를 만들어주었다. 그들이 주는 메시지는 매우 명확하고, 조언은 실용적이며, 핵심적 요점은 영감을 불러일으켜준다. 현대의 리더들이 내리는 선택은 결국 우리가 물려줄 유산이 되기 때문에, 매우 중요하다. 차세대 인재 세대를 이끌기 위한 새로운 리더 집단이 출현하고 있는 지금, 우리는 이 역동적 분위기를 육성하고 촉진할 수도 있지만, 정반대로 망쳐놓을 수도 있는 것이다.”

– 조나단 도너(Jonathan Donner),
유니레버(Unilever)의 글로벌 교육 & 역량개발 담당 부사장

"요새는 조직에서 근무하는 밀레니얼 세대란 이렇다 저렇다 하며 모두들 한 마디씩 하는 분위기이다. 하지만, 지금까지 왜 이 세대가 독특하게 보이는지에 대해 우리가 이해할 수 있도록 도와주는 훌륭한 연구는 별로 없었던 것 같다. 딜과 레빈슨은 전세계의 임원들을 위해 훌륭한 조력을 해주면서, 조직들이 새로운 인재의 숨겨져 있는 잠재력을 파악할 수 있도록 진부한 신화를 신선하고 명료한 사고로 바꾸도록 해준다."

– 존 버틀러(John D. Butler),
텍스트론(Textron)의 전 부사장 & 최고 인사 책임자(CHRO)

"미래를 이해하고 싶다면, 반드시 밀레니얼 세대가 동기부여받는 요인이 무엇인지를 파악해야 한다. 왜냐하면, 이 세대는 세계사의 다음 장을 이끌어가고 만들어갈 세대이기 때문이다. 이 책은 모든 리더, 임원진, 정부조직, 마케팅 담당자, 교육자와 부모 모두에게 큰 도움이 될 것이다. 진정한 가치가 있는 통찰과 실용적인 제안들로 가득한, 정말 멋진 책이라고 강조하고 싶다."

– 데니스 핀(Dennis Finn), 애드비전(Advisian)의 글로벌 CEO

"딜과 레빈슨은 밀레니얼 세대가 일터에서 원하는 것이 무엇인지를 파악하는 데 있어서, 기존에 존재하던 신화들과 실제 사실을 완벽하게 분리해주었다. 자신의 조직이 밀레니얼 세대의 몰입도와 기여도를 향상시켜서 최적의 성과를 내는 방법에 대해 관심이 있는 사람이라면, 반드시 읽어야 할 필독서라고 생각한다."

– 마크 블란켄십(Mark Blankenship),
잭 인더박스(Jack in the Box)의 부사장 & 최고 인력, 문화, 조직전략 책임자

"딜과 레빈슨은 풍부한 자료와 이야기들을 바탕으로, 지금까지는 우리가 정확하게 알지 못했던 것에 대해 설명해준다. 밀레니얼 세대는 어디에서 일하고 사는지에 상관없이, 비슷한 열정과 목표에 의해 동기부여된다는 것을 말이다. 글로벌 조직들이 핵심인재들의 성장을 어떻게 막을 수 있는지도 알 수 있다. 이 책은 전 세계 곳곳에서 뛰어난 리더십 파이프라인을 구축하기 위해 필요한 현명하고 실용적인 조언을 제공해주고 있다."

– 잉가 스컥(Ingar Skaug), 빌헬름센(Wilhelmsen ASA)의 前 CEO & 그룹회장

"밀레니얼 세대는 우리의 미래이다. 당신이 밀레니얼 세대들을 관리하는 사람이거나, 아니면 당신 자신이 밀레니얼 세대라면, 이 독특한 세대를 이해하기 위해 딜과 레빈슨의 가이드를 읽어보기 바란다. 이 책은 중요한 세계적 연구들을 기반으로 하여, 밀레니얼 세대들에게 동기부여를 하는 것이 무엇인지, 그리고 당신의 사고 & 관리 스타일을 어떻게 수정보완하면 최적의 팀을 꾸려나갈수 있는지에 대해 설명해준다!"

– 마샬 골드스미스(Marshall Goldsmith), 뉴욕타임스의 최고 베스트셀러
"일 잘하는 당신이 성공을 못하는 20가지 비밀", "모조 : 내 안에 잠든 긍정의 추진력",
"방아쇠(Triggers)"를 포함한 35권 도서들의 저자 및 편집자

"밀레니얼 세대는 스마트하고, 재능이 많으며, 야망이 많다. 하지만 그들을 육성할 책임을 진 사람들은 밀레니얼 세대에 대해 오해를 하게 되는 경우가 많다. 이 책의 저자들은 우리가 몇 년 동안 필요로 했던 이야기, 밀레니얼 세대에 대해 애정을 가지고 연구를 진행한 결과들을 제공해준다. 이 책은 명확한 분석과 체계적인 지침을 기반으로 하여, 차세대 리더들의 생산성을 강화하기 위해 조직이 어떤 논의와 고민을 해야 하는지에 대해 보여준다.

– 마틴 슈나이더(Martin Schneider), VF社의 부사장 & 글로벌 최고정보관리책임자(CIO)

"저자들은 전 세계를 돌아다니면서, 각 나라의 밀레니얼 세대들이 어떤 공통점을 가지고 있는지, 그리고 소수이기는 하지만 어떤 중요한 문화적 차이점들을 보이고 있는지에 대해 다양한 방법으로 탐색하는 멋진 여행으로 우리를 초대해준다. 새로운 글로벌 리더 세대를 발전시키기 위한 최고 레벨의 연구를 정말 필요로 하는 조직이라면, 반드시 이 책을 읽어보기를 권하고 싶다."

– 옴 바트(Om Bhatt), 인도국영은행의 前 회장

"딜과 레빈슨이 집필한 이 책은 자신의 조직에서 밀레니얼 세대를 선발하고 유지시키고 적절한 보상을 해야 한다는 도전과제를 잘 풀고 싶어하는 비즈니스 리더들과 HR 전문가들이 꼭 읽어야 할 책이다."

– 재클린 유(Jacqueline Yew), 팍테라 테크놀러지(Pactera Technology International Limited)의 부사장 & 조직 전략 및 리더십 개발 담당

"딜과 레빈슨은 우리에게 정말 대단한 선물을 해주었다. '밀레니얼 세대가 일 터에서 원하는 것'에 대해 명확하게 설명을 해주었고, 이 새로운 인력의 몰입도 를 높이기 위한 세심하고 유용한 도구들을 제공해주었다. 더 멋진 사실은, 이 책이 당신의 조직에서 일하는 모든 세대들을 관리하는 데에도 도움이 된다는 것이다. 베이비붐 세대, Y세대, 그 어떤 세대라도 말이다. 딜과 레빈슨은 이 시 대의 조직에서 일하고 있는 사람들에 대해 더욱 전체적으로 바라볼 수 있는 시 각을 제공해주고, 다양한 팀들로부터 최적의 성과를 끌어내며, 모든 구성원들 이 참여하고 동기부여를 받을 수 있는 환경을 조성하는 방법을 보여주고 있다."

– 로라 리스우드(Laura Liswood), 골드만 삭스(Goldman Sachs)의 수석 고문,
세계여성지도자협의회의 사무총장, '가장 목소리 큰 오리 : 다양성을 넘어서 움직이기
(The Loudest Duck : Moving Beyond Diversity)'의 저자

"딜과 레빈슨은 밀레니얼 세대가 과연 어떤 사람들인지, 그들은 무엇을 원하 는지, 그리고 각 나라에서는 문화적으로 어떤 차이를 보이는지에 대해 심층적 인 통찰을 제공해주고 있다. 밀레니얼 세대를 명확하게 이해한다는 것은, 국내 뿐 아니라 전 세계에서 성공하고 싶어하는 조직들에게 매우 핵심적인 일이다. 이 책은 당신의 조직이 지속적으로 성장하는데 핵심요소인 밀레니얼 세대를 어 떻게 관리할지에 대한 지침과 조언을 제공해주고 있다."

– 앤 파트리시아 수탄토(Anne Patricia Sutanto),
팬 브라더스(Pan Brothers Tbk)의 부사장

"글로벌 조직들은 문화라는 것이 사업모델에 도움이 될수도 있지만, 오히려 방해가 될수도 있다는 것을 잘 알고 있다. 오늘날 밀레니얼 세대는 글로벌 사업 에 대한 야망을 실현하는데 있어서 성공요인이 될수도 있고, 장애물이 될수도 있는 가장 큰 문화적 도전과제들 중의 하나이다. 딜과 레빈슨은 밀레니얼 세대 들이 전 세계적으로 얼마나 유사한 열정과 욕구를 가지고 있는지, 그리고 문화 적 독특함을 고려해야 하는 곳은 어디인지에 대해 전문가로서의 식견을 가지고 유용한 지침을 제공해주고 있다."

– 네나드 파섹(Nenad Pacek), 글로벌 성공자문社(Global Success Advisors GmbH)의
창립자이자 사장, CEEMEA 비즈니스 그룹의 공동창업자 및 공동사장

"고객들과의 관계에서 성공할 수 있는 유용한 전략은 조직 구성원들의 몰입도를 높이는 작업으로로터 시작된다. 이 실용적이고 통찰력 높은 지침서는, 당신의 밀레니얼 세대 구성원들과 어떻게 성공적으로 협업을 할 것인지, 그리고 그들의 행동과 결정을 이끌어내는 것은 무엇인지에 대해 보여주고 있다. 자신의 조직이 변화하는 상황에서 적절하게 기능하고 경쟁력을 유지하기를 바라는 모든 리더들에게 이 책은 매우 유용하고 재미있는 참고자료가 될 것이다."

– 라이문트 스나이더스(Raimund Snyders),
뮤추얼 & 페드럴社(Mutual & Federal)의 대표이사

"선진국의 성숙산업분야(유럽의 강철시장)에서 인도인으로서 사업을 이끌면서, 나는 밀레니얼 세대가 가지고 있는 힘과, 그들이 인도 경제에 미치는 영향력을 관찰하고 있다. 밀레니얼 세대는 전 세계에 있는 신규시장발달이 다음 단계로 나아갈 수 있도록 촉진하고, 유럽과 다른 나라들의 성숙시장에서 우수 제조업이 바라볼수 있는 미래를 재설계할 수 있는 잠재력을 가진 세대이다. 딜과 레빈슨은 미래를 변화시키는 데에 있어서 밀레니얼 세대가 기여할 수 있기를 바라는 리더들이 따라갈 수 있는 명확한 로드맵을 제공해준다."

– 칼 쾰러 박사(Karl Köhler), 타타 강철(Tata Steel) 유럽지사의 사장 & 관리책임자

밀레니얼 세대가
일터에서 원하는 것

젊은 조직 구성원들의 몰입도를
최대화시키는 방법

제니퍼 딜 · 알렉 레빈슨 저 | 박정민 역

WHAT
MILLENNIALS
WANT FROM
WORK

박영
story

헌정사

지난 10년간 우리의 연구 대상이 되어주었던
G, M & D,
E, C, E, A, & E에게
감사의 마음을 전한다.

그리고,
2000년 이후 출생 세대, 밀레니얼 세대, X세대, 베이비붐 세대,
침묵 세대,[1] 2차 대전 참전 세대, 잃어버린 세대[2]에게
감사를 드린다.
이분들은 우리에게
헌신과 노력은 세대와 나이를 초월한다는 사실을
지속적으로 알려주셨다.
우리는 이분들로부터 받은 선물에 대해
언제나 감사하고 있다.

---

1   역주 : Silent Generation – 1925~1945년 출생. 직접 세계 대전을 경험했고, 유년기를 전
      쟁시에 보냈기 때문에 "조용히 지낼 수 밖에 없었던" 세대(시사상식사전).
2   역주 : Lost Generation – 제1차 세계대전 후 사회에 환멸을 느끼고 허무적·쾌락적 경
      향에 빠졌던 미국의 지식계급 및 예술파 청년들(두산백과).

차 례

Contents

역자서문

"저 사람은 왜 저러지? 도대체 이해할 수가 없는데?"라는 생각이
머릿속을 채우기 시작하면,
꼬리를 잡고 곧바로 따라오는 생각은
"저 사람의 행동은 틀렸어!"인 듯 하다.

임원 및 팀장님들과 함께 젊은 세대에 대해 이야기를 할 때,
많은 불만과 불평을 들었던 것이
바로 "상식적으로 어떻게 저런 행동을 할 수가 있대요?"라는 당황스러움과
"저런 애들이 앞으로 우리 회사를 끌고 갈수나 있겠어요?"라는 불신이었다.

그리고 사원 및 대리분들과 함께 기성세대에 대해 이야기를 할 때
많은 불만과 불평을 들었던 것이
바로 "저렇게 행동을 하시니까 꼰대라는 말을 듣죠"라는 답답함과
"어떤 말씀을 드려도 '네가 뭘 알아! 시키는 대로 해!'라고 하세요"라는
좌절감이었다.

하지만, 또 많은 관리자분들은
나와 다른 문화에서 교육받고 성장했으며
나와 다른 가치관을 가지고 있는 사람과 같이 일을 해야 하는 상황에서
가장 어려운 것은 "나와 다름"을 인정하는 것이고,
지금은 그 어려운 인정 행동을 해보려고
노력중이다라는 이야기도 해주셨다.

상사의 역할이
직원에게 업무를 지시하고 결과에 대해 평가만 하면 되는 Judge에서,
직원이 가지고 있는 특성과 역량과 기대를 민감하게 파악하고
지속적인 성장을 위한 발전을 지원하는 Coach로 변화된 것이
이제 부인할 수 없는 현실인 지금.

나와 다른 부하직원과 함께
좋은 성과와 바람직한 조직문화를
성공적으로 만들어내고 계신 관리자분들로부터
가장 많이 보이는 특성은
다음과 같은 "호기심"이었다.

"저 사람은 무슨 생각을 할까?"
"저 사람은 어떤 것을 원할까?"
"어떤 식으로 대화를 하고 접근을 하면 효과적일까?"
"어떻게 하면 내가 저 사람에게 도움이 되는 상사로 발전할 수 있을까?"
"지금까지 리더로서 내가 익숙하게 사용하던 도구들 중에서
 계속 쓸 것은 뭘까? 버려야 할 것은? 새로 사야 할 것은 뭘까?"

이 책을 번역하면서 가장 좋았던 것은,
관리자들이 함께 일하는 후배직원들에 대해
호기심과 긍정적인 기대감을 발전시킬 수 있도록,
밀레니얼 세대가 가지고 있는 많은 자원을
상세하게 설명해준 점이었다.

많은 연구들에서
성과와 직접적으로 관련성이 높은 것은
인지적인 지능보다 정서적인 민감성이라고 이야기를 한다.
공감을 하는데 있어서 가장 높은 수준은
상대방의 행동과 감정, 생각을 이해하는 것을 넘어서서
가장 깊은 곳에 있는 의도와 가치관,
미래에 대한 방향성을 알아주는 것인데,
이 책은 관리자의 공감행동에 많은 도움이 될 거라고 확신한다.

"나는 저렇게 살지 말아야지"라는 꼰대의 모습이 아니라,
"저분과 함께 일해보고 싶다"라는 진정한 어른의 모습을
직원들에게 보여주고 싶어하시는
많은 관리자분들에게
이 책을 선물로 드리고 싶다.

2017년 1월
같은 하늘 아래
박정민 드림

서문

Foreword

　우리는 대부분의 경우, 세대간 차이점에 대해 관심을 많이 가지고 있다. 그리고 밀레니얼 세대에 대한 호기심은 그 어느 때보다 큰 것 같다. 그들은 다른 세대들과 정말 다른 것일까? 만약 그렇다면, 그 차이점의 원인은 무엇이며, 그들을 지원하고 관리하며 리딩하는 사람들에게 필요한 것은 무엇일까? 이와 같은 관심이 매우 크기 때문에, 밀레니얼 세대의 업무습관과 동기에 대해 끊임없이 분석이 이루어지고, 이들의 미래에 대한 열망과, 기대하고 있는 커리어궤도 (career trajectories)에 대해 많은 탐색이 진행되는 것은 그다지 놀라운 일이 아니다. 이 분석들 중에서는 다소 편협한 관찰결과에 기반한 경우가 많고, 관찰자의 강한 개인적 신념에 연결되어 있을 때도 많다. 어떤 분석들은 부정적이고 편견에 가까운 시각을 가지고 있기도 하다.

　그래서 이 책의 기반을 이루는 연구들이 정말 중요한 것이다. 몇천 시간의 인터뷰, 최신 기술을 이용한 소셜 플랫폼 대화, 다양한 국가의 조직구성원들을 대상으로 한 심층 설문조사들을 통해, 연구팀은 밀레니얼 세대에 대해 숨겨져 있는 현실을 밝혀나가기 시작했다. 도쿄, 보스턴, 상하이, 부에노스아이레스에 사는 밀레니얼 세대들이 세상을 어떤 시각으로 보는지에 대해 귀를 기울였다. 밀레니얼 세대가 세상을 바라보고, 일상적인 선택과 결정을 어떻게 내리는지에 대한 이야기를 들어본 것이다.

이 책의 뛰어난 점은, 오늘날의 산업세계에서 젊은이로서 살아간다는 것이 어떤 의미인지에 대해 명확한 통찰을 하게 해주었다는 사실이다. 사실 어떤 결과는 거의 예상가능한 것이었다. 놀라운 기술의 발전 때문에, 이 세대는 출생부터 독특한 삶을 살게 되었고, 앞으로도 그 특성은 이어질 것이라는 사실 말이다. 밀레니얼 세대는 가상공간에 대해 매우 친숙하기 때문에 최신 기기들을 쉽게 다룰 수 있는 모습을 보이고, 그곳에서 대인관계를 맺으며 서로를 지원하는 데에 익숙하다. 밀레니얼 세대는 2007년의 불황시기에 첫 직장을 가지기 시작했기 때문에, 열심히 일하고 승진을 한다는 것은 그들에게 매우 중요하다는 사실은 너무나 당연하다. 하지만, 예상치 못했던 연구결과도 있었다. 다른 세대들과는 다르게, 밀레니얼 세대는 더 좋은 보수를 받기 위해 자주 직업을 바꾸긴 했지만, 현재 소속된 조직에 헌신하고, 어떻게 기여할 수 있을지에 대해 고민하는 모습을 보였다.

그들은 더 넓은 세상에 대해 관심을 가지고 있긴 하지만, 지금 해결해야 하는 빚이 워낙 많기 때문에 바로 받을 수 있는 보수 또한 매우 중요하게 여겼다. 중년의 나이가 될 때까지 채무에 시달리고 싶지 않고, 노년생활을 위해 충분한 저축을 하고 싶은 것이다. 그들은 비록 첨단기술이 발전한 세상에서 성장하기는 했지만, 사람들을 직접 만나는 것의 중요성을 잘 알고 있으며, 일터에서 만나게 되는 사회적 커뮤니티에 대해 관심을 많이 가지고 있었다.

이 책에 실린 연구는 현재를 살고 있는 밀레니얼 세대의 모습을 보여준다. 우리는 이 책을 통해, 밀레니얼 세대가 일상적인 삶을 어떻게 경험하고 있는지, 과거의 경험에 대해 어떻게 생각하고 있는지, 그리고 미래에 자신의 앞에 놓여질 길에 대해 어떤 것을 기대하고 있는지를 알 수 있다. 일이란 그들의 삶에서 가장 근본적인 것이기 때문에, 밀레니얼 세대가 몰입하고 있는 일의 질(quality)은 만족도와 웰빙에 대한 느낌에 있어서 핵심요소인 것이다. 장기적으로 자신의 일 하는 삶에 대해 생각해보았을 때, 그들은 스킬과 역량의 기초를 닦아야 한다는 것을 알고 있고, 자신의 목표를 달성하는 것이 얼마나 중요한지에 대해 지각하고 있다. 일생을 통해 배우는 자세를 갖추는 것이 매우 필요하다는 것을 알고 있기 때문에, 사회인으로서의 초기에 기꺼이 투자를 하려는 마음을 가지고 있다. 일에 대한 그들의 시각을 들어보면, 관리자들이 해야 할 일이 무엇인지가 명확해진다. 흥미있고 가치있는 일을 제공해주기, 영감을 줄 수 있는 피드백을 정기적으로 주기, 좋은 일을 할수 있다고 그들을 믿어주기, 일을 하는 방법에 있어서 어느 정도의 자율권을 보장해주기, 의견을 제시할 때 들어주기. 밀레니얼 세대의 의견에 귀를 기울일 때 또 하나 잘 알게 되는 것은, 현재의 조직행동들이 그들에게 미치는 부정적 영향이다. 많은 사람들이 조직의 미션과는 전혀 관계가 없어보이는 과제를 하는데에 긴 시간을 써야 한다는 좌절감을 이야기하고 있고, 관료주의로 인한 무거운 부담감에 대한 보고도 있으며, 일터에서 따돌림을 당하는 고민도 존재한다.

연구팀은 다양한 방법들을 통해 얻게 된 자료들을 통합하면서, 밀레니얼 세대에 대해 설명을 잘 하려면 간단하고 단순한 기술을 넘어서서 더 많은 내용을 담은 복잡한 묘사법을 개발해야겠다는 것을 명확하게 알게 되었다.

밀레니얼 세대가 자신의 미래 삶을 묘사하는 것을 보면, 이들이 어떤 지향점을 가지고 있는지를 잘 알 수가 있다. 이들은 이제 사회인으로서의 모습을 갖추고, 앞에 놓여있는 삶의 형태를 결정하게 될 선택을 하기 시작하는 중이다. 아마 기성세대들(나와 같은 베이비붐 세대는 분명히)은 이 정도면 충분했다. 그야말로 삶이란 일 아니면 가정이었으니까.

연구가 시작되자마자, 연구팀들은 밀레니얼 세대들이 자신의 삶을 보다 통합적인 시각으로 바라보고 있다는 것을 알게 되었다. 예를 들어, 그들에게 있어서 인생이라는 것은 일이나 가정(work or home)이 아니었다. 그보다 일과 가정(work and home)은 통합되어야 한다고 생각하고 있었다. 매우 작은 변화인 것 같지만,

이러한 태도는 연구팀이 발견한 많은 자료들을 전반적으로 설명해줄 수 있는 것이었다. 밀레니얼 세대는 기성세대보다 부모와 함께 살고 있는 경우가 더 많다. 그래서, 그들은 자신을 가족의 구성원으로서 보는 경우가 많고, 앞으로 살아갈 미래를 볼 때에도 가족이 자신의 삶에서 핵심적인 역할을 하기를 기대하고 있었다. 밀레니얼 세대의 부모들은 일과 가정 사이에서 균형을 잡기 위해 갈등을 겪었던 사람들이다. 그래서, 밀레니얼 세대들은 그러한 어려운 상황을 잘 이해하고, 어떤 문제가 생길 수 있는지를 지각하고 있기 때문에, 일에 대한 태도를 결정하는데 있어서 보다 통합적인 시각을 가지게 된 것이다. 이들에게 일은 물론 매우 중요한 것이다. 하지만, 자신을 건강하고 행복하게 발전시키기 위해 투자하는 시간도 중요하며, 이웃 및 커뮤니티를 위해 봉사하는 시간도 의미가 있고, 전세계가 겪고 있는 더 큰 글로벌 이슈들을 해결하는데 있어서 뭔가 작은 역할을 하는 것도 중요하게 생각한다.

앞에서 묘사했던 밀레니얼 세대에 대한 생각은 서구 사람들의 인생 맥락에서 만들어진 것이다. 이와 같은 편협한 시각은 밀레니얼 세대의 근본적인 특성을 간과하고 있다. 그래서 이 연구와 같이 전세계의 다양한 국가를 대상으로 한 접근방법이 필요한 것이다. 우리는 소셜미디어를 통해 세계 각국의 사람들과 상호작용을 하는 첫 번째 세대의 모습을 관찰해왔고, 여러 나라에서 동시에 경험하고 있는 엔터테인먼트와 교육 덕분에 국가별 차이점이 사라져가는 것을 볼 수 있었다. 뭄바이, 런던과 보스턴에 살고 있는 밀레니얼 세대들의 교육에 대해 질문을 했을 때, 동일한 대답들이 많이 나왔다. 이 세대는 정말 진정한 글로벌 시각을 가진 사람들인 것이다. 전세계의 밀레니얼 세대들은 동일한 태도를 가지고 있는 경우가 많았고, 외국에서 일어나는 일에 대해 관심을 보였으며, 다른 나라에서 일할 수 있는 기회에 대해 가치를 부여하는 모습을 보였다.

이 연구는 운이 좋게도 다양한 나라에 살고 있는 사람들을 관찰할수 있는 기회를 잡았다. 더 좋았던 것은 여성과 남성 모두의 이야기를 들을 수 있었다는 점이다. 연구대상에서 성별의 균형을 잡는 것은 매우 중요한데, 왜냐하면 밀레니얼 세대는 남성과 여성의 일에 대한 시각을 변형시키고 있는 당사자이기 때문이다. 이들은 남성과 여성이 파트너로 만나, 맞벌이를 하면서 일상의 현실을 경험하고 있으며, 그들의 부모들은 하지 않았던 방법으로 아이들과 보내는 시간과 일하는 시간 사이에서 이리 뛰고 저리 뛰고 있는 상황이다. 일터와 가정에서 남성과 여성이 담당하는 역할이 변화함에 따라, 밀레니얼 세대는 앞으로 어떻게 삶을 이끌어나가야 할지에 대해 참고할 수 있는 모델이 별로 없는 상황이다.

밀레니얼 세대의 이야기를 들으면서 우리는 미래의 가정 생활을 위한 기반이 되어줄 선택을 어떻게 할지에 대해, 선구자 역할을 해야 한다는 것이 어떤 느낌인지를 알 수 있었다. 기성세대에게 있어서 일터에서의 유연성은 흔한 것이 아니었기 때문에, 대부분의 경우에는 보상으로 주어지는 것이었다. 하지만, 밀레니얼 세대가 원하는 삶을 만들어가려면, 더 많은 자율성과 유연성이 필요한 상황이다.

밀레니얼 세대도 기성세대로부터 물려받은 세계관을 가지고 있다. 조직이 담당하는 역할에 대해 그들도 이해하고 있고, 자신이 하는 일과 소속된 조직은 사회에 대해 더 큰 기여를 해야 한다고 믿고 있다. 어떤 조직에서 일을 할지를 결정할 때, 밀레니얼 세대는 해당 조직이 지금까지 사회적 책임감을 가지고 커뮤니티에 어떤 기여를 했는지를 고려한다. 그들은 자원고갈과 기후변화에 대한 문제를 알고 있으며, 다양한 이해관계자들과 협력을 해야만 긍정적인 변화를 이끌어낼 수 있다는 것을 이해하고 있다. 그래서 밀레니얼 세대들은 현재 자신이 일하고 있는 조직에만 국한해서 생각하는 것을 넘어서서, 더 큰 세상을 위한 변화를 만들어낼 수 있기를 기대한다. 또 그들도 밀레니얼 세대 이후의 차세대가 활동할 수 있는 세상을 만들어주어야 하는 책임을 가지고 있다. 그래서 자신들의 역량을 키우고 싶어하고, 그 다음에 그 혜택을 후손에게도 남겨주고 싶어한다. 이전에는 존재하지 않았던 방법으로 협력을 하고, 글로벌 시각을 가지면서 일을 하기를 요구받는 세대가 바로 밀레니얼 세대인 것이다.

지금 이 시간, 밀레니얼 세대들과 함께 살아가면서 우리가 배우는 것은, 그들을 관리하고 이끄는 사람이 되려면 기존의 관리자들이 가지고 있었던 책임 수준을 넘어서야 한다는 것이다. 더 심층적으로 이해해야 할 것은, 밀레니얼 세대가 판단을 할 때 어떤 것을 중요시하는지에 대한 점이다. 그들이 쑥쑥 자라서 자신의 잠재력을 최대한 발휘할 수 있는 장을 깔아줘야 하는 것이 관리자의 의무인 것이다. 멘토로서 마주한 과제를 탐색할 수 있도록 지원해줘야 하는 것도 잊으면 안된다. 이 연구에 참여했던 대부분의 참가자들은 수백명의 일터에서의 삶을 책임지게 되는 관리자 역할로 곧 승진할 사람들이다. 어떤 사람들은 예비 대기업의 리더가 될 것이고, 어떤 사람들은 사업가가 될 것이다. 우리는 미래의 리더들을 지금 바라보고 있는 것이다. 밀레니얼 세대들을 더 심층적으로 이해하고 더 깊이 공감하게 되면, 우리 세계에서 필요한 리더로서 그들이 성장하는 과정을 더 잘 지원할 수 있게 될 거라 생각한다.

린다 그래튼(Lynda Gratton)
런던경영대학원 경영학 교수

안내문

Introduction

    무슨 내용이 있는지 첫 페이지나 한번 들쳐보자고 생각한 분이 계시다면, 책을 내려놓기 전에 두 가지만 기억해주시기를 부탁하고 싶다 :

1. 밀레니얼 세대는 행복하게 일하기를 원하고, 효율적으로 일할 수 있기를 바란다.
2. 밀레니얼 세대에게 진정으로 중요한 것에 초점을 맞춘다면, 당신은 조직을 망치지 않고도 그들이 행복감을 느끼며 효율적으로 일할 수 있는 환경을 제공해줄 수 있다.

    이 두 가지 요소들은 우리가 앞으로 이야기할 내용의 핵심이다. 하지만 모두 알고 있다시피 문제는 어떻게 할 것인지에 대한 것이다. 이 책에서 당신은 밀레니얼 세대가 도대체 어떤 사람들인지, 어떤 것을 원하는지, 그리고 그들을 위해 우리는 어떤 조력을 해야 할지에 대해 배울 수 있을 거라 생각한다.

    이 말을 듣고, 당신은 이런 반응을 보일 수도 있겠다. "하지만, 밀레니얼 세대를 행복하게 만들어준다는 것은 도대체 가능한 일이 아니잖아요. 그 녀석들은 정말 비합리적이니까요! 회사에서 자신을 위해 최신 기기들을 구입해주기를 바라구요. 매일 3시간 정도만 일하고 월급을 받았으면 좋겠다고 생각하고, 일터에 애완동물을 데려오거나 부모님을 모시고 오고 싶어하죠. 도대체 조직이라는 것이 어떻게 돌아가는지에 대해 이해를 못하고 있다니까요! 내가 보았던 밀레니얼 세대들의 이상한 행동이나, 그들에 대한 희한한 이야기들에 대해 당신이 듣게 된다면, 감히 그들을 행복하게 만드는 일이 가능하다고는 절대 말하지 못할 거에요. 그런 일은 일터의 근본을 바꾸지 않는 이상 불가능하니까요!"

사실, 어떤 조직구성원들의 인상 – 그리고 때로는 행동도 – 은 주위의 오해를 불러일으킬 수 있다는 것은 인정한다. 쓸데없는 오해를 불식시키기 위해, 우리는 밀레니얼 세대들이 일의 세계를 어떻게 보고 있는지, 어떤 것을 원하는지, 그리고 당신이(밀레니얼 세대의 동료, 관리자, HR 전문가, 조직의 인재전략 담당자 중 누구이든지) 그들을 어떻게 효과적으로 관리할 수 있을지에 대해 설명해보도록 하겠다.

기본적으로, 밀레니얼 세대는 좋아하는 사람들과 함께 재미있는 일을 하기를 원한다. 그러면서 충분한 보수를 받고, 일과 마찬가지로 개인적인 삶에 대해서도 충분한 시간을 투자할 수 있기를 기대한다. 밀레니얼 세대에 대해 알아야하는 모든 것은 이 기본적인 전제로부터 출발한다.

우리가 밀레니얼 세대라고 부르는 사람들은 어떤 특성을 가지고 있는지부터 시작해보자

이 책에서 우리가 "밀레니얼 세대(Millennials)"라고 부르는 사람들은 1980년부터 2000년 사이의 출생자들을 가리킨다. 이들에 대한 또다른 명칭은 에코 부머(Echo Boomers), Y세대, 넷(Net) 세대 등이 있다.

밀레니얼 세대는 기성세대들보다 첨단 기술들을 훨씬 더 쉽게 접하며 성장하였다. 그들은 새로운 기술을 다루는데 있어서 매우 능숙하다(그래서, 어떤 사람들은 이들에 대해 기술에 대해 집착하며, 직접 사람을 만나는 것에 대해서는 관심이 없다고 이야기하기도 한다). 그리고, 많은 사람들은 그들이 가지고 있는 신기술에 대한 스킬 때문에 밀레니얼 세대들이 조직에 대해 큰 기여를 할 수 있을 거라고 믿는다.

밀레니얼 세대는 또한 애정결핍이며(needy) 대우받기를 원한다(entitled)는 평판을 가지고 있다. 이들을 저평가하는 사람들은, 밀레니얼 세대가 성장할 때를 최소한 부모세대들과 비교해보았을 때, 너무나 쉬운 인생을 살았기 때문이라고 이야기한다. 하지만, 다른 면에서 보면 대부분의 밀레니얼 세대의 가족들은 경제적, 사회적으로 일어난 급격한 변화 때문에 재정적인 어려움을 경험하였다. 그래서 어떤 사람들은 이런 점을 지적한다. 재정적인 어려움 때문에 밀레니얼 세대는 전반적인 조직과, 특히 조직에서의 관리자들에게 회의적인 태도를 가지게 되었다고 말이다. 이들은 조직에 대한 충성심이 없으며, 몰입도가 낮고, 열심히 일하고자 하는 의지가 없다는 악명도 가지고 있다.

우리는 밀레니얼 세대에 대한 이와 같은 선입견이, 연구를 진행한 어느 나라에서도 전반적으로 동일하다는 것을 발견하였다. 편견들과 관련된 세부행동들이 다소 차이를 보이기는 했지만, 우리 연구에 포함된 모든 국가들의 자료에서 기본적인 내용은 일관적이었다.

연구의 진행배경

이 책은 2008년부터 2015년 사이에 우리가 진행했던 몇 가지의 프로젝트에서 나온 결과들을 소개하며, 세부적인 내용을 설명하고 있다. 이 책에서 사용한 통계자료들은 세계의 다양한 국가들로부터 얻은 것이다. 22개국에 살고 있는 25,000명 이상의 밀레니얼 세대와, 29,000명 이상의 기성 세대의 응답이 분석되었다. 연구방법은 우리(제니퍼와 알렉)와 동료들이 국제적인 조직들을 대상으로 진행한 설문조사와 현장연구로 이루어졌고, 창의적 리더십 센터(Center for Creative Leadership / 역주 – 이후부터 CCL로 표기함)에서 후원하여 지속적으로 진행되고 있는 연구인 세계 리더십 설문조사도 포함되었다.

이 자료들에 더하여, 우리는 다양한 나라들에서 수많은 인터뷰와 포커스 그룹 미팅을 진행하였다. 많은 동료들이 이 책에 활용된 통계결과들을 정리하는 데 있어서 도움을 주었다. 그분들의 헌신에 대해 진심으로 감사를 표한다.

우리가 이 책을 쓰게 된 동기는 이런 것이다. 수많은 전문가, 컨설턴트, 심지어 일부 연구자들조차 밀레니얼 세대에 대한 일반화된 이야기를 우리에게 들려주었다. 그 이야기는 대부분의 경우, 이런 일이 있었다고 하는 일화들이었고, 실제적이고 설득력이 있는 통계자료의 근거가 없는 것들이었다. 중요한 것은 누군가 통계자료에 근거하여 결론을 내더라도, 대부분의 경우에는 한 가지나 두 가지의 변인에 집중하게 되며, 밀레니얼 세대가 정말 누구인지, 어떤 것을 원하는지에 대해 전반적으로 설명하지 않았다.

다양한 프로젝트들로부터 얻은 결과에 대해 한발짝 뒤로 물러서서 생각해보았을 때, 우리는 기대하지 않았지만 전세계 밀레니얼 세대에 대한 세밀한 그림을 그렸다는 것을 알아차리게 되었다. 신문과 온라인 세상에서 읽었던, 그리고 내담자들과 동료들로부터 들어왔던 수많은 고정관념들을 떠올리면서, 우리는 이렇게 중얼거리는 자신을 발견할 수 있었다. "그렇지, 하지만…" 이나 "아니야, 하지만…" 우리가 들어왔던 마치 우스꽝스러운 캐리커쳐 같이 생긴 그림은 인터뷰와 포커스 그룹, 통계자료에서 만나게 된 복잡한 현실에서는 나타나지 않았다. 우리가 하는 일은(사실 우리의 소명이라고 할 수 있다. 하지만 이 이야기는 좀 다른 주제이니까 다음 기회에 해보도록 하자) 조직에서 일하고 있는 모든 직급의 사람들이 자기자신과 일터를 좀더 효율적으로 만들기 위해 활용할 수 있는 정보를 제공하는 것이기 때문에, 우리는 지금이 바로 기존에 밀레니얼 세대에 대해 그려왔던 캐리커쳐와 다른 무엇인가를 그려볼 때라고 판단하였다. 밀레니얼 세대와 함께 일하고, 그들을 관리하는 사람들은 밀레니얼 세대가 일터에서 원하는 것은 무엇인지, 그리고 조직은 그 정보로부터 어떤 통찰을 이끌어낼 수 있는지에 대해 명료한 그림을 얻을 필요가 있다. 기존에 우리가 알던 것과는 미묘한 차이가 있고, 단순해서 바로 행동으로 옮길 수 있는 그림 말이다.

이것이 바로 우리가 이 책을 쓰면서 기대하는 것이다. 하지만 여기서 더 앞으로 나아가기 전에, 몇 가지 배경적인 정보를 훑어보고 가도록 하자.

우리의 연구대상

이 책의 설문조사 자료는 22개국의 25,000명 정도의 밀레니얼 세대들로부터 수집되었다. 브라질, 캐나다, 중국, 체코공화국, 프랑스, 독일, 인도, 이탈리아, 일본, 한국, 멕시코, 네덜란드, 폴란드, 러시아, 싱가포르, 남아프리카, 스페인, 스위스, 대만, 영국, 아랍에미리트, 미국.

연구참여자들은 300곳 이상의 다양한 조직에서 일하고 있었고, 조직의 규모는 대부분 중간 규모부터 큰 규모까지였다. 영리추구면에서 모든 분야가 골고루 포함되었다. 정부조직, 비영리조직, 영리조직. 사업분야도 다양했다. 기술, 외식산업, 소매, 항공우주, 제조, 전문적 서비스 등. 설문조사 자료들의 대부분은 전문적 서비스 분야의 조직들에서 가장 많이 수집되었다. 인터뷰와 포커스 그룹도 이 분야에서 대부분 진행되었다. 우리가 수집한 자료가 전 세계를 망라하고 있기는 하지만, 설문조사 자료의 대부분은 미국에서 수집되었다.

밀레니얼 세대에 대해 이야기하려면 반드시 다른 세대들도 언급을 해야 하기 때문에, 우리의 데이터베이스에 있는 기성세대(대부분 X세대와 베이비붐 세대) 29,000명 이상의 자료를 정기적으로 포함시켰다. 기성세대의 응답들은 연구대상이 된 밀레니얼 세대와 동일한 조직과 산업분야에서 수집되었다.

밀레니얼 세대의 표준적인 정의는 1980년부터 2000년까지 20년 동안 지구에서 태어난 모든 사람들을 포함하고 있지만, 우리는 현재 사회인으로서 일을 하고 있는 사람들(1980년부터 1995년 출생자)만을 연구 대상에 포함시켰다. 일터에서의 밀레니얼 세대에 대한 대부분의 고정관념은 특정 하위집단에 초점이 맞춰져 있는 경우가 많다. 대학 학위(학사 또는 그 이상)를 가진 전문가, 기술자, 관리자, 임원 등. 우리의 연구대상들도 마찬가지로 이 집단에 속해있는 밀레니얼 세대들을 중심으로 구성되었다. 따라서, 우리가 만난 대상들은 모든 밀레니얼 세대를 포함하고 있지는 않다.

정리해보니, 우리는 다양한 국가에서 일하고 있는 밀레니얼 세대들은 일터에 대해 거의 유사한 생각을 가지고 있다는 것을 알 수 있었다. 차이점으로 나타난 것은, 특정한 주제에 대해 반응하는 강도가 달랐다는 것이지, 가지고 있는 신념의 방향이 다른 것이 아니었다. 그리고 또 나타난 차이점은, 각 개인의 경제적 환경에 대한 것이 대부분이었다. 예를 들어, 모든 밀레니얼 세대들은 새로운 기회에 대한 관심이 많았다. 그리고, 개발도상국(예 : 브라질, 인도, 중국)의 고학력 밀레니얼 세대들은 경제환경이 더 성숙되어 있는 국가(예 : 프랑스)의 밀레니얼 세대보다 직업을 바꿀 기회를 더 많이 가지는 편이었다. 글로벌 통계자료에서 나타난 국가간의 차이점에 대해서는 앞으로 언급하도록 하겠다.

조직의 직급

이 책에서 소개된 연구에 참여했던 사람들이 맡고 있는 역할은 지원업무, 전문가 업무, 관리자 역할과 임원 역할이었다(국가별로 더 세부적인 정보를 보려면, 부록 I.1을 참고하기 바란다).

표 I.1 밀레니얼 세대의 조직 직급

임원/비전문가	6%
전문가	44%
초급관리자	34%
중간관리자	14%
책임자/임원	2%

성별

연구대상에는 남성과 여성들이 균형있게 참가하였으며, 남성이 여성보다 약간 더 많았다(남성 51%, 여성 49%. 국가별로 더 세부적인 정보를 보려면, 부록 I.2를 참고하기 바란다). 어떤 국가에서는 일부 질문들에 대해 밀레니얼 남성과 여성의 반응이 다소 다르게 나타나기는 했지만, 차이점이 크지는 않았다. 그 중에서 의미를 부여할만한 차이점이 어떤 것이었는지에 대해서는 앞으로 설명하도록 하겠다.

학력

대부분의 연구 참여자들은 나라와 직급에 상관없이 학사 학위를 가지고 있었다(80%). 일부 사람들은 일을 하면서 동시에 대학 학부 과정을 수강하고 있기도 했다.

결혼과 자녀

연구대상이 젊은 사람들이기는 했지만, 25%는 기혼이었으며 9%는 자녀가 있었다. 자녀가 있는 사람들 중 25%는 자녀양육의 주된 책임을 가지고 있다고 이야기했다(국가별로 더 자세한 정보를 보려면, 부록 I.3을 참고하기 바란다).

앞에서 언급했듯이, 우리의 연구대상은 전세계의 모든 밀레니얼 세대들을 포함하지는 않고 있다. 부풀려서 이야기할 생각은 없다. 하지만, 본 연구는 다양한 조직들에서 전문가 또는 유사전문가 역할을 맡아서 일하고 있는 매우 많은 수의 밀레니얼 세대들을 대상으로 하여 진행된 연구라고는 말할 수 있겠다.

이 책은 이 집단이 가지고 있는 특성, 행동패턴, 성향과 욕구에 대해 살펴보게 될 것이다.

완전한 진실은 아닌 것에 대한 일반화 - 이 책도 마찬가지이다

이제 당신은 우리가 이 책에 사용된 통계자료들을 어떻게 수집했는지를 알게 되었을 것이다. 얼마나 많은 사람들에 대해 설문조사와 인터뷰를 실시했는지, 그 통계자료가 얼마나 복잡하고 타당성이 얼마나 높은지에 상관없이, 일반적인 설명에 들어맞지 않는 사람들은 언제나 존재하기 마련이다. 다른 말로 하자면, 사람들에 대한 일반화는 그 어떤 것이든지 언제나 진실일 수는 없다는 것이다. 이 책도 마찬가지이다.

왜 그럴까? 모든 현상에는 항상 이상치(outlier)가 있기 마련이다. 일반화된 기술의 내용에는 맞지 않는 사람들 말이다. 예를 들어, 일반적으로는 남성들이 여성들보다 키가 크다. 하지만, 모든 남성들이 모든 여성들보다 키가 큰 것은 아니다. 어떤 여성들은 평균적인 남성들보다 더 키가 크다. 따라서, 일반적으로 남성이 여성보다 더 크다는 설명은 모든 남성과 여성에게는 맞지 않는 것이다.

이상치가 존재한다고 해도, 그렇다고 해서 일반화된 명제들이 모두 틀렸다는 것은 아니다. 그저, '이러한 사실은 어떤 곳에 사는 어떤 사람에게도 항상 진실이다'라고 주장하는 명제는 … 문제가 있다는 것뿐이다. 연구팀 중의 한 명은 현재 밀레니얼 세대(10대)인 딸을 두고 있다. 그녀는 대부분의 또래들과 마찬가지로 첨단기술에 빠져서, 친구들과 이야기할 때에는 소셜미디어와 문자를 주로 활용한다. 유일하게 다른 점이라고 하면, 종이로 된 책을 읽기를 좋아한다는 것이다. 이와 같이, 일반화된 명제가 항상 정확하다고 할 때에도, 예외의 경우는 종종 존재한다는 것을 말하고 싶다.

사회과학연구가 가지고 있는 문제들 중의 하나는, 자연과학자들(화학자나 물리학자)만큼 명확한 주장을 할 수 없다는 것이다. 하나의 화학물질은 일관적으로 다른 화학물질들과 동일한 반응을 보이고, 지구상의 사과는 위로 솟구치지 않고 아래로 떨어지는 모습을 보이는 반면, 사람들은 그만큼 일관적인 행동을 하지 않는다. 이러한 사실을 고려할 때, 우리가 주장하는 사실의 타당성에 대해 자신감을 가진다는 것은, 일반적인 규칙의 예외에 속하는 사람들은 항상 존재한다는 것을 의미한다. 평균적인 여성의 키보다 작은 키를 가진 남성들은 항상 존재할 것이고, 어떤 여성들은 평균적인 남성의 키보다 더 큰 키를 가지고 있을 것이다.

일반적인 규정들이 언제 어떤 상황에서도 진실인 것은 아니라는 것을 사람들에게 이해시키기 위해, 대부분의 사람들은 자동적으로 수식어구를 추가한다

("교묘한 표현"("weasel words" 이라고 불리는 말). 독자들이 생각하기에, 저자의 주장은 모든 장소, 모든 사람, 모든 상황, 앞으로도 영원히 적용되는 것은 아니라고 생각하도록 만드는 표현들 말이다. "때로는" "이럴 수 있다" "그럴 가능성이 있다" 등이 있다.

우리는 이 책에서 꽤 많은 일반화된 명제를 이야기할 것이다. 이 명제들은 통계자료에 의해 증명이 된 것들이고, 대부분의 경우에 들어맞는 것들이다. 물론, 모든 경우를 설명하는 것은 아니겠지만 말이다. 하지만, 우리도 수식어구를 사용하는 것을 좋아하지는 않는다. 그러니까, 대부분의 문장들에 형용사나 부사를 집어넣기보다는(그렇게 되면, 이 책을 읽는 일은 책을 쓰는 것만큼이나 지겨운 일이 될 것이니까), 독자들이 우리의 주장이나 일반화된 명제를 보게 될 때마다, 직접 표현하지는 않지만 우리가 이런 말도 함께 하고 있다는 것을 기억해 주길 바란다.

이 내용은 (우리가 믿기에)
대부분의 밀레니얼 세대들에게 볼수 있는 것이다.
대부분의 (우리가 믿기에) 환경에도 적용될 것이다.
물론 모든 상황, 모든 장소, 모든 밀레니얼 세대에게
다 맞는 사실이라고 이야기하기는 어렵다.
하지만, 이 내용에 정확하게 들어맞지 않는
한 명의 밀레니얼 세대를 떠올릴 수 있다고 해서,
일반적 원칙의 타당성이 없다는 것을 의미하지는 않는다.

일반화된 명제는 대부분의 밀레니얼 세대들에게 적용가능한 반면, 어떤 특정한 맥락에 있는 한 명의 대상에게 적용 가능한 완벽한 해결책이란 존재하기 어렵다. 대부분의 경우, 현재 밀레니얼 세대들과 어떤 식으로 당신이 상호작용하고 있는지에 상관없이, 우리가 제공하는 통찰과 조언은 적용해 볼 수 있을 것이다. 즉, 그들을 이해하는 것은 당신의 관계능력 수준과는 관계없이 밀레니얼 세대와 효과적으로 관계를 맺는 데에 기반이 되는 작업인 것이기 때문이다. 하지만, 모든 제안점들이 어느 상황에서나 적용 가능한 것은 아니기 때문에, 현재 밀레니얼 세대와 함께 일하는 분들과, 그들을 관리하는 분들을 위해 특별한 코너도 마련해놓았다. 우리가 제공하는 정보는 일반적인 것이지만, 그 정보들을 가지고 당신은 특정한 밀레니얼 세대를 위한 조력 방안을 고안해낼 수 있을 것이라 믿는다.

밀레니얼 세대와 X세대, 베이비붐 세대의 공통점은 생각보다 많다

당신이 밀레니얼 세대라면 이 책을 읽으면서, 이런 반응들을 많이 보이기를 기대한다. "맞아요! 정말 그래요. 이 책을 쓴 사람들은 우리를 정말 잘 이해하고 있네요!" 그리고 만약 당신이 기성세대라고 해도, 이 책에서 소개한 많은 사례들을 보면서 이런 반응을 보였으면 좋겠다. "이 사람들은 왜 이런 이야기가 밀레니얼 세대의 특성이라고 하는 거죠? 우리도 수년 전에 이 이야기를 했다구요! 이건 우리가 요구했던 것이었어요! 우리도 이런 것을 원하고 있다구요!"

사실, 사람들을 불편하게 만드는 것의 대부분은 세대가 바뀐다 해도, 여전히 불편하게 느껴진다. 밀레니얼 세대에 대한 연구에서, 우리는 이 세대를 독특하게 만드는 흥미있는 특성들을 많이 발견할 수 있었다. 하지만, 일에 대한 밀레니얼 세대의 기대는 놀라울 만큼 기성세대의 기대와 닮아 있다는 것도 여러 부분에서 확인할 수 있었다. 많은 사례들을 보면, 밀레니얼 세대는 수십년 동안 조직들에게 변화를 요구했었던 선배들의 전통을 이어나가고 있었다. 우리는 밀레니얼 세대가 일터로부터 원하는 것이 무엇인지에 대해 정보를 제공하고 있다. 왜냐하면, 이 책의 목적은 밀레니얼 세대가 어떤 사람들인지를 설명하고 싶기 때문이다. 밀레니얼 세대와 기성세대의 반대되는 점과 유사한 점들을 파악해보는 것이 재미있기는 하지만, 사실 전반적인 특성을 비교하는 것은 이 책의 범위를 벗어난다. 하지만, 관리자를 위해 우리가 제안하는 내용의 대부분은 밀레니얼 세대뿐 아니라, X세대와 베이비붐 세대에게도 효과적일 거라 생각한다.

이렇게 우리 모두가 공통적인 특성을 가진다면, 특정한 세대에 대해 연구를 하는 것이 무슨 필요가 있겠느냐고 물어보는 분들도 있을 것 같다. 우리는 날로 변화가 증가해가는 사회에 살고 있고, 베이비붐 세대와 X세대들이 시작했던 엄청나게 크게 보였던 변화는, 이미 그 변화가 안정적으로 자리잡은 일터에서 일을 시작한 사람에게는 별 문제가 아닐 수 있다. 사회인으로서의 세계에 이제 막 진입을 시작한 새로운 세대에게 얻을 수 있는 선물은, 조직의 기존 경험과 관행에 의해 얼룩이 지지 않은 렌즈를 통해 일터를 바라볼 수 있다는 것이다. 새로운 세대들이 우리와 함께 일을 시작하게 되면서, 그들의 존재감과 새로운 시각은 현실에 대해 안주하려는 태도를 흔들어줄 수 있고, 우리가 해왔던 관행대로 일을 하려는 이유가 무엇인지에 대해 근본적인 질문을 던져 줄 수 있다. 이것은 정말 멋진 일이다.

먼저 간단하게나마 감사의 마음을 표한다

우리의 이름이 책 표지에 쓰여져 있기는 하지만, 사실 많은 분들이 우리에게 큰 도움을 주셨기 때문에 이 책은 완성될 수 있었다. 책의 뒷부분에 실려 있는 '감사의 글'에서 모든 분들에게 감사의 마음을 전할 수 있었기를 바란다. 많은 동료들의 연구를 통해 우리는 이 책에서 활용한 통계자료를 만들어낼 수 있었기 때문에, 이분들의 도움에 대해 감사를 드린다. 자신에게 중요한 일을 하기에도 바쁜 분들이 부족한 시간을 쪼개어서 우리를 도와주셨는지를 생각해보면 정말 놀라울 뿐이다. 너무나 많은 분들이 인터뷰와 조언을 해주셨고, 도움을 주셨으며, 우리가 쓴 원고를 읽어주며 표현을 다듬어주셨으며, 의견을 제시해주셨다. 그분들의 근사한 재능으로부터 도움을 받았던 기억은 아무리 감사를 표해도 부족할 것이다. 당신이 이 책을 읽으면서 마음에 드는 부분을 발견한다면, 부디 이분들에게 감사하는 마음을 가져주셨으면 좋겠다. 이분들이 있었기에 이 책은 만들어질 수 있었기 때문이다. 그리고, 뭔가 마음에 들지 않는 부분이 있다면, 그것은 우리에게 불평을 해주기 바란다!

본격적으로 책을 읽기 전에 마지막으로 알아둘 것

이 책은 전 세계인들을 통해 일관적으로 나타나는 밀레니얼 세대의 특성을 설명하는 5개의 핵심 장과, 현재 일터에서 적용해볼수 있는 제안(6장) 및 미래의 일터를 위한 제안(7장)으로 구성되었다.

우리의 연구가 찾아낸 결과를 간단히 요약하면 다음과 같다. 밀레니얼 세대가 원하고 있는 것은, 기성세대들이 계속 원해왔던 것과 동일했다. 즐거운 일을 하면서 충분한 연봉을 받기, 좋아하고 신뢰할 수 있는 사람들과 함께 일하기, 개인적 발전과 승진할 수 있는 기회를 얻기, 정기적으로 자신의 행동에 대한 평가와 인정을 받기, 한 직장에서 지속적으로 일하기. 그들이 중요하게 생각하는 분야는 3가지였다. 함께 일하는 동료, 일 그 자체, 기회. 이 연구로부터 얻은 결과가, 우리의(정말, 우리 모두의) 꿈을 실현하는데 있어서 도움을 줄 수 있기를 희망한다. 사실, 당신이 우리의 조언대로 행동한다고 해서, 밀레니얼 세대와 관련되어 발생된 문제들이 마술적으로 해결되고, 일터에서 평안을 얻을 수 있으리라는 보장을 하기는 어렵다. 하지만, 다음과 같은 결과는 반드시 일어날 거라는 확신은 있다. 당신의 조직은 구성원들이 일하는데 있어서 더 좋은 환경이 될 것이고, 밀레니얼 세대는 자신의 일, 같이 일하는 팀에 대한 몰입도가 높아질 것이며, 결국은 조직에 대한 기여도까지 강화하게 될 것이다.

제1장

자기중심적이지만, 열심히 일한다

Entitled and Hardworking

제1장

자기중심적이지만, 열심히 일한다
Entitled and Hardworking

    칼(Carl)은 큰 규모의 기술전문회사에서 일하는 엔지니어이다. 그가 소속된 작은 팀은 커다란 시스템을 구성하는 하나의 프로그램을 개발하는 데 있어서 매우 빠듯한 마감기한이 닥쳐 있는 상황이다. 이 일이 끝나면 회사는 수천만달러의 수익을 올릴 수 있게 된다. 동료들과 마찬가지로, 칼의 근무시간은 매우 길다. 실험실에서 저녁 8시까지 일할 때가 많다. 다양한 대안들을 테스트하고 마감기한에 맞춰 개발 프로그램을 최적화시키기 위해 작업을 하곤 한다.

    상사가 보기에 칼은 매우 우수하고 일을 열심히 하는 엔지니어이다. 하지만, 동시에 좀 자기중심적으로 행동하는 면이 있다고도 생각한다. 왜냐하면, 그는 11시가 넘어서 출근할 때가 많다. 사무실에 도착해서 컴퓨터

제1장 **자기중심적이지만, 열심히 일한다** 15

를 켜고, 팀구성원들이 어떤 일을 하고 있는지를 파악하고 난 다음에는 곧 친구들과 함께 점심을 먹으러 가곤 한다. 칼은 상사에게 이렇게 이야기를 했다. 늦게까지 일을 했기 때문에 늦게 올 수밖에 없다고 말이다. 사실 그는 거의 매일 늦은 밤까지 일하고 있다. 칼은 자신에게 아침에 해야 할 일이 있다고 말한 사람이 없어도 꼭 일찍 와야 할 필요가 있는지 모르겠다는 이야기를 하였다. 하지만, 상사는 동의할 수 없었다. 다른 구성원들 역시 늦게까지 실험실에서 일을 했지만, 오전 9시까지 출근하고 있기 때문이었다.

칼은 자신이 왜 변해야 하는지를 이해하지 못했기 때문에, 상사는 그가 일찍 출근해야 하는 이유를 만들기 위해 오전 9시 15분에 스탠딩 미팅을 잡고, 팀 구성원들이 모여서 그날의 팀 목표를 점검하도록 하였다. 하지만, 칼은 미팅 첫날에 참석하지 못했다. 11시 직전에 출근했기 때문이다. 상사는 다시 칼에게, 팀 미팅에 참석하는 것은 매우 중요하다는 이야기를 해주었다. 결국, 칼은 세 번째 미팅부터 프로젝트가 끝날때까지 모든 미팅에 참석하였다. 칼은 정해진 시간에 사무실에 출근하고 싶어하지는 않았지만, 상사가 팀 미팅에 참석해야 하는 명확한 이유를 제시하며 기대하는 바를 이야기했기 때문에, 기꺼이 더 일찍 출근을 하게 되었다.

그리고, 자신이 맡은 업무를 열심히 수행하였다. 팀이 담당하고 있던 프로그램은 원래 계획했던 것보다 훨씬 더 바람직한 모습으로 설계되었고, 정해진 마감시한까지 완료되었다.

밀레니얼 세대는 자기중심적이다. 정말 그런가?

대부분의 사람들은 밀레니얼 세대가 자기중심적이라는 불평을 한번쯤 들어본 적이 있을 거라 확신한다. 칼의 상사도 그런 생각을 하고 있었다. 칼은 좀더 성장할 필요가 있고, 다른 사람들은 늦게까지 일하면서도 일찍 출근한다는 것, 그리고 칼 또한 정해진 시간에 사무실에 도착해야 한다는 것을 이해해야 하며,

나는 자기중심적인 사람이 아니에요!
정말 문제인 것은 내가 원하는 모든 것을 가질
수 없다는 것이죠!

점심시간 직전에야 출근하는 것은 옳지 않다는 것도 알았으면 좋겠다는 생각
말이다. 칼은 많은 사람들이 밀레니얼 세대 구성원의 전형이라고 생각하는 모
습이다. 자신이 하고 싶은 일을, 자신이 하고 싶을 때 할 수 있기를 바라고, 출
근시간과 같은 일터의 규정에 대해 큰 관심을 두지 않는다. 하지만, 칼은 열심히
일하는 사람이기도 하다. 자신이 담당한 프로젝트에 전념하며, 일이 제대로 되
도록 하기 위해 필요하다면 자신의 행동을 바꿀 의지도 가지고 있다.

밀레니얼 세대는 '가장 최고의 것을 주세요!'라고 요구하는 사람들이라는 고
정관념이 많았다. 일에 대해 관심이 없으면 하고 싶지 않아 한다. 일터에서 같이
일하는 그 누구에게라도 자신이 원하는 바를 이야기할 수 있다고 느낀다. 상대
방의 조직내 직급이 어떤 것이든지 상관없이 말이다. 그들은 직장에 출근한 첫
날부터 당연히, 자연스럽게 일과 삶의 균형을 잡을 수 있어야 한다고 생각한다.

밀레니얼 세대의 자기중심적인 사고에 대한 불만들은 세 가지 정도로 나눌
수 있을 것 같다.

- 일 이외의 개인적인 삶을 누리고 싶어한다.
- 자신이 원하는 어떤 이야기든 말할 수 있다고 생각한다.
- 반복적인 일을 하는 것은 원하지 않는다.

전세계의 고객들로부터 이와 같은 불평을 들은 후에, 우리는 분석을 실행해 보았다. 이 작업을 통해 찾아낸 결과는 기존에 가지고 있었던 고정관념보다 훨씬 더 흥미있고 유용한 것이었다.

밀레니얼 세대는 자기중심적이다...
그들은 일 이외의 개인적인 삶을 원한다

밀레니얼 세대가 자기중심적이라는 이야기를 듣게 되는 공통적인 이유는 그들이 일 이외에도 만족할 수 있는 개인적인 삶을 갖기를 원하고, 그러한 삶이 언젠가 미래에 이루어지기를 바라는 것이 아니라 지금 당장 원한다고 말하기 때문이다. 그들은 재미있는 일을 하며 충분한 보상을 받는 좋은 직장을 가지고 싶어하지만, 일을 하기 위해 자신의 삶의 질을 희생하고 싶은 마음은 없다. 전통적인 구성원의 역할인 조직에 대한 요구를 지속적으로 수행하면서, 자기자신이나 가족구성원을 위해 더 좋은 삶을 꾸려가려고 한다.

밀레니얼 세대가 일 이외에도 개인적인 삶을 즐길 수 있는 충분한 시간을 갖기를 원하는 것은 사실이다. 그리고, 지금은 그러한 바램이 이루어지지 않고 있다고 느끼는 것도 사실이다. 우리가 발견하기로는, 밀레니얼 세대의 50% 이상이 일 때문에 개인적인 삶이 방해를 받아서, 다른 삶의 역할들을 하기가 어려워진다고 이야기하고 있었다.

- 밀레니얼 세대의 63%는 일터에서의 요구 때문에 가정과 개인적인 삶이 방해를 받는다고 이야기한다.
- 59%는 일을 하기 위해 보내야 하는 시간이 너무 길어서, 삶의 다른 역할들을 수행하기가 어렵다고 이야기한다.
- 68%는 일 때문에 개인적인 삶의 계획을 바꾸어야 했던 때가 있었다고 이야기한다.

그렇다. 나라마다 일과 삶의 균형은 다소 차이가 있다.
하지만…

우리의 통계자료를 보면 일 이외의 개인적인 삶을 누리기 위한 시간이 부족하다고 이야기한 밀레니얼 세대의 수는 나라들마다 다소 차이가 있었다(그래프 1.1)

일과 가정 사이에서 사람들이 경험하는 긴장감은 다양한 이유 때문에 조성된다. 사회적 기준, 각 개인의 환경과 커리어 선호도, 일의 양 등. 일을 늦게까지 하는 것은 일과 삶의 균형 문제를 일으키는 하나의 요인이 될 수 있지만, 오랜 시간 동안 일하는 것도 개인적 특성과 일에 대한 기대에 따라 약간 다르게 경험될 수 있다. 같은 나라 안에서도, 조직 안에서 맡고 있는 역할에 따라 큰 차이가 있었다. 임원, 관리자, 전문가(높은 책임감과 스트레스가 많은 일), 그리고 사무 보조 역할.

그래프 1.1 일의 요구 때문에 가정과 개인 삶이 방해받는다고 이야기한 밀레니얼 세대의 수 vs. 주당 평균 업무 시간(풀타임 직원의 경우)

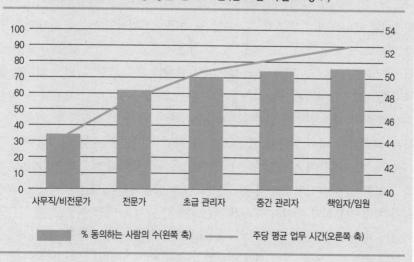

종종 사람들은 국가간에 차이점이 나타나는 것은 사람들이 얼마나 열심히 일하느냐에 따라 달라지는 것이라고 추론을 하곤 한다. 하지만, 특정한 역할을 담당하는 사람들이 몇 시간을 일하는지를 보면 나라간에 별 차이가 없이 유사한 모습이 보인다. 전세계적으로, 책임져야 하는 것이 많고, 업무의 양도 많으며, 스트레스를 많이 받는 역할을 담당하는 사람들은 그렇지 않은 사람들(보조 역할)보다 일과 삶의 균형에 관련된 문제들을 더 많이 보고하는 경향이 있었다.

즉, 당신의 업무 특성은 국가의 특성보다 더 큰 차이점을 만들어내는 것이다.

밀레니얼 세대가 일 이외의 개인적 삶을 위해 충분한 시간을 가지지 못한다고 많이 걱정하고 있는 이유들 중 일부는 일에서 벗어나 있는 시간이 없다고 느끼기 때문이기도 하다. 스마트폰과 관련 기기들이 대중적으로 활용되기 시작하면서, 조직 구성원들은 언제 어디에서나 일에 관련한 연락을 받을 수 있게 되었다. 그리고, 실제로 그러한 상황은 많이 일어나고 있다. 인터뷰를 하면서 우리는 밀레니얼 세대들이 대부분의 경우에는 일 때문에 개인적인 시간을 방해받는 것에 대해 크게 마음쓰지 않는 것을 볼 수 있었다. 너무 늦게까지 일을 하게 될 것이 예상되면, 일의 요구들로부터 벗어나서 현재의 삶을 즐길 수 있는 기회를 놓치지 않아도 되도록, 개인적 시간을 충분히 갖고 싶다는 바람을 표현하곤 했다.

함께 이야기를 했던 한 밀레니얼 세대는 매일 너무나 긴 시간 동안 일을 해야 하는 좌절감에 대해 언급을 했다. 그가 좌절을 하는 이유는 아이나 배우자와 함께 보낼 시간이 부족하다거나, 연애를 제대로 못하기 때문이 아니었다. 그의 불만은 일이 자신의 개인적 삶을 너무 많이 방해하고 있다는 것이었다. 조카들의 학교 발표회와 행사를 보러가거나, 소속된 럭비 팀에서 운동을 할 시간이 없었기 때문이다. 자신의 개인적인 흥미를 추구하기 위한 시간을 가지는 것은 누구에게나 중요하다. 현재 부양해야 할 가족이 있는 사람만 그런 것은 아니다.

밀레니얼 세대 또한 긴 시간 동안 일을 할 의지가 있고, 실제로 하고 있다. 하지만, 사무실에서 오래 앉아 있는다고 해서 일을 열심히 한다는 것을 의미하는 것은 아니다. 사무실에서 보내는 시간이 그 사람의 생산성을 보여준다고 믿는 사람은 스무 명 중 한 명 정도에 불과했다. 밀레니얼 세대는 그와 같은 태도를 시대착오적이라고 생각한다. "회사인간"이 자신의 모든 삶을 일에 바치고, 모든 사람들이 그의 모습을 존경하던 시대에나 맞는 이야기였다는 것이다.

밀레니얼 세대는 이와 같은 시각을 가지는 데 있어서 성별상 별 차이를 보이지 않았다. 사무실에서 많은 시간을 보내는 사람은 일을 열심히 하거나 생산성이 높다고 믿는 경우를 보아도 성별의 차이는 없었다. 하지만, 가장 긴 시간 동안 일을 하고 있는(주당 50시간 이상) 밀레니얼 세대들은 사무실에서 긴 시간을 보낸다는 것은 일을 열심히 하고 있다는 것을 보여주는 것이라고 믿는 경우가 조금 더 많은 것으로 나타났다.

이와 같은 차이가 나타나는 이유는 사람들이 일을 하는 방법이 어느 정도 설명을 해줄수 있을 거라 생각한다. 사실 모든 일을 사무실에서 해야 하는 것은 아니기는 하지만, 많은 사람들은 물리적으로 팀의 동료들과 함께 일을 하고 있을 때 일을 더 많이 하고 있다고 느낀다. 그들은 동료들과 같은 공간에서 일을 하고 있을 때 더 생산적이라고 생각하기 때문에, 다른 사람들이 집에서(또는 다른 곳에서) 일을 하게 되면, 그만큼 생산성이 떨어진다고 생각하는 경우가 많다. 또한, 사무실에서 오랜 시간 동안 일을 하는 사람들은 눈에 보이지 않는 이상, 다른 사람들이 자신만큼 일을 많이 하고 있다고 믿지 않을 수도 있다. 특히 일을 많이 하는 밀레니얼 세대들이 가지는 이러한 생각은, 사무실에 있지 않은 사람들은 일을 열심히 한다고 믿지 않는 대부분의 관리자들의 생각과 유사하다.

하지만, 모든 관리자들이 그렇게 생각하는 것은 아니다. 밀레니얼 세대의 2/3 이상은, 자신의 관리자가 구성원들의 개인적인 삶을 수용해주고 유연근무제를 허용해준다고 이야기했다. 밀레니얼 세대와 함께 일하고 있는 한 관리자는 인터뷰를 통해, 일에서의 유연성은 구성원뿐 아니라 자신에게도 매우 중요함에 대해 긴 시간 동안 설명을 하였다. 그녀는 일과 삶의 균형이 스스로에게 얼마나 중요한지에 대해 잘 알고 있었고, 유연하게 업무를 배분하여 균형을 잡는 것에 대해 익숙해져 있었다. 그 관리자는 필요하다면 시간에 관계없이 전화를 하고 일을 할 생각이 있었기 때문에, 아이와 남편과 함께 있어야 할 시간을 만들어낼 수 있었다. 사실, 그녀는 이와 같은 유연성이 없었다면 지금까지 일을 계속하지 못했을 것이라고 이야기했다. 자신의 이런 경험 때문에, 이 관리자는 팀에 소속된 밀레니얼 세대 구성원에게도 가정에서의 의무를 다하기 위해 필요한 유연성을 가질 수 있도록 해주었다.

그녀와의 인터뷰에서는 정말 중요한 사실을 한 가지 발견할 수 있었다. 그녀는 자신이 허용한 근무유연제 때문에 실상 더 많은 시간 동안 일을 해야 하지만, 모든 사람들의 니즈를 충족시킬 수 있기 때문에 전혀 불편하지 않다고 이야기했다. 추가 근무를 해야 함에도 불구하고, 자신의 일은 물론이고 개인적으로 해야 하는 것들까지 모두 처리할 수 있다고 느끼기 때문에 걱정이 되지 않는다는 것이었다. 이와 같은 유연한 태도는 그녀에게 매우 중요한 자원이며, 그녀는 밀레니얼 구성원들도 자신과 똑같은 감정을 느낄 수 있기를 바라고 있었다.

밀레니얼 세대는 일터 이외에도 개인적인 삶을 누릴 수 있기를 진심으로 바란다. 하지만, 그와 동시에 필요하다면 근무시간 외에도 개인적인 시간을 포기하고 기꺼이 일을 하겠다는 태도 또한 가지고 있다.

대면 시간(Face Time) vs. 유연성

밀레니얼 세대는 유연성을 매우 중요하게 여기며, 깨어 있는 한 사무실에서 시간을 보내야 하는 것이 필수적이라고 생각하지 않는다. 하지만, 전통적으로 대면 시간이라는 것은 일터에서 필요하다는 것을 지각하고는 있다. 왜냐하면, 고용주들은 구성원들이 일에 충분한 시간을 투자하고 있는지, 열심히 노력하고 있는지에 대해 쉽게 믿지 못하기 때문이다. 밀레니얼 세대도 관리자들이 현재와 같이 첨단기술의 발달이 없는 상황에서 업무시간의 유연성이라는 것을 별로 경험하지 못하고 "성장했다"는 것을 잘 알고 있다. 그들이 이해하지 못하는 것은, 오늘날의 관리자들이 여전히 구성원들의 얼굴을 항상, 직접 볼 수 있기를 기대하는지의 문제이다. 밀레니얼 세대는 관리자들이 팀구성원들의 업무장소와 업무시간에 관심을 가질 것이 아니라, 팀구성원들의 성과가 잘 나오는지, 마감기한 내에 일이 잘 완료되는지에 초점을 맞추기를 기대한다.

이러한 상황은 밀레니얼 세대, 상사들, 그리고 조직에 대해 두 가지 문제를 일으킬 수 있다. 첫째, 구성원에 대한 평가는 최종 성과와 소프트 스킬(다른 사람들과 함께 어울릴 수 있고, 영향을 미칠 수 있는 능력, 외교적인 노하우를 활용할 수 있는 능력)에 기반하여 이루어진다. 하지만, 평가대상을 멀리에서 보고 소프트 스킬을 평가하기란 쉽지 않다. 따라서, 사무실 이외의 공간에서 일을 하는 것이 생산적일 수는 있더라도, 계속 그렇게 하다보면 상사가 구성원의 소프트 스킬을 평가하기 위해 충분한 상호작용을 하기가 어려울 수 있다. 둘째, 밀레니얼 세대가 사무실 외의 장소에서 많은 시간을 보내거나, 물리적으로 떨어진 곳에서 일을 하게 되면 조직에서 성공하기 위해 필요한 소프트 스킬을 연습하고 보여줄수 있는 기회들이 제한될 수 있다. 조직에서 직급이 높아질수록, 성공을 위해서는 핵심적으로 필요한 소프트 스킬이 더 많이 요구되기 때문에, 승진을 하고 싶어하는 사람들에게는 문제가 될 수 있다. 따라서, 유연하게 업무환경을 운영해야 하는 것이 필수적인 상황이라면, 상사는 밀레니얼 세대에게 일 자체 외의 다른 역량들에 대해 어떻게 평가가 될 것인지를 명확하게 공지하는 것이 중요할 것이다. 밀레니얼 세대는 유연한 업무환경 내에서, 자신의 발전과 커리어 개발에 있어서 본인이 얻거나 잃을 것이 무엇인지를 이해해야 한다.

핵심사항

밀레니얼 세대들은 일을 완료하기 위해 필요하다면, 긴 시간 동안 일도 할 수 있고, 근무시간 이외의 시간에도 상사의 연락을 받을 마음의 준비가 되어 있다. 동시에, 그들은 자신의 개인적인 관심사를 추구하기 위한 충분한 시간을 갖고 싶어 하기도 한다.

조직구성원이라면 당연히 근무시간 이외에도 상사의 연락을 받아야 한다고 생각하는 관리자가 있다면, 구성원들이 자신의 개인적 삶의 목표를 추구하기 위해 필요한 시간을 충분히 가지고 있는지를 확인할 필요가 있고, 불필요하게 상대방의 시간을 뺏는 일은 하지 말아야 할 것이다. 한 가지 추천하고 싶은 방법은, 근무유연제를 최대한 많이 실행할 수 있도록 하는 것이다. 일단 유연한 근무스케줄이 정착이 되면, 관리자는 업무성과, 품질, 마감기한에 대해 명확한 기대사항을 제시할 필요가 있을 것이다.

밀레니얼 세대는 '일과 삶의 균형' 프로그램들을 활용하기를 두려워한다

일과 삶의 사이에서 균형을 잡는 일은 밀레니얼 세대에게 매우 중요한 것이지만, 대부분의 밀레니얼 세대들은 조직과 관리자들이 그 일을 지원해주지 않는다고 생각하고 있다. 밀레니얼 세대의 1/3 정도는 조직이 지원하는 '일과 삶의 균형 프로그램'을 이용할 수 없다고 생각하거나, 커리어에 심각한 손상을 입힐 각오를 하지 않고는 자신의 최고 관심사를 따라 선택을 할 수 없다고 생각하는 것으로 나타났다. 특히,

- 32%는 일과 삶의 균형 프로그램에 참가하게 되면, 그렇지 않은 사람들보다 조직에 대한 헌신도가 낮은 것으로 평가받을 거라고 생각하고 있었다.
- 32%는 일과 삶의 프로그램을 활용하는 사람들은 빠른 승진이 어려울 것으로 생각하고 있었다.

밀레니얼 세대는 자기중심적이다...
자신이 원하는 것은 무엇이든 말해도 된다고 생각한다

사람들이 밀레니얼 세대를 자기중심적이라고 생각하게 된 이들의 특성들 중 하나는, 자신이 원하는 바를 이야기할 수 있다고 생각하는 강한 믿음이다. 예를 들어, 우리는 중간 규모의 조직에서 일하고 있는 24세 인턴에 대한 이야기를 들은 적이 있다. 그는 매우 열심히 일을 하는 사람이었다. 상사도 인턴십의 초반에는 그의 성과에 대해 매우 만족을 했었다. 그런데 그후부터 뭔가 변화가 일어났다. 인턴십 기간이 중반을 넘어서면서부터, 그는 상사가 지시하는 일을 거부하기 시작한 것이다.

이런 일이 몇 번 있은 후에, 상사는 일을 하기를 거부하는 이유가 무엇인지에 대해 물었다. 그는 이렇게 대답했다. "인턴십의 상반기는 제가 조직을 어떻게 도와드릴 수 있을까를 고민하는 기간이었구요. 나머지 하반기는 조직이 저를 도와주셔야 하는 기간입니다. 그러니까, 제 성장에 도움이 되지 않는 일은 할 생각이 없습니다. 저는 조직의 일 중에서 흥미로운 일이 무엇이 있는지를 찾아야 하구요, 그 작업에 도움이 되는 일만 할 것입니다."

이와 같은 사례는 밀레니얼 세대가 어떤 상황에서나, 누구에게나, 무슨 이야기도 할 수 있다고 믿는다는 것을 보여준다. 상사에 대한 비판을 간접적으로(위의 사례와 같이) 하거나, 직접적으로 하는 경우도 포함된다. 대부분의 사람들에게 있어서 상사에 대해 적극적으로 비판을 하는 태도는, 위계질서나 권위자에 대한 존중이 없는 것으로 받아들여진다. 또 어떤 사람들에게 밀레니얼 세대의 이러한 태도는 기존에 존재하던 장벽들을 깨부수는 것으로 느껴지기도 한다. 높은 직급에 있는 사람들은 우리에게 이렇게 이야기를 하였다. 자신은 밀레니얼 세대가 스스로를 대하는 태도와 같이, 자신의 상사에게 이야기를 해본 적이 한번도 없다고 말이다. 아마 그럴 것이다. 하지만, 사실 우리 모두는 자신이 원하는 바를 이야기할 수 있는 환경을 원하고 있지 않은가? 지난 30년 동안, 조직문화는 위계질서상 하위층에 존재하는 사람들이 상사에게 직접적으로 자신의 의견을 표현하는 쪽과, 젊은 사람들이 나이 많은 선배들에게 아이디어를 제시하는 태도가 수용되는 쪽으로 변해왔다.

이와 같은 문화적 변화에 대해서는 매우 많은 자료들을 찾아볼 수 있을 것이다. 오늘날의 사회는 10년 전과 비교해보면 공식적인 상황에서의 딱딱함이 많이 줄어들었다. 사람들도 서로 대화를 할 때 공식적인 직함을 대는 경우가 많이 줄었다. 연령이나 조직 내에서의 근무기간에 상관없이 개방적인 논의가 많이 이루어지고 있으며, 낮은 직급의 구성원들도 자신의 의견을 제시하고, 적극적으로 기여를 하며, 사업을 개선하기 위해 문제점을 지적하라는 이야기를 많이 듣고 있다.

밀레니얼 세대는 이와 같은 문화적 변화를 반영하는 모습을 보여준다. 이 세대에 속한 사람들은 대부분 상사의 의견에 대해서도 반대할 수 있어야 한다고 믿는다. 성과평가와 같이 민감한 이슈에 대해서도 말이다. 또한 밀레니얼 세대는 상사에 대해 비판적인 태도를 보일 수 있어야 한다고 믿는다. 이는 전반적인 문화적 변화가 일어나고 있다는 것을 보여준다. X세대와 베이비붐 세대도 밀레니얼 세대와 비슷한 수의 사람들이 유사한 생각을 가지고 있었다. 통계자료를 보면 다음과 같다 :

- 밀레니얼 세대의 91%(그리고 모든 연구 참가자의 94%)는 구성원들이 성과평가 결과가 자신의 생각과 다르게 나왔을 때에는 상사와 함께 자유롭게 자신의 의견을 이야기할 수 있어야 한다고 생각한다.
- 밀레니얼 세대의 64%(그리고 모든 연구 참가자의 61%)는 젊은 직원들이 상사의 행동에 대해 비판을 하는 것은 수용가능하다고 생각하고 있었다.

이와 같은 문화적 변화는 다양한 나라의 밀레니얼 세대에게서 관찰되었고(그래프 1.2 참조), 기성세대 조직구성원들에게도 마찬가지로 나타났다(부록 1.1). 연구에 참가한 모든 나라들에서, 60% 이상의 밀레니얼 세대는 성과평가 결과가

그래프 1.2 성과평가 결과가 자신의 기대와 다르게 나왔을 때, 상사와 논의해보고
싶다고 이야기한 밀레니얼 세대의 수

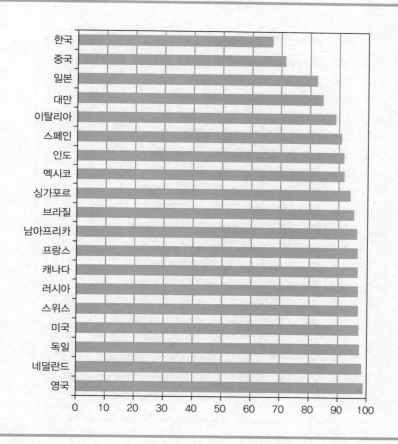

기대와 다르게 나왔을 때에는 적어도 논의를 해보고 싶다는 이야기를 하였다.
이 부분에 대해 가장 가장 낮은 수치를 나타낸(그래도 여전히 60% 이상이었지만)
나라들은, 한국과 중국과 같이 전통적으로 권위체계를 따르려는 경향을 보이
고, 상사의 의견을 받아들이지 않는 것은 도전하는 태도로 생각하는 곳이었다.
대부분의 나라들에서는, 밀레니얼 세대의 90% 이상이 기대와 다른 성과평가결

상사에 대한 비판적인 태도는 수용가능하다고 응답한 밀레니얼 세대
의 수

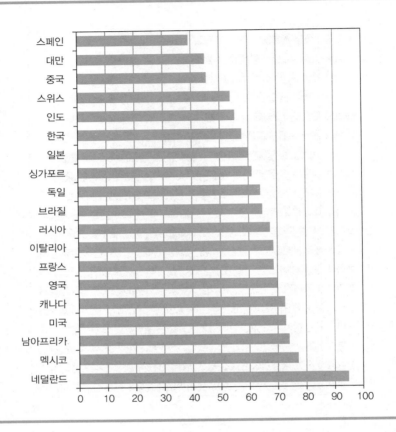

과에 대해 상사와 의논하겠다는 이야기를 하였다.

하지만, 그래프 1.3에서 볼수 있듯이, 성과평가결과에 대해 주도적으로 논의
하기를 원하는 태도는 일반적으로 저항하는 모습을 뜻한다고 잘못 해석해서는
안된다. 언제나 상사에 대해 비판적인 태도를 취하는 경우는 훨씬 적었다. 전반
적으로, 밀레니얼 세대의 64%는 상사에 대해 필요하다면 비판을 할 수 있다고
생각하고 있었고, 대부분의 나라에서 50% 이상의 밀레니얼 세대는 그러한 태

도가 수용가능하다고 반응하였다.

'미국의 밀레니얼 세대는 특히 비판적이다'라는 고정관념에도 불구하고, 미국의 밀레니얼 세대는 73%만이 상사에 대한 비판은 수용가능하다고 믿고 있었다. 이는 네덜란드의 밀레니얼 세대(95%)보다 낮은 수치였다. (우리의 통계자료에서) 스페인은 상사에 대한 비판이 수용가능하다고 생각하는 밀레니얼 세대가 가장 적은 나라였다.

그리고, 대부분의 기성세대도 밀레니얼 세대만큼 상사에 대한 비판이 수용가능하다고 생각하고 있었다. 싱가포르, 영국, 캐나다, 프랑스, 미국, 남아프리카의 기성세대만 상사에 대한 비판이 가능하다고 생각하는 정도가 밀레니얼 세대보다 낮았다(부록 1.2 참조).

필요한 경우 상사에게 비판적인 의견을 제시하겠다는 생각을 한다고 해서, 밀레니얼 세대가 조직 내의 위계질서를 없애고 싶어하는 것은 아니다. 밀레니얼 세대의 3/4 이상이 위계질서는 유용한 면이 있다고 생각하고 있었다.[1] 다만, 밀레니얼 세대는 자신의 의견을 어디에서 어떻게 제시할지, 그리고 실제로 자신의 아이디어가 어떻게 반영되는지에 대해 알고 싶어할 뿐이다. 명확한 위계질서체계를 갖추어 주게 되면, 그들은 어떻게 아이디어를 제시하는 것이 가장 좋을지에 대해 알기 쉬울 것이다. 밀레니얼 세대에게 기여할 수 있는 방법에 대해 충분한 정보를 명확하게 알려주게 되면, 밀레니얼 구성원뿐 아니라 모든 구성원들이 더욱 몰입하여 생산성을 강화할 수 있는 환경을 만들어줄 수 있을 것이다.

밀레니얼 세대가 자유롭게 자신의 의견을 이야기하려는 태도는 누군가를 불편하게 만들 수도 있다. 어떤 사람들은, 이 젊은 세대는 조직에서 이야기를 할 수 있는 권리를 얻기 위해 너무 많은 시간을 쓰고 있고, 일터에서 유연성을 얻는 것은 "일에 대한 보상"의 일부라고 생각하는 것 같다고 믿는다. 하지만, 관리자와 조직이 밀레니얼 세대의 이와 같은 태도를 수용해주는 대신, 구성원들에게 어떤 생산적이고 몰입적인 업무태도를 원하는지에 대해 명확한 기대를 보여준다면, 양쪽 모두 더 좋은 결과를 얻을 수 있을 것이다.

핵심사항

밀레니얼 세대는 조직 내에서의 직급이나 근무연수에 상관없이, 자신의 의견을 제시할 수 있어야 한다고 믿는다.

구성원들은 조직과 상사가 자신의 아이디어를 인정해주고 반영해줄 때, 일에 대한 몰입도가 높아진다. 그들이 의견을 제시할 방법과 장소, 시기에 대해 잘 배울 수 있도록 관리자들이 도와주면, 구성원이 조직에 기여하는 부분은 더욱더 유용해질 것이다. 관리자들의 이와 같은 조력을 통해, 구성원들은 쓸모없는 제안점들을 고민하는 시간을 줄이고, 활용 가능한 아이디어들을 생각해낼 수 있을 거라 믿는다.

밀레니얼 세대는 자기중심적이다… 그들은 반복적인 일을 싫어한다

밀레니얼 세대는 자기중심적이라고 사람들이 투덜대는 이야기를 들어보면, 공통적으로 나오는 불만들 중 하나는 자신이 흥미를 느끼지 못하는 일을 싫어한다는 점이다. (누구는 안 그렇겠어요? 라고 질문하는 분도 계실 것이다. 바로 그렇다. 이에 대해서는 조금 후에 이야기해보도록 하자) 어떤 사람은 밀레니얼 세대가 일을 거부한다고 이야기하고, 다른 사람은 밀레니얼 세대가 일을 하기는 하지만 불만이 너무 많다고 이야기한다.

일부 밀레니얼 세대는 자신의 일이 너무 반복적이며, 다양성이 부족하다고 생각하고 있는 것은 사실이다. 하지만, 대부분의 밀레니얼 세대는 자신의 일에 대해 이런 식으로 생각하고 있지는 않다. 판에 박힌 일들이 너무 많다고 불평을 한 경우는 25%가 되지 않았다. 통계자료를 보면, 대부분의 밀레니얼 세대들이 자신의 일에 대해 다양성이 부족하다고 느끼지는 않는다는 것을 알 수 있다.

Toothpaste for Dinner.com

- 76%는 반복되는 일을 하고 있다는 이야기를 하지 않았다.
- 80%는 자신의 일에 충분한 다양성이 있다고 생각하고 있었다.

  이렇게 대부분의 밀레니얼 세대가 자신의 일이 너무 반복적인 것밖에 없다고 이야기하지는 않았지만, 20-25%는 판에 박힌 일들이 너무 많고, 다양한 일을 해볼수가 없다고 믿고 있는 것은 사실이다. 이와 같은 상황은 밀레니얼 세대 구성원이나 그들을 고용하고 있는 조직에게도 긍정적인 신호가 아니다. 반복적인 일을 너무 많이 하게 되면, 일에 대한 몰입도도 떨어지게 되고, 회사를 계속 다니고 싶은 생각도 줄어들게 마련이기 때문이다. 하지만, 통계자료를 보면, 이는 단순히 밀레니얼 세대만의 특성은 아닌 것으로 보인다. 기성세대 구성원들 또한 자신의 일이 너무 반복된다고(18%) 생각하고 있었고, 다양성이 부족하다고(15%)도 믿고 있었다.

  밀레니얼 세대라고 해서 모두 자신의 일을 지루하다고 생각하는 것이 아니라면, 진정한 핵심적인 문제는 무엇일까? 우리의 통계자료를 보면, 조직 내에서의 직급체계가 바로 문제인 것 같다. 당신이 조직에서 높은 직급을 가지고 있는 사람이라면, 맡은 일에서 반복적인 것은 별로 없을 것이고, 다양성이 적은 경우도 그다지 없을 것이다. 당신이 어느 세대이든 상관없이 말이다(그래프 1.4와 1.5 참조). 조직에서 높은 직급을 가진 사람들은(자율성도 더 많이 가지고 있는) 자신의 일이 재미있다고 더 많이 생각한다는 연구결과들은 일관적으로 나타난다.[2,3,4] 놀라운 일은 아니다. 직급이 낮은 사람들이 맡은 일은 반대의 경우보다, 흥미나 다양성이 떨어지는 것으로 알려져 있기 때문이다.

예를 들어, 우리는 어떤 인터뷰에서 밀레니얼 세대가 현재 담당하고 있는 일 중의 일부는 정말 불필요한 일이고, 그럼에도 불구하고 그 일을 해야 하는 것이 얼마나 좌절스러운지에 대해 이야기를 하는 것을 들어본 적이 있다. 자신의 일에 대해 상사에게 이메일을 보내면, 상사는 그 메일을 인쇄한 후, 종이에 (거의 읽기도 힘든 필체로) 메모를 해서 돌려준다는 것이다. 상사가 표시해준 부분을 고쳐야 하는 것은 이들이 해야 할 일이고, 그런 다음에 또 상사에게 수정본을 보내서 두 번째의 교정작업을 거쳐야 한다. 밀레니얼 세대가 좌절을 느끼는 것은, 상사가 이들에게 불필요하고 지루한 일을 기꺼이 시킨다는 것이다(반복해서 수정사항을 타이핑하는 일). 모든 상사들도 문서에서 "바꾸기" 기능을 사용해서, 직접 수정을 할 수 있음에도 말이다. 밀레니얼 세대가 생각하기에, 이러한 일은 좀더 효율적으로 진행할 수 있다고 보여진다.

이와 같은 불평을 했던 밀레니얼 세대들을 만나보니(4개 대륙 모두를 포함해서), 그들 또한 자신이 담당한 문서작성을 완료하기 위해서는 위에서 이야기한 수정작업이 이루어져야 한다는 것을 이해하고 있었다. 그리고, 상사의 시간보다는 자신의 시간이 가지는 가치가 낮은 편이고, 이와 같은 경험을 통해 배울 수 있는 것이 있기 때문에 스스로 수정작업을 하는 것이 의미가 있다는 것도 알고 있었다.

하지만, 그들이 가장 이해하지 못하는 것은, 전체적인 작업 프로세스가 왜 이렇게까지 많은 시간과 노력을 요구하며 힘들게 진행되는지에 대한 문제였다. 만약 상사가 직접 문서에서 수정작업을 하거나, 문서파일의 "코멘트" 기능을 사용해서 메모를 달아준다면, 밀레니얼 세대는 종이에 써있는 의견을 읽으려고 애

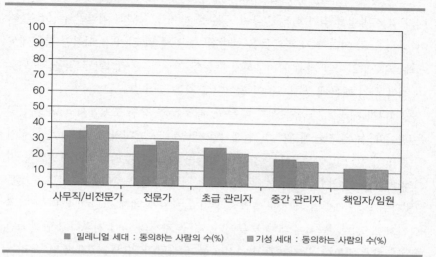

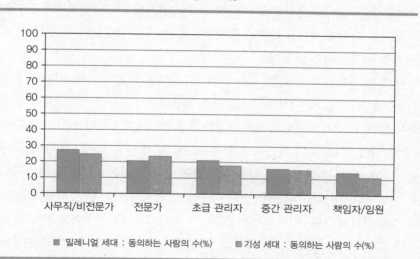

를 쓰는 것이 아니라, 자기주도적으로 수정작업을 할 수 있을 것이기 때문이다. 이와 같은 방법은 읽기 힘든 손글씨, 실수를 찾아내기 위해 여러번의 점검을 해야 하는 등의 여러 가지 문제들을 예방할 수 있게 될 것이다. 이러한 상황에서 밀레니얼 세대는 일 자체가 지루하기 때문이 아니라, 불필요한 작업을 너무 많이 해야 하기 때문에 동기수준이 떨어지고 있는 것이었다.

　밀레니얼 세대는 나이가 젊기 때문에, 대부분의 경우 조직에서의 직급이 낮은 편이다. 높은 직급에 위치한 밀레니얼 세대는 그 반대의 경우보다 반복적인 일을 많이 한다고 이야기하는 경우가 적다는 사실은, 우리의 핵심포인트를 지지해주는 또 하나의 증거이다. 문제는 일 자체의 특성인 것이다. 흥미로운 것은 그렇다면 왜 밀레니얼 세대만 특별히 흥미없는 일에 대해 불만이 많다는 악명을 가지고 있는 것인지에 대한 부분이다. 결국, 자신의 일이 지루하고 반복적인 행동만 하게 되는데, 동기수준이 여전히 높은 사람이 얼마나 있겠는가? 우리는 그 누구라도 꼭 해야 하기는 하지만, 한두 가지 이유 때문에 하기 싫은 일들을 가지고 있다. 그리고 사람들은 모두 자신이 싫어하는 일에 대해 불평을 늘어놓곤 한다. 밀레니얼 세대가 불만을 털어놓는 것과, 다른 사람들이 투덜거리는 것은 과연 무엇이 다른 것일까?

　한 가지 생각해볼 수 있는 것은, 밀레니얼 세대는 다른 동료들과 비교해보았을 때 연령대가 젊고, 대부분의 사람들은 젊은이는 "나이 많은 사람들을 존중해야 한다"고 믿기 때문인 것 같다. 많은 경우, 이 말은 "시키면 시키는 대로 해라. 그 일이 얼마나 지루하든지, 반복적이든지, 판에 박힌 일이든지 간에. 불평하지 말아라. 너는 아직 알고 있는 것이 별로 없고, 우리는 너에게 일하는 방법을 가르쳐주어야 하기 때문에, 너는 지루하고, 반복적이고, 판에 박힌 일을 하는 것을 감사해야 한다"는 의미를 가지는 것 같다. 그 외의 경우에도, 이러한 해석과 그다지 다르지 않다. 대부분의 관리자들에게, 구성원들이 선배를 존중하는 태도의 핵심은 지루한 일에 대해 불평을 하지 말아야 한다는 것인 듯하다. 그리고 밀레니얼 세대는 이와 같은 생각에 동의하지 않는 것이다.

핵심사항

밀레니얼 세대는 지루한 일을 꺼려하는 반면, 모든 사람들은 어느 정도 그러한 일을 해야만 한다는 사실을 이해하고 있다.

판에 박힌 듯하고, 반복적이고, 지루한 일은 합리적으로 받아들일 수준을 넘어설 때, 그리고 쉽게 피할 수 없을 때 문제가 되기 시작한다. 관리자들은 자신의 팀 및 조직과 함께 어떻게 하면 지루하고 반복적인 일을 최대한 감소시킬 수 있을지에 대해 효과적인 방안을 고안해내야 한다. 새로운 접근방법을 만들어내거나, 최신 기술을 적용해보면서 말이다. 또한, 관리자들은 일상적인 업무에서 다양성을 증가시키고, 반복적인 일의 부담을 줄여줄 수 있도록 노력해야 한다. 그리고, 지루한 과제들이 왜 필요한지, 그리고 팀과 조직의 목표를 달성하는 과정에서 그 과제가 어떤 의미를 가지는지에 대해 충분한 시간을 들여서 설명하는 것이 좋다. 구성원들이 현재 자신의 일이 더 큰 조직의 미션에 어떻게 기여하는지에 대해 이해하고 나면, 일 자체가 덜 지루하게 보이는 경우가 종종 있기 때문이다.

밀레니얼 세대는 자기중심적이다
(사실, 모든 사람이 다 그렇다)

밀레니얼 세대가 자기중심적인 것은 사실일지 모른다. 밀레니얼 세대의 40% 이상이 자기자신은 최고의 대우를 받을 만한 사람이기 때문에, 삶에서 더 많은 것을 누릴 자격이 있기 때문에, 가끔씩 휴식시간을 가질만 하기 때문에, 최고의 것을 요구한다고 이야기한다. 동시에 많은 밀레니얼 세대는 특별한 대우를 받을 자격이 있다거나, 모든 것이 그들 중심으로 돌아가야 한다고 생각하지는 않는다.

하지만, 밀레니얼 세대는 유일한 자기중심적 특성을 가진 사람들은 아니다. 사실, 기성세대에서도 동일한 수의 사람들이 자기자신은 최고의 대우를 받을 만한 사람이기 때문에, 삶에서 더 많은 것을 누릴 자격이 있기 때문에, 가끔씩 휴식시간을 가질만 하기 때문에, 최고의 것을 요구한다고 이야기한다. 그리고, 또 많은 경우, 특별한 대우를 받을 자격이 있다거나, 모든 것이 그들 중심으로 돌아가야 한다고 생각하지는 않는다.

즉, 밀레니얼 세대는 자기중심적이다. 그들의 역할모델과 마찬가지로.

통계자료를 보면, 밀레니얼 세대가 자기중심적이라고 불리게 되었던 그들의 많은 행동들은 강한 직업윤리와 조직에 기여하고 싶다는 강한 욕구 때문에 생긴 경우였다. 따라서, 관리자들은 많은 사람들이 밀레니얼 세대가 자기중심적이라고 믿게 된 태도는 모든 연령대의 구성원 및 조직내 모든 직급에서 공통적으로 나타나는 것이라는 사실을 인식하고 받아들일 필요가 있다. 어디에서나 찾아볼수 있는 이러한 태도들에 대해 염려하기보다는, 관리자들은 생산성과 커뮤니케이션에 대해 어떤 기대를 가지는지에 대해 명확하게 전달하는 일에 초점을 맞추었으면 좋겠다. 갈등이 발생된 경우, 관리자는 모든 사람들이 기대사항에 대해 잘 알고 있는지를 파악할 필요가 있다.

자기중심적이라는 것이 게으르다는 뜻은 아니다

밀레니얼 세대는 사람들이 그들을 자기중심적이라고 생각할만한 특성을 가지고 있을지 모른다. 하지만 그렇다고 해서 그들이 게으르다는 의미는 아니다. 사실, 우리는 밀레니얼 세대가 팀으로 일할 때 정말 열심히 일하며, 동기수준도 높고, 조직에 기여하고 싶은 마음이 크다는 것을 발견할 수 있었다.

특히 분명한 한 가지는, 밀레니얼 세대가 일을 통해 배우고 성장하고 싶은 욕구가 있다는 것이다. 유니버섬(Universum) 컨설팅사의 한 연구에 따르면, 39%는 일상업무를 통해 새로운 것들을 배우고 싶어했고, 45%는 새로운 일을 배우는 작업을 우선순위로 할 수 있다면, 그 작업에 시간을 투자하고 싶다고 이

야기했다.[5]

우리의 인터뷰와 포커스 그룹에서도 이 부분은 분명하게 나타났다. 전세계에서 참가한 밀레니얼 구성원들은 일터에서 발전을 할 수 있고, 코칭을 받을 수 있는 기회를 얻고 싶어했다. 그들의 성장은 고용주에게 이득을 줄 수 있다고 생각하기 때문이었다. 또한 밀레니얼 세대는 지속적으로 발전을 해나가는 것은 그들이 기대하는 장기적인 성공에 있어서 필수적인 요소라고 믿고 있었다. 배움과 성장 기회에 대해 다소 자기중심적인 태도를 취한다 하더라도, 그들은 자신의 시간을 많이 투자해서 배우고 싶어하며, 긴 시간 동안 일할 준비가 되어 있으며, 실제로 그렇게 하고 있다.

밀레니얼 세대는 열심히 일하는 사람들이다… 그들은 긴 시간 동안 일한다

우리의 연구에 참가한 밀레니얼 세대들은 정말 열심히 일하고 있었다. 56%는 1일당 9시간 이상을 일하고, 33%는 10시간 이상을 일한다고 응답했다(이는 기성세대들도 마찬가지였다). 우리는 정말 오랜 시간 동안 일하는 밀레니얼 세대들에게, 집이란 큰 옷장 같은 곳이라는 이야기를 들었다. 집에 가는 이유는 샤워를 하고, 두세 시간 눈을 붙이고, 옷을 갈아입고 다시 직장에 돌아오기 위해서이기 때문이라는 것이다. 밀레니얼 세대들은 마감일이 다가오거나, 조직이 특별히 바쁜 경우에는 밤 11시 이후에도 사무실에 남아있는 경우가 많았다.

이렇게 오랜 시간 동안 일을 해야 하는 주된 이유는, 그들의 업무부담이 정상 업무시간 안에 다 해결하기에는 너무 무겁기 때문이다.

그 결과, 많은 밀레니얼 세대들이 일의 부담이 너무 크다고 느끼고 있었다 :

 – 42%는 자신이 담당한 업무를 모두 완료할 수가 없다고 말했다.
 – 36%는 요청받은 업무의 양이 합리적이라고 생각하지 않았다.

- 27%는 업무량이 너무 많아서, 일의 품질을 높일 수가 없다고 믿고 있었다.

  우리가 만났던 밀레니얼 세대가 전문가, 관리자, 임원의 역할을 맡고 있었지만, 모두 실제적으로 사무실에서 살고 있다는 평판이 높은 기술분야에서 일하는 것은 아니었다. 하지만 컨설팅, 법조계, 금융업, 소비재, 의료계 분야에서도 상황은 마찬가지였다.

  밀레니얼 세대에게 있어서, 일이란 퇴근을 한다고 해서 끝나는 것이 아니다. 91%는 업무시간 외에도 상사의 연락을 받고 있다고 대답했다. 67%는 적어도 주 1회는 그런 일이 있다고 했고, 12%는 매일 업무시간이 끝나도 상사의 연락을 받는다고 했다. 밀레니얼 세대 5명 중 4명은[6] 스마트폰에서 업무관련 이메일을 읽는다고 대답했고, 1/3[7] 이상은 스마트폰 이용료를 스스로 부담하고 있다고 응답했다. 더 높은 직급에 있는 밀레니얼 세대는 업무시간 외에도 조직의 연락을 받는 경우가 더욱 많았고, 최고 직급의 밀레니얼 세대 중 25%는[8] 매일 업무시간이 끝나도 조직으로부터 연락을 받는다고 응답했다. 즉, 밀레니얼 세대가 사무실에서 몇 시간 일하는지에 상관없이, 그들은 집에 도착한 후에도 일을 하고 있다는 것이다. 밀레니얼 세대는 퇴근을 하면서도 일이 끝날 거라고 생각하지 않는다. 그들은 모바일 일터가 실제 현실이 된 시대에 살게 되었고, 이제는 진정한 "퇴근"이란 존재하지 않는다.

딜버트(DILBERT) ⓒ2011 스콧 아담스(Scott Adams).
모든 판권을 가지고 있는 유니버설 유클릭(UNIVERSAL UCLICK)사의 허가하에 게재함.

긴 시간 동안 일하는 밀레니얼 세대는 근무시간이 끝나도 자주 업무 관련 이슈로 인해 연락을 받고 있으며, 업무부담감을 크게 느끼고 있었다. 밀레니얼 세대가 개인적인 흥미를 추구할 수 있는 시간이 충분하지 못함에 대해 좌절감을 표현한다면, 그것은 정말 그들의 업무량이 많다는 것을 의미한다. 담당한 업무를 완료하고 개인적인 삶을 누리기에는 시간이 매우 부족하다는 어려움에 봉착해 있는 것이다. 수십년 후, (인력을 증가시키지 않고) 현재 존재하는 인력만으로 어떻게 그렇게 엄청난 성과를 만들어냈는지를 조직에서 파악해본다면, 그때의 구성원들은 과거의 업무 시스템에 대해 정말 믿을 수 없다며 놀라워하는 반응을 보이게 될 것이다.

핵심사항

모든 직급의 기성세대 구성원들과 마찬가지로, 밀레니얼 세대의 업무량은 정말 많다. 그들 또한 긴 시간 동안 일할 마음의 준비가 되어 있지만, 개인적인 삶을 위한 시간이 충분하지 않은 상황이라면, 시간이 지날수록 몰입도는 낮아지고 좌절감은 높아지게 마련이다. 일을 지나치게 많이 하는 조직구성원들은 실수가 많아지게 되고, 일을 할 때 몰입을 잘 못하게 되며, 이직을 하고 싶은 마음도 많이 생길 수밖에 없다. 조직들은 인력이 부족한 상황에서 구성원들이 일을 많이 하게 되는 것이 장기적으로 사업에 좋은 영향을 줄 수 있을지에 대해 고려해볼 필요가 있다.

밀레니얼 세대는 열심히 일한다...
그들의 동기수준은 매우 높기 때문이다

우리는 밀레니얼 세대는 내면적으로 동기수준이 매우 높으며, 자신이 하고 있는 유형의 일을 통해 동기부여를 받는 것도 많다는 것을 발견하였다. 밀레니얼 세대의 50% 이상은 일에 대한 동기수준이 높다고 대답했다. 왜냐하면, 일을 하면서 그들의 커리어 계획을 달성할 수도 있고,[9] 일 자체를 하는 것이 즐겁기 때문이다.[10] 예를 들어, 우리는 일에 대해서는 긍정적인 이야기밖에 할 게 없다는 한 밀레니얼 세대를 만난 적이 있다. 그는 현재의 일을 하게 된 지 2년 정도 되었는데, 인터뷰 시간 내내 얼마나 자신이 일을 사랑하는지에 대해 이야기했었다. 그는 거의 매일 새로운 것을 배우고 있다고 하였다. 의미있는 방법으로 팀에 기여하고 있다고 느끼며, 현재 맡고 있는 일이(반복적인 일까지도) 자신의 커리어 계획을 달성하는 데에 도움이 된다고 믿고 있었다. 그는 배움의 기회를 얻으면서 일이 더욱 재미있어졌으며, 현재의 일이 장기적인 커리어 계획에 어떻게 연결되는지를 알게 되면서 동기수준이 높아졌다고 이야기했다.

우리가 만났던 대부분의 밀레니얼 세대들은 현재 하고 있는 일과 배우고 있는 것에 대해 동기수준이 높았고 즐거워하고 있었지만, 그렇지 않은 사람들도 존재하는 것이 사실이었다. 동기수준이 낮아진 사람들은 오랫동안 한 분야에서 일을 해온 경우가 많았다. 그들은 자신의 성과에 대해 조직으로부터 승진과 연봉인상과 같은 보상을 받았다. 하지만, 그로 인해 특별히 동기수준이 높아지지는 않았다. 이제는 더 이상 스스로의 장기적인 커리어 계획에 도움이 될수 있는 새로운 스킬을 배우거나 발전하지 못한다고 생각하기 때문이었다.

연봉이 인상되거나 더 높은 직급으로 승진한다는 것은 더 이상 밀레니얼 세대에게는 동기부여 요인이 되지 못하는 것 같다. 왜냐하면, 그들은 자신의 연봉 금액이나 다른 사람들로부터 받는 평가에 의해 동기부여를 받는 것보다는, 일자체에 의해 동기부여되는 경우가 더 많기 때문이다. (그렇다고 해서 연봉이나 승진에 의해 전혀 동기부여가 안된다는 뜻은 아니다.) 예를 들어보면, 밀레니얼 세대 중에서 일을 통해 동기부여를 받는 이유는 돈을 벌기 때문이라고 응답한 경우는 1/3 이하에 불과했다.[11]

일을 하면서 돈을 버는 것이 대부분의 밀레니얼 세대에게 있어서 근본적인 동기부여 요인이 아니긴 하지만, 그렇다고 해서 돈이라는 것은 중요하지 않은 것이라고 확대해석할 필요는 없다. 사실, 보상이란 정말 중요한 요소이다. (이 부분에 대해서는 3장에서 자세하게 설명하도록 하겠다.) 하지만, 보상이라는 것이 언제, 어떤 상황에서라도 동기부여가 가능하다고 이야기할 수는 없다. 밀레니얼 세대는 일을 하게 되면서 받는 보상은, 그 일을 하고 싶은 마음이 들만큼 높으면 좋겠다고 생각하지만, 높은 연봉을 받는다고 해서 최선을 다해 일을 해야겠다는 마음이 들지는 않는다. 한편, 연봉이 너무 낮은 경우는 동기를 감소시킬 수 있는 상황이고, 그 조직을 떠나고 싶은 마음을 들게 할 수 있을 것이다. (이 부분도 3장에서 논의하도록 하겠다.) 이렇게 보면, 밀레니얼 세대도 기성세대와 별 다를 것이 없다. 연봉이라는 것은 일에 대한 관심과 조직에 남아 있고 싶은 마음을 갖게 하는데 있어서 정말 중요한 요소이지만, 사람들이 더 좋은 성과를 내도록 동기부여를 하는데 있어서는 그다지 영향을 미칠 수 없다.

정리해보면, 일은 그 자체로서 밀레니얼 세대에게 매우 중요한 것이다. 보상의 수준이 높다면 그 조직에 남아 있을 가능성이 높기는 하지만, 높은 연봉을 받더라도 흥미없는 일을 해야 한다면 그들을 동기부여시키는 쉽지 않다. 밀레니얼 세대는 자신이 흥미를 느끼는 일을 하고 싶어하고, 그렇게 해야만 자신의 장기적인 커리어 계획을 이루는 데에 도움이 된다고 믿는다.

핵심사항

밀레니얼 세대는 내적으로 동기부여되는 정도가 매우 높은 사람들이다. 즉, 자신이 생각하기에 흥미있고 가치있다고 생각되는 일을 하고 싶어한다는 뜻이다. 이 기준을 만족시키지 못하는 일은 동기수준을 낮추는 변인이 될 수 있다.

따라서 관리자들은 구성원의 내적 동기를 잘 이해하면 도움이 된다. 구성원은 흥미를 느끼고, 자신의 커리어에 대해 중요하다고 생각되는 일이라면, 기본적인 직무기술서의 요건을 넘어서서 더 일을 많이 하고 잘하고 싶은 마음을 갖게 되는 경우가 많기 때문이다.

밀레니얼 세대는 맞춤법과 문법, 문장부호에 관심이 있는가?

밀레니얼 세대는 정확한 문장을 쓰는 것에 별 관심이 없다고 불평하는 사람들이 많다. 그들은 밀레니얼 세대가 보낸 맞춤법, 문법, 문장부호가 틀린 문서, 이메일, 프레젠테이션 자료와 같은 증거자료를 우리에게 바로 보여주곤 했다. 이 증거들만 가지고 보면, 밀레니얼 세대는 문법이나 문장부호를 정확하게 사용하는 것에는 별 관심이 없고, 공식적인 이메일을 할 때도 LOL(크게 웃음 : Laughing out loud)과 같이 문자/채팅/카톡 등을 할 때 쓰는 대화법(text-speak)을 쓰는 것을 즐기는 것으로 보여진다. 하지만 밀레니얼 세대의 93%는 맞춤법과 문법, 문장부호를 정확하게 사용하는 것이 중요하다고 생각하고 있었다. (참고 : 기성세대 동료들 또한 94%가 이 문제에 대해 중요하다고 생각했다.) 이렇게 보면, 누구나 정확한 문법을 구사하는 것이 중요하다고 생각하고 있는 것 같다.

이제 궁금해지는 것은, 밀레니얼 세대가 유난히 맞춤법, 문법, 문장부호를 잘 쓰지 못하는 것인지 아니면 밀레니얼 세대에 대한 이러한 불만은 더 큰 문화적인 문제를 나타내는 것인지에 대한 질문이다. 밀레니얼 세대는 맞춤법과 문장부호를 쓰는 방법에 대해 제대로 교육을 받지 못했고, 실제로 별로 신경도 쓰지 않는다는 전제 하에 쓰여진 책들이 많이 있다.[12] 그리고, 조직 내에서 돌아다니는 많은 문서들을 보면, 맞춤법, 문장부호, 문법적 오류로 가득한 것들이 실제로 많이 존재한다. 하지만, 세계 각국에 사는 사람들을 인터뷰해본 결과, 이와 같은 불만은 기성세대와 젊은 세대들 모두에게 다 나타나는 것을 우리는 알게 되었다.

기성세대는 밀레니얼 세대가 맞춤법, 문법, 문장부호를 제대로 사용하지 못하고, 기성세대가 낯설게 느끼는 문자대화상의 줄임말(CID : Consider it done, 맡겨주세요. 제가 처리할께요 / CM: Call me, 전화주세요)을 자주 쓰는 것에 대해 불평하고 있었다. 하지만, 이들도 FYI가 '참조해보면(For your information)'이라는 것은 알고 있었다. 반대로, 밀레니얼 세대들은 기성세대들이 컴퓨터의 간단한 맞춤법 교정 기능도 사용하지 못하기 때문에, 꼭 자신에게 문서를 되돌려보내서 많은 오류들을 고치라고 한다고 불평하였다.

우리가 만났던 밀레니얼 세대 중 고성과자들은 다른 동료들의 이메일이나 문서에서 오류들을 발견하기는 하지만, 그렇다고 해서 그 사람이 속한 세대가 문제라고 생각하지는 않는다고 이야기했다. 그 대신에 그들은 상대방의 개인 역량에 대해 의문을 가지고 있었다.

결국 역량이라는 것이 진정한 문제인 것이다. 일터에서의 다른 동료들과 마찬가지로, 밀레니얼 세대는 좋은 성과를 낼 의무가 있다. 평균적으로 대부분의 밀레니얼 세대는 열심히 일하는 사람들이다. 하지만, 모든 신규 입사자들은 새로운 일터에서 자신들에게 어떤 기대를 가지고 있는지에 대해 명확하게 설명을 들을 필요가 있다. 관리자가 가지고 있는 기대사항을 명료하게 설명해주는 만큼, 밀레니얼 세대가 그에 맞춰 행동할 가능성은 더 커질 수밖에 없다. 그리고, 관리자가 공식적인 커뮤니케이션에서는 반드시 정확한 문법과 문장부호, 맞춤법을 사용해야 한다고 믿는다면, 구성원들이 그러한 사실의 중요성을 이해할 수 있도록 설명해주고, 스스로 모범이 되어 참고할 만한 사례를 보여줄 필요가 있을 것이다.

밀레니얼 세대는 열심히 일한다... 그들은 조직에 기여하고 싶은 강한 욕구를 가지고 있기 때문이다

밀레니얼 세대는 단순히 조직에 고용이 되었기 때문에 일을 해야 한다고 생각하는 것이 아니라, 자신의 직업기술서에 명시된 수준을 넘어서서 최대한 조직에 기여하고 싶다는 마음을 가지고 있다. 그들은 자기자신의 이익뿐 아니라 조직의 이익을 위해 목소리를 높여 의견을 제시하고, 아이디어를 공유해야 한다고 생각하며, 실제로 그렇게 행동하고 있다.

예를 들어보자. 돈(Don)은 대규모의 다국적 기업에서 일하고 있는 밀레니얼 세대이다. 그는 곧 관리직으로 승진할 가능성이 높은 핵심인재군에 속해 있다. 돈의 조직 헌신도는 놀라울 정도로 높다. 마감기한 내에 일을 확실히 완료하기 위해 긴 시간 동안 일한다. 다른 부서의 동료들은 돈이 그들에게 얼마나 도움이 되는지에 대해 칭찬을 아끼지 않는다. 자신이 해야 하는 일이 아닐때도 자신들의 일을 도와주는 경우가 많다는 것이다.

그의 헌신적인 태도가 칭찬받아 마땅한 것임에 반해, 돈은 가끔씩 기존의 조직체계를 왜 엄격하게 지켜야 하는지 잘 모르겠고, 부탁이 아니라 허가를 받아야 하는 때가 언제인지를 파악하기가 어렵다. 예를 들어, 언젠가 한번은 다른 부서의 동료 한 명이 그에게 어떤 문제해결에 관해 아이디어가 있는지에 대해 문의를 하였다.

돈은 자신의 아이디어를 공유하고, 문의한 동료와 같이 논의를 해주었다. 하지만, 그는 거기에서 멈추지 않았다. 직접 동료의 상사를 찾아가서 해결안을 제시해야겠다는 생각이 들었기 때문이다. 사실 그 해결안은 돈이 담당한 업무에 포함되는 것이 아니고, 필요한 정보를 모두 수집한 것도 아닌 상태였다. 이와 같은 상황은 동료의 상사뿐 아니라 돈의 상사에게도 불편하게 느껴졌다. 그래서 그들은 모두 돈에게 월권행위를 하는 것은 그만두고, 맡은 일을 하는 것이 좋겠다는 이야기를 하였다. 돈의 아이디어는 좋은 것이었지만, 그는 담당자에게 아이디어를 제공해서 상대방이 그 문제를 해결하도록 해주는 것이 아니라, 상급자에게 직접 보고를 한 것이 주위 사람들에게 불편하게 느껴졌던 것이다.

이 사례를 보면 돈이라는 사람이 얼마나 열심히 일을 하고 있는지를 알수 있는 동시에, 조직에 기여할 수 있는 제안을 하고 싶다는 욕구가 너무 강하면, 자신의 권한과 의무 범위 밖으로 지나치게 멀리 나가버리고, 결국은 다른 사람들을 불편하게 만들 수 있다는 것을 알 수 있다. 밀레니얼 세대가 자신의 아이디어를 제시하고 싶어하는 것은 어디에서나 쉽게 관찰할 수 있는 태도이다. 밀레니얼 세대 중 3/4는 팀이 나아갈 방향이나 해야 할 행동에 대해 아이디어를 생각하고 직접 제안하기도 한다고 응답했다.[13] 대부분의 밀레니얼 세대들은 새로운 프로젝트나 진행과정의 변화를 위해 아이디어가 생각나면 이야기하는 편이다. 그러한 행동이 자신의 팀에 도움이 될 거라고 생각하기 때문이다.[14] 팀과 조직에 기여하고 싶은 마음이 강하기 때문에, "나는 아직 이 조직의 경험이 많지 않으니까 일단 입을 다물고 있어야지"라고 생각하지 않는 것이다. 그보다, 밀레니얼 세대는 회사에 입사하는 순간부터 최대한 많은 기여를 하고 싶어한다. 이러한 태도는 나이가 많은 구성원들이나 높은 직급의 상사들에게는 때로 불편하게 느껴질 수 있다. 하지만 앞에서 언급했듯이, 대부분의 사람들은 조직에 속한 구성원이라면 자신의 의견을 제시할 수 있는 권리를 가져야 한다고 믿고 있다. 그러한 행동을 통해 선배들이나 상사들로부터 더 많은 신뢰를 얻을 수도 있기 때문이다.

밀레니얼 세대가 조직에 기여하고 싶은 마음이 들 때, 다른 사람들은 밀레니얼 세대가 아이디어를 제시하는 방법과 시기에 대해 정해진 규정을 따르기를 기대하고 있다는 사실을 인식한다. 그리고, 조직에 기여하는 방법을 정할 때 보다 신중할 필요가 있다는 것을 알고 있다. 예를 들어, 밀레니얼 세대의 49%는 다른 사람들이 있는 앞에서 상사의 의견에 반대하는 것은 상사를 당황하게 만들 수 있다는 것을 이해한다. 하지만, 동시에 이들은 이렇게 생각한다.

- 77%는 미리 상사와 의논하지 않고, 팀구성원들 앞에서 아이디어를 제시하는 태도가 나쁘다고 생각하지 않는다.
- 73%는 팀구성원들 앞에서 아이디어를 제시할 때는 반드시 상사와 개인적으로 먼저 만나서 이야기를 해야 한다고 생각하지 않는다.

따라서 밀레니얼 세대는 이것은 조직에 기여할 수 있는 건설적인 아이디어라는 생각이 들 때 목소리를 내어 표현하고 싶어한다. 그리고, 상사를 먼저 만나서 의논하기보다는 보다 직접적인 방법으로 행동해야 한다고 믿고 있다. 하지만, 동시에 그들은 상사를 당황하게 할 수 있는 행동은 피하려고 애쓰고 있다. 조직에서는 사람들마다 당황스러움을 느끼는 상황이 다를 때, 문제들이 생길 수 있다. 밀레니얼 세대가 생각하기에는 별 문제 아니라고 보여진 것이, 실제로는 상사들을 불편하게 만들게 되는 경우가 바로 그런 상황인 것이다.

조직에 대한 기여로서의 추가근무

조직에서 일해본 경험이 있는 사람이라면 누구라도 알고 있듯이, 일을 잘하려면 직무기술서에 쓰여 있는 것만을 수동적으로 행하는 것 이상이 필요할 때가 있다. 좋은 성과를 내기 위해 구성원들은 담당업무를 정확하게 해내는 것 이외에도 다양한 문제들을 해결해나가야 한다. 밀레니얼 세대에 대한 불만들 중 하나는, 추가적인 업무를 요청했을 때 그들이 이런 말을 자주 한다는 것이다. "하지만, 이것은 제 일이 아닌데요." 사실은 이렇다 :

- 82%는 팀을 위한 일을 자발적으로 하고 있다.
- 88%는 팀 동료들의 일을 도와주고 있다.
- 78%는 동료들이 팀의 성과를 위해 하는 일을 조력하기 위해, 담당하고 있는 일보다 더 많은 일을 하고 있다.

대부분의 밀레니얼 세대는 팀 구성원들을 돕기 위해 "추가적인 업무행동"을 하고 있었다. 추가적인 업무행동은 조직이 효과적으로 기능하는데 있어서 핵심적인 요소라는 것을 생각하면, 이는 매우 좋은 소식으로 들린다. 사람들이 흔히 이야기하듯이, 구성원들이 정말 자신의 직무기술서에 적힌 일들만 한다면, 얼마 지나지 않아 회사의 업무과정은 멈춰버릴 것이기 때문이다!

핵심사항

밀레니얼 세대는 자신이 생각하는 것을 자유롭게 표현할 수 있어야 한다고 믿는다. 그러한 태도 때문에 자기중심적이라는 오명을 쓸 수도 있겠지만, 그들은 팀과 조직에 대해 기여하고 싶다는 강한 욕구로 인해 동기부여된다.

밀레니얼 세대에게 있어서 자신의 의견을 제시한다는 것은 권위에 대한 도전이라고 느껴지지 않는다. 의견 제시는 개선이 필요한 조직프로세스의 발전을 위해 진정한 기여를 하는 것이고, 자신의 노력에 대해 인정받을 수 있는 행동이기도 하다. 따라서, 관리자들은 밀레니얼 세대가 의견제시를 가장 효과적으로 할 수 있는 방법과 시기에 대해 코칭을 해서 배울 수 있도록 해줄 필요가 있다.

결론 : 밀레니얼 세대는 자기중심적인 면이 있지만, 열심히 일하는 사람들이다

지금까지 제시했던 통계자료들을 보면, 밀레니얼 세대는 자기중심적인 면이 있지만, 매우 열심히 일하는 사람들이라는 사실을 알 수 있다. 그들은 긴 시간 동안 일하고, 필요하다면 근무시간 외에도 상사의 연락을 기꺼이 받을 준비가 되어 있으며, 일 자체를 통해 동기부여를 강하게 받는 편이고, 직무기술서에 적힌 수준을 넘어서서 조직에 기여하기 위해 노력을 하며, 조직에서 승진하고 싶은 마음을 가지고 있다. 그리고 동시에, 밀레니얼 세대는 지루한 일을 많이 하는 것을 싫어하고, 일 이외에도 개인적인 삶을 가지고 싶어하며, 일터에서 충분한 유연성을 얻을 수 있어서 개인적인 삶의 목표와 전문가로서의 삶의 목표를 모두 충족할 수 있기를 기대한다. 그들은 조직에서 자신을 고용한 이유는 담당 업무를 하도록 하기 위함이며, 뭔가 유용한 아이디어가 있을 때에는 목소리를 높여 의견을 제시해야 한다고 믿는다.

밀레니얼 세대는 정말 그렇게 다른 존재들인가?

"권력자들에게 진실을 외쳐라(Speak truth to power)"는 1950년대 이후로 사용되었던 표현이다. 따라서, 밀레니얼 세대가 상사에게 자신의 진심을 숨기지 않고 이야기를 한다는 것은, 조직구성원들이 상사에게 의견을 제시하는 전통을 이어가고 있다는 것으로 볼 수 있다. 밀레니얼 세대와 마찬가지로, 기성세대도 흥미있는 일을 하고 싶어하고, 조직에 기여하고 싶은 마음이 있으며, 자신의 삶에 있어서 일과 개인생활의 균형을 잡고 싶어한다. 기술이 발전함에 따라, 사무실 밖에서도 일을 쉽게 할 수 있게 되었고, 모든 연령의 조직구성원들은 그로 인한 업무유연성의 혜택을 얻고 있다. 그리고, 그러한 유연성을 모두 필요로 한다 : 기성세대의 56%는 1일당 9시간 이상을 일하고 있고, 33%는 10시간 이상을 일한다고 보고했다. 이와 같은 수치는 밀레니얼 세대의 응답과 유사하다.

이와 같이 밀레니얼 세대와 기성세대의 특성이 유사하다면, 왜 사람들은 밀레니얼 세대를 그렇게 다르다고 생각하는 것일까? 밀레니얼 세대의 행동이 자신들과 매우 다른 것으로 지각되는 이유는, 그들의 연령대가 낮으며 조직 내에서의 경험이 적기 때문인 경우가 더 많고, 그들이 실제로 다르게 행동하기 때문이 아니다.

어떤 사람들은 '밀레니얼 세대의 젊음과 경험부족'이 '조직생활능력이 부족하고, 지식이 모자라며, 좋은 아이디어를 내지 못하는 사람들'이라고 잘못 해석되고 있다고 이야기하기도 한다.

문제는, 누가 행동하느냐에 따라 우리는 그 행동을 다르게 지각한다는 데에 있다. 만약에 기성세대가 보낸 이메일에서 맞춤법이 틀렸다면, 사람들은 대수롭지 않게 생각할 것이다. 하지만, 밀레니얼 세대가 동일한 행동을 했다면, 그들은 일을 엉성하게 한다거나, 똑바로 일을 할 생각이 없다는 평가를 받을 것이다. 마찬가지로, 기성세대가 흥미를 느끼지 못하는 일을 억지로 하면서, 좀더 회사의 미션에 관련된 핵심업무를 하고 싶다는 이야기를 한다면, 사람들은 이해한다는 표정을 지을 것이다. 하지만, 더 젊은 사람들이 동일한 행동을 한다면, 그들은 팀구성원으로서의 마음가짐이 부족하다는 이야기를 들을 가능성이 높다.

밀레니얼 세대는 실제로 자기중심적일 수도 있고, 오해를 받고 있는 것일 수도 있다. 어쨌든, 이제부터는 당신이 팀 동료, 관리자, 리더로서 그들과 함께 효율적으로 일할 수 있는 방법에 대해 이야기해보려고 한다.

밀레니얼 세대와 팀동료로서 일할 때의 제안

물론 어떤 밀레니얼 세대는 정말 짜증나는 행동을 할 때가 있다(어떤 사람들은 아예 이들에 '자기중심적인 인간'이라는 이름을 붙이기까지 한다). 하지만, 팀 동료들은 이들과 효율적으로 같이 일할 수 있고, 그들의 태도로부터 이득을 얻을 수도 있다. 예를 들어보면, 대부분의 사람들은 밀레니얼 세대만큼 지루한 일을 싫어한다. 하지만 기성세대들은 일이란 원래 지루한 것이며, 누군가 그 일을 꼭 해야 한다고 생각하며 받아들인다. 따라서, 밀레니얼 세대가 '우리는 그렇게 생각하지 않아요!'라고 이야기했을 때, 사람들은 불편감을 느끼게 되는 것이다.

이와 같은 태도 때문에 당신은 좌절감을 느낄 수도 있지만, 밀레니얼 세대 또한 당신만큼 지루한 일로 인해 좌절감을 느끼고 있다는 사실을 기억할 필요가 있다. 기성세대 동료들은 '나도 어렸을 때에는 정말 지루한 일을 했어야 했지'라고 이야기할지 모른다. 하지만 바로 그래서 밀레니얼 세대는 그와 같은 잘못된 관행을 끝내고 싶어하는 것이다. 지금과 같이 지루한 일을 하는 것 이외에는 다른 대안이 없다면 어쩔수 없겠지만, 반복적인 일을 없애거나, 최소한 반복적인 일의 양을 줄일 수 있는 대안들을 함께 고민해서 만들어낼 수는 있다. 밀레니얼 세대는 지금까지 논의된 적이 없는 새로운 아이디어나 기술적인 대안을 가지고 있을 수 있으므로, 당신은 그들의 지식과 전문성을 활용하여 모든 사람들이 지루한 일로부터 해방될 수 있도록 새로운 프로세스를 어떻게 운영할 것인지에 대해 답을 찾을 수 있을 것이다.

　마찬가지로, 밀레니얼 세대가 긴 시간 동안 일할 마음의 준비가 되어 있기는 하지만, 그들도 개인생활을 누리고 싶어한다. 그들은 당신도 마찬가지로 개인적인 삶을 즐기고 싶어한다는 것을 알고 있다. 따라서, 일의 양이 너무 많아서 부담감을 느끼는 팀 구성원들은 함께 협력하여, 모든 사람들이 근무시간 내에 일을 끝낼 수 있게 하기 위한 해결안을 찾아낼 수 있다. 어떤 구성원은 일찍 출근하는 것을 더 좋아하는 반면, 다른 구성원은 늦게까지 일을 하는 것을 더 선호할 수도 있을테니 말이다.

밀레니얼 세대의 관리를 위한 제안

1. 반복적인 일을 최소화하고, 밀레니얼 세대에게 업무 프로세스의 개선작업을 맡겨서, 모든 구성원들의 일이 더욱 효율적으로 진행되도록 하자.

　밀레니얼 세대가 지루한 일을 싫어하기는 하지만, 그들도 누구나 때때로 그러한 일을 해야 한다는 것을 이해하고 있다. 밀레니얼 세대는 자기자신과 동료들을 위해 일터의 환경을 개선할 수 있는 대안들을 찾고 싶어한다(어느 누구도 지루한 일을 하고 싶어하지는 않기 때문이다). 어떤 의견도 제시하지 않으면서 그저 지시받은 일을 묵묵히 해내야 하는 것이 본인의 역할이라고 생각하는 조직구성원은 존재하지 않는다. 특히 그 일이 지루하고 불필요한 것일 때에는 말이다. 관리자가 누군가에게 산더미같은 서류더미나, 정신이 나가버릴 것 같이 엄청난 과제를 던져주면서, '빠른 시간 내에 해결해!'라고 말할 수 있는 시대는 이미 지나갔다.

그 대신에 구성원들은, 누구나 지루함보다는 흥미를 느낄 수 있도록 업무 프로세스를 개선하는 작업을 도와야 한다고 생각한다.

관리자들은 종종 업무분배를 하는 역할을 맡게 되므로, 전체적인 업무 중에서 반복적인 일의 양이 어느 정도인지, 그리고 그 일이 구성원들에게 어떤 영향을 미치는지를 파악할 필요가 있다. 팀구성원들과 함께 협력해서, 관행적인 일의 양을 줄이고, 그 일의 부담을 덜 수 있게 하는 방법을 찾아야 하는 것이다. 하지만 그러한 상황을 피할 수 없다면, 관리자는 의도적으로 시간을 내어 반복적인 일이 필요한 이유에 대해 설명을 해야 한다. 그 일이 조직이 바라보는 더 큰 그림에 어떻게 연관되는지, 그리고 조직의 성공에 어떻게 기여할 수 있는지에 대해 구성원들을 이해시킬 필요가 있다.

구성원들이 반복적인 일을 맡아주고 있는 것에 대해 감사를 표하는 것도 중요하다. 사실, 지루한 일을 하는 사람에게 고마운 마음을 표현하는 것은, 구성원들이 흥미를 가지고 있는 일을 완수했을 때 그들의 노력한 바를 알아주는 것보다 훨씬 더 중요할 수 있다. 재미있는 일을 하게 되면, 일 그 자체로부터 동기부여를 받게 된다. 하지만, 지루한 일을 할 때 당신의 감사표현은 중요할뿐 아니라, 유일한 동기원천이 될 수 있다. 따라서, 구성원이 반복적인 일을 해야 하는 상황에서, 당신은 그 일을 해야 하는 이유와 해당 업무의 중요성을 설명해주어야 하고, 구성원에게 감사함을 표해야 한다.

그렇지 않으면, 구성원들은 그 일에 대해 새로운 가치를 부여하지 못하게 되고, 해당 업무를 하도록 지시한 당신에게 실망감을 느끼게 될 것이다.

2. 긴 시간 동안 일할 준비가 된 밀레니얼 세대의 마음가짐을 활용하되, 악의적으로 착취하지는 말자.

밀레니얼 세대는 열심히 일하고 싶은 마음이 많은 사람들이다. 대부분의 밀레니얼 세대는 자신이 하고 있는 일이 가치가 있고, 자신의 시간이 효과적으로 쓰여지고 있으며, 자신이 좋아하는 사람들과 함께 일하고 있다고 느낄 때에는 긴 시간 동안 일하는 것을 즐기기까지 한다(4장을 참고하자). 마감기한 내에 해야 할 일이 아직 많은 상황이라면, 밀레니얼 세대는 동료들과 마찬가지로 요구되는만큼의 시간과 노력을 추가적으로 더 투자할 마음이 있다. 하지만, 뭔가 업무 프로세스의 관리가 제대로 되지 않고 있다는 느낌이 들자마자, 그들의 의지와 몰입도는 순식간에 사라져버린다. 당신이 밀레니얼 세대의 시간을 비효율적으로 쓰고 있다면, 뚱딴지 같은 시간에 사무실로 불러서 눈앞에 있으라고 하거나 다른 사람들이 일을 끝날 때까지 기다리라고 한다면, 퇴근 후 한밤중에 연락을 한다면, 휴일에 이메일이나 문자를 보내서 재미도 없고 그다지 중요하지도 않은 업무지시를 한다면, 당신은 업무에 대한 밀레니얼 세대의 책임감을 바로 없애버릴 수 있을 것이다.

관리자로서, 당신은 조직의 요구와 구성원의 역량 사이에서 적절한 균형점을 찾을 필요가 있다. 구성원이 일과 개인적 삶의 균형에 대해 불평을 한다면, 그들은 대부분의 경우 관리자, 일, 조직에 대한 몰입과 헌신을 할 수 있는 방법을 찾고 있는 것이다. "우리는 필요한 일을 열심히 하고 싶은 마음이 있습니다. 하지만, 우리를 학대하거나 착취하지 마세요."라고 말이다. 아침 일찍, 저녁 늦게, 주말에 일을 하라는 지시를 받았을 때에도 그러한 상황이 이해가 가기만 한다면, 구성원들은 지시에 따를 가능성이 높다. 하지만, 당신이 그들을 일방적으로 몰아붙인다면, 밀레니얼 세대는 바로 뒤로 물러설 것이다.

3. 아이디어를 제시하고 싶어하는 구성원들을 응원해주고, 그들의 적극성에 대해 감사를 표하자.

밀레니얼 세대는 진정으로 조직에 대해 기여하고 싶어한다. 그들은 자신이 맡은 일을 제대로 해내는 수준을 넘어설 수 있기를 바란다. 눈앞에 놓인 과제해결을 하는 것 이상으로 생각을 많이 하여, 현재의 업무 프로세스와 조직의 성과를 개선할 수 있는 혁신 아이디어를 제안하고 싶어한다. 당신이 이러한 행동을 촉진해준다면, 자신의 의견을 제시하고 싶은 마음과 업무과정을 개선하고자 하는 그들의 태도에 대해 감사를 표현하고 있음이 보여질 것이다.

관리자로서 당신이 밀레니얼 세대가 조직에 기여하고 싶은 마음을 촉진해준다면, 그들이 더욱 일에 대해 흥미를 가지고 몰입하게 된다는 것을 알 수 있을 것이다. 밀레니얼 세대의 조력이 도움이 되고 적절하게 활용할 수 있는 분야에 대해, 그들이 기여할 수 있고 아이디어를 제시할 수 있는 기회들을 제공해주는 것이 좋다. 그럼으로써 우리는 두 가지의 중요한 목표를 달성할 수 있다. 첫째, 밀레니얼 세대는 조직에 기여할 수 있는 기회를 통해 동기부여를 받을 수 있게 된다. 둘째, 당신은 밀레니얼 세대가 열정이 앞선 나머지 자신이 잘 알지 못하는 분야에서 아이디어를 제시하려는 행동을 막아내기 위해 힘들게 애써야 하는 상황을 피할 수 있을 것이다.

꼭 기억해야 할 5가지

1. 밀레니얼 세대는 긴 시간 동안 일할 마음의 준비가 되어 있다.
2. 밀레니얼 세대는 흥미있는 일을 하는데 있어서는 동기수준이 매우 높다. 하지만, 반복적인 일은 그다지 선호하지 않는다.
3. 밀레니얼 세대는 일과 마찬가지로 개인적인 삶도 충실하게 꾸려가고 싶어한다.
4. 밀레니얼 세대는 조직의 의사결정권자들에 자신의 의견을 제시하고 싶어한다.
5. 밀레니얼 세대는 조직에 기여하고 싶은 마음이 많다.

밀레니얼 세대의 특성과 그들이 원하는 것

밀레니얼 세대는 :
- 일 이외의 개인적인 삶을 원한다.
- 일 때문에 개인적인 시간이 방해받을 수 있다는 것을 이해한다.

- 꼭 얼굴을 직접 보고 일해야 한다고 생각하지는 않는다.
- 일을 하는데 있어서 유연성을 가질 수 있기를 바란다.
- 관행적인 일을 좋아하지 않는다.
- 높은 직급의 사람들에게 자신의 생각을 이야기하고 싶어한다.
- 상사가 자신에게 원하는 것이 무엇인지를 명확하게 제시해야 한다고 생각한다.
- 특별 대우를 받아야 한다고 생각하지 않는다.
- 실제로 긴 시간 동안 일하고 있다.
- 일에 대한 동기수준이 매우 높다.
- 조직에 기여하고 싶은 마음이 매우 높다.
- 팀구성원들을 돕기 위해 자발적인 행동을 하고 있다.

제2장

인정욕구가 크지만, 독립적이다

Needy and Independent

제2장

인정욕구가 크지만, 독립적이다
Needy and Independent

　션(Sean)은 대규모 조직에서 초급 관리자직을 맡고 있는 밀레니얼 세대이다. 그는 빠른 승진을 위한 모든 준비를 갖추고 있는 사람이다... 뭔가 실수만 하지 않는다면 말이다. 션은 역량이 뛰어난 핵심 인재이다. 상사는 그가 정말 오랜 시간 동안 일하고, 언제나 찾으면 달려온다는 것을 인정한다. 션은 자신이 맡은 일을 하는데 있어서 스스로를 동기부여하고, 조직에 기여할 수 있기를 진정으로 바라며, 일이 제대로 되도록 하기 위해 기꺼이 추가 근무를 할 준비가 되어 있는 독립적인 조직구성원이다.

　그러나, 션은 지속적으로 인정을 바라는 사람이라는 평판을 가지고 있다. 그는 자신이 지금 하고 있는 일이 어떤지에 대해 자주 피드백을 받기를 원하며, 많은 시간을 투자하여 조직구성원들에게 그의 성과에 대해 알

리곤 한다. 션을 보면, 승진을 하고 싶고, 승진을 위해 필요한 일은 무엇이든 하겠다는 의지가 매우 명확하게 느껴진다. 그는 좀더 높은 직급의 역할을 맡기 위해 자신이 해야 할 일이 정확하게 어떤 것인지, 그리고 어느 정도를 기다려야 하는지에 대해 알고 싶어한다.

션은 훌륭한 조직구성원이다. 하지만, 상사가 생각하기에, 지속적으로 인정과 피드백을 요구하는 그의 태도는 다소 지나치다고 느껴진다. 션의 상사와 유사하게, 많은 상사들은 밀레니얼 세대들이 인정받고 싶은 욕구가 강하다고 생각한다. 언제나 자신이 일하고 있는 모습이 어떤지에 대해 알고 싶어하기 때문이다. 그들은 성공을 위해 어떤 것이 필요한지 매우 세부적인 정보를 제공받기를 원한다. 어떻게 하면 승진의 사다리를 밟아나갈 수 있는지에 대해 명확하게 이야기해주는 지도를 갖고 싶어한다(개인적으로나 전문가적으로나 현재의 상태를 벗어나서 꿈꾸는 이상의 상태로 가고 싶어하는 것이다). 그리고, 원하는 정보를 얻지 못했을 때 그들은 지속적으로 자신이 잘하고 있다는 것을 확인받기를 바라기 때문에, 불안한 마음이 들어서 주위 사람들을 불편하게 만드는 태도를 보이곤 한다. 하지만, 동시에 밀레니얼 세대는 놀랄만큼 독립적인 사람들이다. 그들은 자신의 목표를 달성하는 방법에 대해 코칭을 받고 싶어하지만, 모든 행동에 대해 지시받기를 원하는 것은 아니다(현실에서는 상사들이 이러한 방법으로 조언을 제공해준다).

밀레니얼 세대의 인정욕구에 대해 들리는 불만들은 세 가지 정도로 요약해볼 수 있을 것 같다.

- 그들은 모든 일에서 부모가 개입해주기를 원한다.
- 그들은 지속적인 멘토링과 조력을 원한다.
- 그들은 피드백을 자주 받을 수 있기를 원한다.

밀레니얼 세대는 인정욕구가 크다. 정말 그런가?

밀레니얼 세대의 인정욕구는 사람마다 독특한 형태를 가지고 있다. 어떤 사람들은 나아가야 할 방향을 알려주는 부모를 가지고 있고, 다른 사람들은 부모 역할을 해줄 상사를 원하기도 한다. 또 어떤 사람들은 10분마다 자신이 잘하고 있다는 이야기를 들었으면 좋겠다고 생각하고, 다른 사람들은 30분 정도마다 피드백을 원하기도 한다. 이런 것이 주위 사람들이 밀레니얼 세대의 인정욕구에 대해 불평하는 이야기이다. 하지만 우리가 조사한 자료를 보면 다소 다른 이야기를 들을 수 있다.

밀레니얼 세대는 인정욕구가 크다...
그들은 일을 할 때에도 부모가 개입해주기를 바란다

헬리콥터 부모들은 이제 더 이상 어린아이를 키우는 사람들이 아니다 – 그들은 비즈니스 세계에서 활동하는 것으로 잘 알려져 있다.[1] 우리가 들은 이야기로는, 어떤 고성과자 밀레니얼 세대가 고용주의 약물검사에서 양성반응을 나타냈다고 한다. HR 부서는 그에게 검사결과에 대해 통보해주고, 일을 계속할 수 있도록 하기 위해 재활과정에 대해 이야기하게 되었다. 그 미팅이 이루어지기 전, 밀레니얼 세대의 어머니가 사무실을 방문해서 이런 상황이 일어났다는 것을 믿을 수가 없다며, HR 담당자에게 약물검사 결과를 보여달라고 요청하였다. HR 담당자는 물론 해당 밀레니얼 세대가 그녀의 아이인 것은 맞지만, 미성년자도 아니고 27세나 된 조직구성원의 약물검사결과를 부모에게 알려주는 것은 불법이라고 설명해야 했다. 하지만 어머니는 뭔가 실수가 있는 것이 분명하므로, 꼭 결과를 보아야겠다고 고집을 부렸다!

전세계의 조직들은 조직구성원의 부모들이 성인 자녀의 업무생활에 개입하는 것에 대해 유사한 사례들을 들려주었다. 성인 자녀의 삶에 부모가 개입하는 태도는 문화마다 매우 다른 양상을 보이고, 동일한 문화 내에서도 다양한 경우가 있다는 것은 분명했다.

부모의 개입에 관련한 생각조차도 매우 다양했다! 미국과 유럽을 보자. 어떤 사람들은 자녀의 업무생활에 부모가 개입하는 것에 대해 어떻게 생각하느냐는 우리의 질문은 부적절하고 불필요하다고 생각했다(그들은 우리에게 "부모가 개입을 해야 한다고 생각하는 이유는 도대체 무엇인가요?"라고 되물었다). 하지만 또 어떤 사람들은 우리의 질문을 반겼다. 그들은 이미 그와 같은 상황을 여러번 마주했기 때문이었다. 인도, 미국, 중국의 인터뷰 대상들은 매일 자신이 겪고 있는 어려움에 대해 물어봐준 것에 대해 감사를 표했다!

어떤 관리자들은 지금까지 이와 같은 상황을 경험해본 적이 없을 수도 있지만, 자녀의 조직생활에 대해 부모가 개입하는 것은 꽤 자주 보이는 현상이다. 유니버섬社의 글로벌 설문조사를 보면, 밀레니얼 세대의 25%가 커리어에 관련된 결정을 할 때 부모와 의논한다고 대답했고,[2] 미시간주립대학의 2007년 연구를 보면 대규모 기업들 중 1/3이 자녀의 업무생활에 부모가 개입하는 경우를 본 적이 있다고 대답했다.[3] 그 중에서도 밀레니얼 세대의 부모가 매우 자주 개입하는 부분은 직업 찾기와 지원 과정이다. 2007년의 미시간주립대학의 연구에 따르면,[4] 응답자의 40%는 부모가 자녀의 직업찾기 과정을 돕는 것을 본 적이 있다고 이야기했다 : 적절한 회사 찾기, 해당 회사가 자녀를 고용하지 않았을 때 불평하기, 인터뷰에 실제로 참여하기 등.

우리는 다양한 조직들로부터 유사한 이야기를 많이 들었다. 부모가 일터에 나타나서, 자녀의 초봉에 대해 협상을 하거나, 자녀가 너무 오랜 시간 동안 일하는 것에 대해 불평을 하는 것이 공통적으로 나타나는 이야기 내용이다. 어느 관리자는 한 구성원의 부모가 직접 상사에게 전화를 걸어서, 낮은 성과평가결과에 대해 불만을 토로했다는 이야기를 해주었다. 또 다른 관리자는 신규 입사자와 관련된 이야기를 들려주었다.

그 신규 입사자는 2주 후에 일을 시작하기로 되어 있었습니다. 월요일

"어머니가 함께 계셔도 되겠죠?
오늘이 제 첫 번째 입사면접이거든요."

에(그의 첫 출근날), 해당 직원은 나타나지 않았습니다. 전화 한통도 없었어요. 화요일에도 오지 않더군요. 그러더니, 수요일에 나타나서 그동안 아팠었다는 메모를 내밀었습니다. 그 메모는 그의 어머니가 쓴 것이었어요.

이 관리자는 성인 조직구성원이 "이 아이는 그동안 아팠었어요"라고 쓴 어머니의 메모를 내미는 행동은 매우 부적절하다고 생각했다. 그가 우리에게 말했듯이, 회사는 고등학교가 아니다. 어머니가 써준 메모로 인해 모든 문제가 해결될 리가 없다. 그 관리자는 이러한 행동을 보면서, 역시 밀레니얼 세대는 인정욕구가 크기 때문에, 부모들이 항상 자신을 보살펴주기를 바란다고 생각하고 있었다.

이 이야기만 들으면, 대부분의 밀레니얼 세대가 일을 할 때 부모가 가까이 있으면서 도와주기를 바라는 것 같이 생각되기 쉽다. 하지만, 우리는 그렇게 생각하지 않는다. 부모의 개입에 있어서, 진짜 중요한 것은 개입의 정도인 것이다. 인터뷰를 통해 우리가 들었고, 알게 된 것은 밀레니얼 세대가 진정 원하는 것은

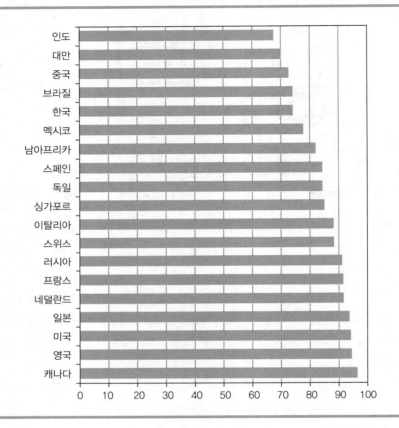

부모의 도움이지, 지나치게 모든 것에 개입하는 것이 아니라는 사실이었다. 밀레니얼 세대가 첫 직업을 찾는데 있어서 부모가 도와준다는 이야기를 많이 듣긴 했지만, 실제로 밀레니얼 세대의 90%는 입사면접에 부모가 참석한다는 것은 옳지 않다고 생각하고 있었고,[5] 85%는 회사에서 부모에게 연봉계약서를 보내는 것은 적절하지 않다고 생각하고 있었다.[6]

그림 2.1을 보면, 다양한 국가의 밀레니얼 세대가 연봉계약서를 부모에게 보내는 것은 부적절하다고 생각하는 것을 볼 수 있다. 대부분의 나라에서 80%

이상이 이 생각에 찬성하지 않았다. 다만 인도, 대만, 중국, 브라질, 한국, 멕시코에서는 수치가 80% 이하이기는 했다. 연봉계약서를 부모에게 보내는 정책이 적절하다고 생각하는 밀레니얼 세대가 적기는 하지만(모든 나라에서, 대부분의 밀레니얼 세대는 부모가 적극적으로 연봉협상 과정에 개입하는 것을 명확하게 원하지 않는다고 응답했다), 흥미있었던 것은 부모의 개입을 원하는 사람들도 존재했다는 것이었다. 위에서 언급한 나라에서는 5명 중 1명, 다른 대부분의 나라에서는 10명 중 1명 정도가 있었다.

그럼에도 불구하고, 밀레니얼 세대를 전체적으로 보았을 때, 그들은 연봉협상 과정에 부모가 적극적으로 개입하는 것을 전혀 원하지 않고 있다.

그렇다면, 조직에 근무하는 사람들은 왜 대부분의 밀레니얼 세대가 부모의 개입을 원한다고 생각하고 있는 것일까? 실제 통계자료를 보면 모든 나라들에서 이렇게 생각하는 사람은 거의 없고, 혹시 있다 해도 그 수는 정말 작은데도 말이다. 이 이야기를 보면, 한 세대에 대한 특성이 어떻게 만들어지는지를 잘 알 수 있다. 부모가 자신의 삶에 적극적으로 개입해주기를 바라는 몇 명의 밀레니얼 세대를 아는 사람은, 그러한 태도는 전체 세대에서도 동일하다는 과일반화를 하게 된다. 물론 전체 인구 중에서 10-20%는 매우 적은 것이지만, 수천명의 밀레니얼 세대가 부모의 개입을 바란다는 것을 의미하는 것은 맞다.

그렇다고 해서, 자신이 만나본 몇 명(그것도 전체 집단에 대한 대표성이 전혀 없는 사람들)의 특성만 가지고 대부분의 밀레니얼 세대도 동일할 것이라는 결론을 내리는 것은 매우 부적절하다.

우리가 불평을 들었던 또 다른 이야기는, 부모가 자녀의 첫직장에서 이루어지는 성과평가 과정에 참여하기를 원한다는 것이었다. 예를 들어보자.

입사한지 9개월 된 한 신입사원은 마감기한 내에 업무를 완료시키는 부분에 있어서 어려움을 겪고 있었다. 상사는 몇 번의 코칭을 통해 피드백을 제공하였다. 그리고 다음번에 또 중요한 프로젝트의 마감기한을 어기게 되면, 시말서를 써야 할 거라고 이야기를 해주었다. 성과관리 미팅이

자신의 연봉에 대해 부모와 함께 의논하는 밀레니얼 세대의 수

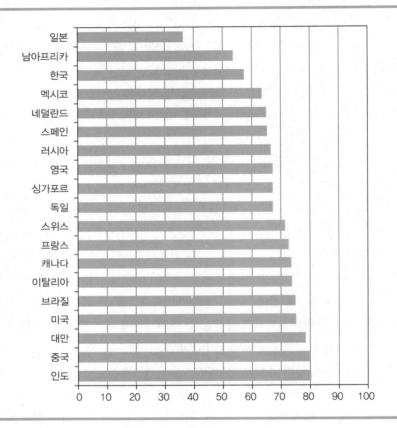

계획되어 있던 날, 직원은 어머니와 함께 나타났다. 물론, 우리는 어머니가 미팅에 참석하는 것은 불가능하다고 말을 했다. 어머니는 집에 돌아가시거나, 딸과의 미팅이 끝날 때까지 기다려야 한다는 이야기를 듣자, 어머니와 직원은 모두 매우 놀란 것 같았다. 왜 어머니가 딸과 함께 미팅에 참석할 수 없는지에 대해 이해하지 못하는 듯 했다.

자녀의 성과평가결과에 대해 자세히 알고 싶어하는 부모들과 마주친 관리자들의 이야기와 반대로, 대부분의 밀레니얼 세대는 회사가 부모에게 그 정보를 주는 것을 원하지 않는다. 사실, 밀레니얼 세대의 90%는 조직이 자녀의 성과평가결과를 부모에게 보내는 것을 찬성하지 않을뿐 아니라, 앞에서 언급한 사례와 같이 부모가 성과평가면담 장면에 같이 앉아 있는 것은 당연히 바라지 않고 있었다.

세계 각국의 밀레니얼 세대 대부분은 부모가 자신의 업무생활에 있어서 핵심적인 역할을 맡기를 원하지 않는다. 하지만, 일본의 밀레니얼 세대는 자신의 연봉에 대해 부모와 의논하고 싶어했다(그래프 2.2). 그들은 친구(47%)나 동료(38%)보다는 부모와 자신의 연봉에 대해 의논하는 것으로 나타났다.[7]

이러한 패턴에 대해 설명할 수 있는 한 가지 변인은 바로 인생의 발달단계일 것이다. 우리는 미혼이거나 자녀가 없는 밀레니얼 세대는 기혼이거나 자녀가 있는 사람들보다 부모와 자신의 연봉에 대해 의논하는 경우가 더 많은 것을 알 수 있었다(표 2.1).

밀레니얼 세대는 동일한 발달단계에 있는 기성세대 구성원보다, 부모와 자신의 연봉에 대해 의논하는 경향이 높았다. 이 패턴이 밀레니얼 세대가 40대가 되었을 때(현재 X세대와 같은 연령대) 어떻게 변하는지 보게 되면 재미있을 것이다.

표 2.1 **자신의 연봉 정보를 부모와 함께 공유하는 구성원의 수**

	기혼	미혼	자녀 있음	자녀 없음
밀레니얼 세대	56%	76%	50%	73%
기성세대	26%	43%	25%	40%

밀레니얼 세대는 누구와 함께 사는가

　밀레니얼 세대가 부모에게 연봉 정보를 터놓고 공유하는 이유는, 어느 정도는 그들이 함께 사는 사람이 누구인지에서 찾을 수 있을 것이다. 미국에서는, 대학 졸업 후 부모나 다른 친척들과 함께 사는 밀레니얼 세대의 수가 늘어나고 있다.[8]

　전세계적으로 평균을 내보니, 우리의 연구대상자 중 28%는 부모와 함께 살고 있었다. 수치는 밀레니얼 세대가 살고 있는 국가에 따라 매우 다양하게 나타났다(표 2.2). 수치 차이는 매우 컸는데, 독일은 4%밖에 되지 않았고, 싱가포르에서는 67%라는 높은 수치가 나왔다. 일자리를 가진 성인 자녀가 부모와 함께 사는 이유를 설명하는 데에는 연봉수준과 부채의 수준을 고려해봐야 한다. 또한, 경제적 발전의 수준 또한 핵심적인 설명변인이 된다. 국가 수입이 매우 높은 나라에서는 부모와 같이 사는 경우가 가장 적었다(독일, 프랑스, 스위스, 미국, 영국, 캐나다). 하지만, 멕시코, 인도, 브라질, 중국과 같은 개발도상국에서는 그러한 경우가 가장 많았다.

　어떤 나라에서는 가족과 함께 사는 것이 흔한 일이고, 문화뿐 아니라 경제적 이유 때문에 그렇기도 하다. 예를 들어, 우리는 많은 미혼 밀레니얼 세대들이 주거비와 생활비를 감당하지 못해서 부모와 함께 사는 것을 선택한다는 이야기를 듣고 있다. 또한, 결혼을 하고, 아이가 있는 밀레니얼 세대들도 대가족 안에서 살게 되면 얼마나 좋을까에 대해 이야기하고 있다고 한다. (인도에서는 결혼한 밀레니얼 세대들이 확대가족과 함께 사는 것이 특히 흔한 것으로 보인다.) 이들은 원하기만 한다면 혼자 살 수 있는 능력을 가지고 있기 때문에, 이 경우의 선택은 경제적 필요성이라기보다는 개인적인 선호인 것이 분명해 보인다.

　문화뿐 아니라, 집을 구하는 비용이 부모와 함께 사는 것을 선택하는데 있어서 핵심적인 변인인 것으로 보여진다. 예를 들어, 싱가포르에서는 고인구밀도 때문에 주거비가 매우 높기 때문에, 이제 취직을 한지 얼마 되지 않은 젊은이들이 집을 구하기란 너무 부담스러운 비용이 드는 것이다. (주택 대출이 밀레니얼 세대의 삶과 커리어 선택에 어떤 영향을 주는지에 대해서는 3장에서 더 자세히 논의해볼 계획이다.)

표 2.2　밀레니얼 세대와 함께 사는 사람(국가별)

국가	부모	배우자	자녀	형제	다른 가족 구성원	룸메이트	중요한 의미를 가진 타인/파트너	혼자 살고 있음
브라질	57%	19%	6%	20%	2%	8%	5%	10%
캐나다	21%	29%	7%	10%	3%	9%	20%	20%
중국	43%	25%	6%	7%	2%	18%	5%	17%
프랑스	6%	47%	10%	3%	1%	6%	17%	26%
독일	4%	17%	4%	2%	0%	10%	38%	33%
인도	59%	35%	10%	18%	5%	13%	1%	9%
이탈리아	31%	8%	2%	8%	0%	18%	20%	20%
일본	20%	31%	10%	11%	2%	3%	6%	39%
한국	50%	22%	8%	27%	2%	1%	0%	20%
멕시코	60%	15%	9%	31%	6%	7%	4%	13%
네덜란드	10%	24%	10%	3%	1%	8%	36%	22%
러시아	26%	33%	12%	6%	1%	11%	16%	16%
싱가포르	67%	15%	2%	38%	7%	8%	5%	5%
남아프리카	23%	31%	10%	9%	4%	10%	11%	19%
스페인	38%	15%	3%	11%	2%	9%	20%	16%
스위스	8%	22%	4%	3%	1%	10%	31%	30%
대만	51%	8%	2%	33%	10%	8%	6%	26%
영국	13%	23%	6%	6%	1%	29%	25%	11%
미국	12%	30%	9%	5%	2%	24%	14%	19%

하지만, 경제적 요인이 표 2.2의 나라간 차이점들을 모두 설명해주지는 못한다. 캐나다의 수치는 미국에 비해 2배에 가깝다. 국가개발수준은 거의 동일함에도 불구하고 말이다. 따라서, 문화적 요인은 소득수준이 높은 나라에서도 매우 중요한 역할을 한다는 것을 알 수 있다.

많은 밀레니얼 세대들이 부모님댁에 살고 있는 것은 사실이지만, 우리가 관찰한 바로는 그들은 전반적으로 자신의 부모가 상사만큼 업무생활에 적극적으로 개입하는 것을 그다지 좋아하지 않는 모습을 보인다. 많은 경우, 부모들은 "더 이상 간섭하지 마세요"라는 말을 들으면서도 자녀의 삶에 자꾸만 끼어드는 것으로 생각된다. 예를 들어, 인도의 한 관리자는 우리에게 구성원의 아버지에 관한 문제와, 그 문제에 대해 어떻게 대처하고 있는지를 이야기해주었다.

제가 맡고 있는 조직의 한 구성원은 프로젝트 때문에 팀 동료들과 늦게까지 일해야 하는 때가 있었습니다. 그녀는 가족과 함께 살고 있기 때문에(인도에서는 대부분 그렇습니다), 미리 늦게까지 일을 해야 한다고 말해두었지요. 첫날밤 그녀는 밤 11시가 넘어서까지 일을 했고, 회사차를 이용해서 퇴근을 했습니다. 밤 12시가 지나서야 집에 도착을 했는데, 그때 그녀의 아버지는 늦은 퇴근 때문에 너무나 화가 나 있었고, 정말 온 가족이 걱정을 하고 있었습니다. 직원은 가족에게 사과를 했고, 모든 팀구성원들이 마감기한을 맞추기 위해 늦게까지 일을 할 수밖에 없었다는 설명을 했습니다. 그리고, 며칠 더 늦게까지 일을 하겠지만 걱정할 필요가 없다고도 덧붙였습니다. 다음날밤, 그녀는 밤 11시에 접수실로부터 전화를 받았습니다. 아버지가 그녀를 태워오라고 집안의 자동차를 보낸 것이었고, 바로 그 차를 타고 집에 돌아오라는 명령까지 함께였습니다. (가족을 위해 일하는 운전사가 있는 것은 인도의 전문직 사람들에게는 드문 일이 아닙니다.) 그녀는 매우 당황했지만, 팀동료들과 – 자신의 상사인 저에게 사과를 하면서 집으로 돌아갔습니다. 다음날 저는 그녀의 아버지로부터 전화를 받았습니다. 어떻게 딸아이를 그렇게 늦게까지 일을 시킬 수 있느냐면서요. "따님이 일을 계속해서 성공하기를 바라신다면, 시간을 투자해서 일을 할 수 있도록 허락해주시고, 방해하지 않으셔야 합니다"라고 저는 설명했습니다. 그 후에도 그녀의 아버지는 집안의 자동차를 보냈지만, 당장 돌아오라는 말은 하지 않았습니다. 저는 따님에 대한 안전을 걱정하시는 것은 이해할 수 있지만, 이제 따님도 성인이고 스스로 알아서 행동할 수 있어야 한다는 말을 해드렸습니다.

밀레니얼 세대가 부모와 많은 것을 공유하는 것은 사실이지만, 그렇다고 해서 일에 관련된 생활까지 지나치게 적극적으로 부모가 개입하기를 원하는 것은 아니다. 그리고 많은 경우, 부모가 개입을 할 경우 상사가 짜증스러워하는 만큼, 밀레니얼 세대들도 당황스러워한다!

핵심사항

밀레니얼 세대는 부모로부터 도움을 받기를 원하지만, 그렇다고 해서 모든 삶의 영역에 부모가 적극적으로 개입하기를 원하는 것은 아니다. 따라서, 조직은 (부모뿐 아니라) 구성원에게 관심이 있는 누구라도 조직에 대해 이해할 수 있도록 명확한 정보를 제공하는 것이 바람직하다. 하지만, 조직이 고용 과정이나 다른 공적 관계에 부모를 참여시키는 것은 (혹시 밀레니얼 세대가 원한다 하더라도) 바람직하지 않다.

밀레니얼 세대는 인정욕구가 크다... 그들은 지속적인 멘토링과 지원을 원한다

밀레니얼 세대는 자신의 업무 생활에 부모가 적극적으로 개입하는 것을 원하지 않지만, 그들도 지원받기를 바란다. 밀레니얼 세대는 멘토란 자신의 커리어에 대해 지원해주는 사람이라고 생각한다. 그들은 멘토가 조직과 더 좋은 협상을 할 수 있도록 도와주고, 커리어 계획을 세울 수 있도록 지원해주며, 그들을 위한 새로운 문을 열어줄 수 있을 거라고 믿는다. 밀레니얼 세대의 91%는 현재 멘토가 있거나, 멘토를 원한다고 대답했다(나머지 9%는 현재의 멘토를 좋아하지 않거나, 원하지 않는다고 응답했다).

밀레니얼 세대의 멘토에 대한 바람은 새로운 것이 아니다. 그리고 이러한 마음은 기성세대에게도 공통적으로 찾아볼 수 있는 것이기도 하다. 10년전쯤 출간된 도서 '세대차이를 넘어서기(Retiring the Generation Gap)'에서는 밀레니얼 세대(그리고 베이비붐 세대와 X세대)에 대해 이와 같이 기술했었다 :[9]

- 멘토를 원한다.
- 선배나 해당분야 전문가, 멘토 역할을 해줄 코치가 있었으면 좋겠다고 생각한다.
- 커리어, 리더십 개발, 업무에 대해 의논대상이 되어줄 멘토를 원한다.
- 멘토와 직접 대면하여 만날 수 있기를 진심으로 바란다(전화나 온라인에서의 만남은 원하지 않음).

이와 같이 멘토를 바라는 마음은, 멘토링 관계의 목적이 조직이나 팀의 니즈보다는 각 개인의 니즈에 초점을 맞추는 것이라고 생각하는 밀레니얼 세대의 믿음에서 나오는 것 같다.

상사들이 멘토 역할을 할 수는 있겠지만, 상사는 상사자신과 조직, 자기가 관리하는 팀에 있어서 최적인 것을 강조하기 위해 그에 걸맞는 조언들만 제공할 것이라는 걱정이 항상 존재한다. 하지만 멘토는 그렇지 않을 거라는 기대가 많다. 멘토는 조직의 최종 성과를 강화하기 위해 각 개인구성원을 어떻게 잘 도울수 있을까를 생각하겠지만, 초점은 여전히 개인구성원의 발전에 두게 되고, 이와 같은 태도는 결국 구성원과 조직 모두에게 혜택을 주게 된다.

멘토에 대한 욕구에 더하여, 밀레니얼 세대는 해야 할 일이 너무 많을 때, 상사가 지원을 해주기를 원한다. 조사대상의 3/4[10]은 직속 상사라면, 너무 어려운 과제가 주어졌을 때 팀구성원을 적극적으로 도와야 한다고 응답했다. 이러한 대답을 보면, 밀레니얼 세대가 어려운 일을 해야 할 때, 업무를 완수할 수 있도록 상사가 도와주기를 기대한다는 것을 알 수 있다. 이와 같은 태도를 보게 되면, 주위 사람들은 밀레니얼 세대가 관심을 필요로 하고, 조력을 원한다고 생각하곤 한다.

밀레니얼 세대가 상사에게 실제로 받고 있는 것과, 받아야 한다고 생각하는 것 사이에 차이가 없다면 아무런 문제가 생길 것이 없다. 하지만 밀레니얼 세대의 73%는 상사의 도움을 기대하고 있다고 말한 반면, 실제 상사에게서 도움을 받는다고 대답한 수치는 57%밖에 되지 않았다. 따라서, 16%는 밀레니얼 세대가 상사라면 이래야 한다고 생각하는 것만큼, 상사로부터 도움을 받지 못한다고 생각하고 있는 듯하다.

조직 입장에서는 밀레니얼 세대가 원하는 것과, 일터에서 경험하고 있는 것의 차이가 이와 같이 나는 것에 대해 유의깊게 볼 필요가 있다. 실제로 조직의 지원이 어느 정도인지에 상관없이, 밀레니얼 세대가 생각하기에 상사란 이래야 한다고 보는 것과, 현장에서 상사가 이렇게 해주었다고 보고한 내용 간에 차이가 나는 상황은, 이들이 조직에 대해 기여하고 몰입하는 것에 대해, 그리고 장기적인 조직의 성과에 대해 부정적인 영향을 미칠 수밖에 없기 때문이다.

핵심사항

기성세대들과 마찬가지로, 밀레니얼 세대는 일터에서 멘토링을 받을 수 있기를 기대한다. 누군가 자신을 위해 조언을 해주고, 직장에 잘 적응할 수 있도록 도움을 줄 수 있었으면 좋겠다고 생각한다. 밀레니얼 세대 6명 중의 한 명은 상사들이 지금보다는 더 일에 대해 도움을 주었으면 좋겠다는 응답을 하였다. 밀레니얼 세대가 전반적으로 충분한 멘토링을 받고 있고, 직속 상사로부터도 세부적인 지원을 받고 있다고 느끼게 된다면, 그들의 몰입도는 당연히 상승하게 될 것이다.

밀레니얼 세대는 인정욕구가 크다...
그들은 피드백을 자주 받을 수 있기를 바란다

밀레니얼 세대는 피드백을 자주 받기를 원하기 때문에, 인정욕구가 크다고 묘사되는 경우가 많다. 그들은 정기적으로 자신의 업무수행이 어떠한지에 대해 알고 싶어한다. 사실, 이와 같은 욕구는 상사와 조직에 대해 더 수준이 높은 피드백을 자주 제공해주기를 요구하였던 베이비붐세대와 X세대의 전통을 이은 것이다. 밀레니얼 세대는 성장과정상 자신의 행동에 대해 피드백을 자주 받을 수 있었기 때문에, 그와 같은 경험이 일관되게 계속되기를 기대한다. 초 중고등학교와 대학교에서, 이들은 리포트, 중간고사와 기말고사, 퀴즈에 대한 평가를 통해 지속적인 피드백을 받아왔다. 학교 이외의 삶에서도, 운동경기를 하거나 친구와 함께 하는 활동들을 통해 자주 피드백을 받을 수 있었다(대면이나 온라인으로).

소셜 네트워킹과 문자메시지의 발전으로 인해, 누구나 원하기만 한다면 피드백이 가능한 세상이 되었다. 페이스북과 인스타그램과 같은 소셜네트워크를 통해, 사람들은 자신의 개인적 삶에 대한 사진과 글을 올리고, 친구들로부터 즉각적인 "좋아요"와 답글을 받을 수 있다. 비디오 게임 또한 지속적인 피드백을 제공해준다. 게임 참가자들은 경기를 이기고, 포인트를 모으고, 레벨을 올려나간다. 즉, 이와 같은 모든 활동에 참가하는 사람들은 지속적으로 피드백을 받고 있는 것이다.

> **농담 한마디**
> 밀레니얼 세대는 아침으로 뭘 먹을까?
> 바로바로 받을 수 있는 페이스북의 답글이지.

어떤 사람에게는 이와 같은 피드백이 음식만큼 필수적인 것으로 느껴질 수 있다. 그렇다면, 일터에서도 동일한 것을 기대하게 된다. 대부분의 직장에서는 성과평가를 진행하지만, 사람들이 기대하듯이 지속적으로, 즉각적으로, 긍정적인 방향으로 업무에 대한 피드백을 하지 않은 경우가 꽤 된다. 때로는 평가와 피드백 모두 진행되지 않기도 한다. 예를 들어, 한 밀레니얼 세대는 자신이 참여하는 프로젝트에 대해 이런 이야기를 해주었다.

우리 팀은 부사장님이 요청하신 보고서를 만들어드렸습니다. 부사장님은 수고했다고 칭찬을 해주셨지만, 그것이 끝이었습니다. 우리 팀구성원들은 아무도 그 보고서를 가지고 부사장님이 어떻게 활용하셨는지, 아니면 그 보고서에 대해 고객이 어떤 반응을 보였는지에 대해 듣지 못했습니다. 보고서가 훌륭했는지, 엉망이었는지도 몰랐고, 앞으로 어떻게 하면 더 좋은 보고서를 쓸 수 있을지에 대해서도 피드백을 들을 수 없었어요. 연말 성과평가에서도 마찬가지였습니다. 일을 한 다음에는 깜깜한 구덩이로 일의 성과를 떨어뜨리는 기분이 들었어요. 그래도 우리가 한 일이 회사에 도움은 되었겠지 라고 스스로를 위로했지만, 실제로 그런지에 대해서는 알 수 없었습니다. 피드백을 받지 못한다면 어떻게 발전할 수 있겠습니까? 우리가 한 일이 어떻게 활용되는지, 그리고 조직의 목표와 어떻게 연결되는지에 대해 알지 못한다면, 일을 잘하고 싶다는 동기부여를 어떻게 할 수 있겠어요? 일을 잘했다는 인정을 받지 못한다면 보람을 느낄 수 있는 방법은 없지 않나요?

피드백의 부족은 밀레니얼 세대와 이야기를 하면서 공통적으로 나타났던 주제였다. 우리의 연구에 참여한 밀레니얼 세대들은 1일당 8-12시간, 적어도 1주당 5일, 그리고 주말에도 일하고 있는 경우가 많았다. 이 많은 업무 시간 동안 그들은 얼마나 자주 피드백을 받는다고 생각하고 있을까? 하루에 몇 번? 매일? 매주? 아니었다. 대부분의 응답자들은 분기당 1회(26%), 1년에 두세번(34%), 1년에 한번(17%) 피드백을 받는다고 이야기했다. 밀레니얼 세대의 54%는 성장을

정말 절박하게
피드백을
원합니다

위한 피드백을 매달 받거나 더 자주(매일이나 주 1회) 받고 싶다고 말했지만, 23%
만이 자주 피드백을 받고 있다고 응답했다.

　보상이나 인정은 그보다 훨씬 더 적게 주어지고 있었다. 밀레니얼 세대는 자
신이 일을 잘했을 때 월 1회(25%)나 분기별 1회(31%) 정도 보상과 인정을 받고
싶어했다.

　하지만 대부분의 경우 보상과 인정을 받는 것은 연 1회(51%)나 연 2회(22%)라
고 대답했다. 이 수치들이 보여주는 것은 밀레니얼 세대들이 기대하는 만큼 자
주 피드백과 인정, 보상을 받지 못한다는 것이고, 이러한 상황이 그들을 불편하
게 만들고 있다는 것이다. 밀레니얼 세대들은 직장에서의 피드백이 소셜 네트워
크나 비디오 게임을 할 때만큼 자주 주어지기를 바라지는 않지만, 적어도 현재
보다는 많이 받을 수 있기를 기대한다.

　밀레니얼 세대의 인정욕구가 유난히 큰 것처럼 보이는 이유는 어쩌면 관리자
들이 명확한 지시를 해주지 않기 때문일 수도 있다. 관리자들은 업무를 하는데
있어서 명확한 목표를 제시해야 하고, 최대한 구성원으로 하여금 추론하게 만
드는 일은 피해야 한다. '1분 경영자(One Minute Manager)'[11]라는 조직관리에 대

한 책에서는 부하직원에게 인정과 피드백을 제공하는 것이 얼마나 빠르고 쉽게 할 수 있는지를 보여준다. 시간을 많이 들여야 하는 것이 아니다. 사실, 피드백을 더 자주 주게 되면, 오히려 한번의 피드백에 들이는 시간은 더 적어지게 된다. 상사－부하 관계 자체가 더 튼튼하게 구축되어, 대화를 시작하기 위해 뜸을 들여야 하는 시간이 줄어들게 되기 때문이다. 피드백이 문제상황이 일어났을 때 바로바로 주어지게 되면, 학습효과는 보다 강해지게 된다. 그리고, 상사는 피드백의 배경과 이유에 대해 설명해야 하는 시간도 아낄 수 있게 될 것이다.

가장 핵심적인 사실은, 대부분의 밀레니얼 세대가 주당 40시간 이상을 동료들과 함께 일하고 있지만(공식적 업무시간 외에도 일하고 있음), 그들 모두 몇 달에 한번 정도밖에는 피드백과 인정을 받지 못하고 있다는 것이다. 이 정도로는 그들의 니즈를 충족시키기가 어렵다. 밀레니얼 세대는 자신의 업무성과에 대해 자주 적절한 피드백을 받아서, 기대하는 바를 행동에 옮기고 싶어한다. 이런 모습이 인정욕구가 너무 강한 것으로 비춰진다면, 맞다. 밀레니얼세대는 인정욕구가 크다고 말할 수 있겠다.

핵심사항

밀레니얼 세대는 자신의 일에 대해 더 자주 피드백을 받을 수 있기를 원한다. 현재 받고 있는 수준보다는 더 많이 말이다. 따라서 관리자들은 구성원이 하고 있는 일에 대해 최소한 격주에 한번씩은 피드백을 받을 수 있도록 노력할 필요가 있다. 자신이 담당한 일이 어떻게 진행되었는지에 대해 알고 싶은 구성원에게는 언제든지 상사의 피드백을 요청할 수 있는 환경을 조성해주어야 한다. 긴 시간 동안, 구성원의 모든 것에 대해 이야기를 해줄 필요는 없다. 그들이 노력한 바에 대해 인정해주는 것으로 충분한 경우가 대부분이다. 무엇보다 중요한 것은 관리자들이 구성원에게 피드백을 자주 해줄 필요가 있다는 사실이다.

밀레니얼 세대가 인정욕구가 높은 것으로 보이는 한 가지 이유는, 그들이 행복도가 그다지 높지 않기 때문이다. 매일 일터에 가는 것을 기대한다고 응답한 사람들은 1/3 이하였고,[12] 긍정성에 대한 평가결과를 보았을 때(열정, 적극성, 즐거움, 영감을 받음) 수치는 모든 기성세대들보다 낮게 나타났다. 그리고 부정성(공포감, 당황스러움, 적대적임, 두려워함, 짜증이 남)에 대한 평가결과에서는 모든 기성세대들보다 높은 수치를 보였다. 간단하게 말해서, 밀레니얼 세대는 그다지 행복하지 않은 것이다(그래프 2.3 참조).

그래프 2.3 **긍정성과 부정성 척도(PANAS : Positive and Negative Affect Scale)**

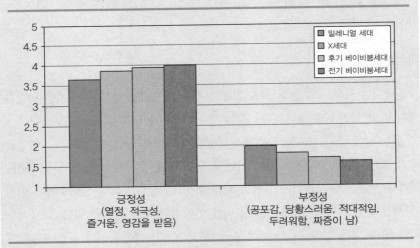

20대와 30대 초반의 구성원들이 40대, 50대, 60대 동료들보다 행복도가 낮다는 결과는 미처 예상치 못한 것이었다. 왜냐하면, "인생의 U곡선" 연구에 따르면, 대부분의 20대와 30대 초반 조직구성원들은 기성세대 동료들보

다 더 행복하다는 주장이 있었기 때문이다.[13,14] 물론 이 결과는 우리의 연구 대상이 전문가, 관리자, 임원들로 구성되어 있기 때문일 수도 있다. 또한, 밀레니얼 세대는 독특한 삶의 패턴을 가지고 있어서일 수도 있다. 연구자들은 이 현상에 대해 지속적으로 탐구해볼 것이다.

인정욕구가 높다는 것이 의존적이라는 의미는 아니다

밀레니얼 세대가 지원과 피드백, 멘토링과 인정을 원하긴 하지만, 그렇다고 해서 이들이 의존적이라는 의미는 아니다. 사실, 그들은 매우 전략적으로 행동한다. 성공하기 위해 필요한 것이 무엇인지를 생각하고 있고, 그에 대한 답을 상사에게 얻고 싶어한다.

밀레니얼 세대는 자신의 커리어에 있어서 독립적인 배우로 사는 것 이외에 다른 대안은 없다고 생각한다. 베이비붐 세대는 한 회사에서 오랫동안 일하고, 안정적인 연금을 타게 되며, 조직에 대한 충성도가 높다는 특성(한 회사에서 오랫동안 근무한 구성원들이 – 속도가 느릴 수는 있지만 – 지속적으로 승진하게 됨)을 가지고 직업 세계에서 일하는 그들의 부모(2차대전 참전세대)를 보면서 성장했다. 하지만 밀레니얼 세대는 전혀 다른 세상에서 커왔다. 그들은 부모가(대부분 베이비붐 세대임) 일을 많이 해야 하고, 절박한 경쟁사회에서 싸워야 하며, 해고를 당하기도 하고, 연봉인상이 되지 않으며, 퇴직 이후의 안정된 연금계획이 없는 상황을 풀어가는 것을 본 것이다. 일에 대해 독립적인 태도를 갖지 않은 조직구성원들은 어떤 결과를 마주하게 되는지를 관찰했다. 밀레니얼 세대는 조직에 대해 지나치게 많이 의존하게 되면, 보상을 받기보다는 조직에 의해 착취당하게 된다는 것을 알게 된 것이다. 그 결과, 그들은 독립적인 사람이 되었다. 자신의 일에 대해서는 통제권을 받고 싶어하고, 조직의 의사결정권자들을 무조건 믿거나 의존하지 않으려 하며, 일을 할 때에는 유연성을 보장받고 싶어하게 된 것이다.

밀레니얼 세대는 독립적이다...
그들은 자신의 일에 대해 통제력을 갖고 싶어한다

밀레니얼 세대가 자신의 독립성을 주장하는 방법 중 하나는, 스스로의 일과 관련된 삶과 커리어를 통제하고 싶은 욕구를 표현하는 것이다. 코칭과 멘토링을 원하기는 하지만, 그들은 모든 일에 대해 지시를 받고 싶어하지는 않으며, 말 잘 듣는 로봇같이 움직이기를 바라는 상사와 같이 일하고 싶어하지 않는다. 수십년 전, 베이비붐 세대와 X세대가 만들어 놓은 길을 따라 걸으면서, 밀레니얼 세대도 그들과 마찬가지로 자신을 거대한 기계 안의 부속품이 되기를 거부한다. 나라는 사람은 스스로의 세계를 원하는 모양으로 만들 수 있는 존재로 생각한다.

예를 들어, 한 밀레니얼 세대에게 이런 이야기를 들은 적이 있다. 1년짜리 로테이션 프로그램이 끝나갈무렵, 다양한 부서에 관련된 3가지의 과제를 받게 되었다는 것이다. 그녀가 그 과제들을 성공적으로 끝마치게 되면, 스킬과 역량을 개발할 수 있게 되고, 조직 내에서 승진 가능성도 커지게 되는 기회였다. 과제들을 잘 수행해내자, 정규직으로서 근무할 수 있는 제안 두 가지를 받게 되었다. 마음에 드는 것이 없었기 때문에, 그녀는 모든 제안들을 거절했다. 거절의 첫 번째 이유는, 조직의 임원진이 자신의 성장에 대한 니즈를 이해하지 못한다고 생각했기 때문이었다. 자신이 제안받은 기회를 통해서는 앞으로 커리어를 더 발전시킬 수 없기 때문에, 이 조직에서 스스로가 원하는 미래를 만들어갈 수 없을 것 같아 걱정이 된다고 그녀는 임원에게 이야기하였다.

이 사례에서 보듯이, 밀레니얼 세대는 적극적으로 자신의 커리어와 담당 업무에 대해 통제력을 가지고 싶어한다. 밀레니얼 세대 중 99%는(그리고 기성세대의 99%도 마찬가지로), 담당 업무에 대해 통제력을 가지는 것은 자신에게 매우 중요하다고 응답하였다. 지금 상황에서 밀레니얼 세대들은 자신이 통제력이 없다고 생각하는 경우가 많은데, 그 이유는, 스스로의 일과 커리어에 대해 알고 있어야 한다고 들은 조언들을 신뢰할 수 없기 때문이다. 그들은 질문을 계속하지만, 자신이 필요하다고 생각하는 정보를 제공받지 못한다고 느낀다. 사실, 대부분의 밀레니얼 세대는 상사가 왜 자신에게 이 업무를 주었는지에 대해 명확한 이유를 설명해주지 않는다고 생각한다.

그렇다고 해서 밀레니얼 세대가 조직에서는 전반적으로 아무런 소통이 이루어지지 않는다고 생각하는 것은 아니다. 하지만, 그들은 많은 상사들이 커리어와 관련된 정보를 제공하는 일에 대해 그다지 높은 우선순위를 두지는 않는다고 믿고 있다. 밀레니얼 세대의 61%는 자신의 일을 팀의 목표를 달성하는 과정에 관련하여 어떻게 진행할지에 대해 충분한 정보를 받는다고 대답한 반면, 거의 동일한 수의 사람들(58%)은 자신의 업무의 맥락과 배경에 대해 명확하게 설명을 들은 적이 없다고 응답하였다. 이들의 시각에서, 상사는 눈앞에 놓인 목적과 팀목표에 필요한 정보를 알려주는 일은 잘해주지만, 밀레니얼 세대의 커리어가 나아가는 방향을 이해할 수 있도록 도와줄 수 있는 정보를 제공하는 행동은 그다지 효율적으로 하지 못하는 것으로 보인다.

예를 들어, 관리자는 프로젝트의 완료에 대한 마감기한에 대해 명확하게 설명해줄 수 있을 것이다. 하지만, 바로 5분 후에 밀레니얼 세대가 앞으로 성장할 수 있는 기회나 승진기회가 생길 수 있는 상황이 된다면, "어떻게 될지 상황을 한번 두고 보자"라고 이야기할 가능성이 있다. 조직에서 밀레니얼 세대가 어떤 미래를 가지게 될지에 대해 명확하게 소통하지 않는 이유는, 아마 관리자의 불안감에서 오는 것 같다. 조직은 이와 같은 소통의 기저에 "우리를 믿으면 돼"라는 요소를 깔고 있지만, 밀레니얼 세대가 자신의 욕구가 충족될 수 있을 거라는 확신과 그 근거를 제공해주지는 않는다.

밀레니얼 세대가 자신의 커리어와 일에 대한 통제력을 가지고 싶다는 마음을 표현하는 방법은 그다지 복잡할 필요는 없다. 핵심은, 그들이 원하는 것은 "더 많은" 통제력이지, "완전한" 통제력이 아니라는 것이다. 밀레니얼 세대도 자신이 하게 될 일이나 방법을 결정하는데 있어서 완전한 자율성을 기대하는 것은 비현실적이라는 것을 알고 있다. 그들은 자신이 왜 특정 업무를 담당하게 되었는지에 대해 정보를 얻고 싶고, 어떻게 일을 진행하면 될지에 대해 알고 싶어한다.

그리고 가능하다면, 자신이 하게 될 일에 대해 결정하는 과정에 참여하고 싶기도 하다. 조직구성원이라면 누구나, 자신이 담당하는 일과 진행방법에 대해 영향력을 미치고 싶어할 것이다.

핵심사항

밀레니얼 세대는 자신의 커리어에 있어서 거의 통제력을 갖고 있지 못하다고 느끼고 있으며, 현재보다는 더 많은 통제력을 가지고 싶다고 생각한다. 관리자들은 구성원들이 일을 진행하는 방법과 장소를 선택할 수 있는 권한을 더 제공하고, 특정 업무를 배분하게 된 이유에 대해 설명해주며, 현재 자신이 하고 있는 일이 전체적인 커리어 계획과 어떤 관련성이 있는지를 이해하도록 도와주면서, 통제감을 높이도록 조력할 수 있다.

밀레니얼 세대는 독립적이다...
그들은 권위자에 대한 신뢰감과 충성심이 없다

신뢰는 일터에서의 매우 핵심적인 요소이지만, 밀레니얼 세대는 조직의 상사들에게 무조건적인 신뢰감을 가지고 있지는 않다.[15] 사실 이러한 현상은 새롭게 나타난 것이 아니다. 젊은 세대들은 조직과 회사에 대해 무조건적인 믿음을 가지라는 요구에 대해 끊임없이 도전해왔다.

밀레니얼 세대의 독립성이 이와 같이 강한 이유들 중 하나는, 그들이 전반적으로 권력자들에 대한 믿음이 별로 없기 때문이다.

예를 들어, 우리는 한 임원이 어떤 밀레니얼 세대 직원에게 부탁을 했던 이야기를 들은 적이 있다. 그는 그때 팀장을 찾을 수가 없어서, 조직위계질서상 두 단계 아래에 있는 직원에게 다음날에 있을 부사장과의 미팅에 쓰기 위한 간단한 자료를 만들어달라는 요청을 하였다. 어떤 것이 필요한지, 또는 언제까지 필요한지에 대해 잘 알고 있으리라고 생각하고, 별 설명 없이 하루를 보냈다. 다음날 아침에도 그는 요청한 자료를 받지 못해서 밀레니얼 세대 직원에게 확인을 해보았다. 그런데 그 직원은 아직 작업을 시작하지도 않았다는 대답을 하였다. 밀레니얼 세대의 직속 상사(작업요청을 한 임원의 부하)는 어제 오후에 외부출장을 갔기 때문에, 그는 상사가 해당 업무에 대해 확인해주기를 기다리고 있었던 것이다. 밀레니얼 세대 직원은 상사의 상사가 요청을 했다고 해도, 직속 상사가 확인해주지 않았을 때 혼자 판단하고 일을 시작해서는 안된다고 믿고 있었다. 그 임원은 이런 이야기를 하였다. "제가 정말 놀랐던 것은 두 가지였어요. 첫째, 내가 그 직원에게 부탁을 한 것인지 업무지시를 한 것인지 잘 모르고 있다는 것이었고, 둘째, 그 젊은 직원은 자신의 직속 상사가 내가 지시한 일을 하는 것이 맞다고 허락을 해주어야 한다고 생각했다는 사실이었지요."

이와 같은 사례는 우리가 찾아낸 재미있는 패턴을 보여준다. 대부분의 밀레니얼 세대는[16](기성세대의 3/4도 마찬가지[17]) 상사가 지시한 일을 왜 해야 하는지를 이해할 수 없을 때에도 그 이유를 물어봐야 한다고 생각하지 않았다. 이러한 현상을 일부 설명할 수 있는 것은 신뢰의 부족일 것이다. 밀레니얼 세대는 일터에서 함께 일하고 있는 사람들에게 그다지 신뢰감을 가지고 있지 않고, 자신이 일하는 조직에 대한 신뢰도는 더욱 낮다.

이렇게 밀레니얼 세대가 조직의 의사결정권자들에게 신뢰감이 없다면, 임원이 자신의 직속상사에게 먼저 이야기를 하지 않고 자신에게 업무지시를 했을 때, 그대로 따를 가능성이 적은 것은 이해가 갈만한 일이다. 그렇다면, 구성원들은 담당 업무를 해야 하는 이유를 모르는데도 왜 그 일을 하는 걸까? 그러면서도 상사의 요청에 따라야 할 의무가 왜 없다고 생각하는 걸까? 직장 상사에게 순종하는 태도는 바람직하지 않다고 생각하는 이유는 무엇일까?

표 2.3 밀레니얼 세대와 신뢰감

밀레니얼 세대의 38%는 상사를 많이 신뢰하고 있다고 응답한 반면,
  8%는 상사를 전혀 신뢰하지 않는다고 대답했다.
33%는 함께 일하는 동료들을 많이 신뢰한다고 응답한 반면,
  4%는 그들을 전혀 신뢰하지 않는다고 대답했다.
28%는 조직의 CEO를 많이 신뢰한다고 응답한 반면,
  10%는 CEO를 전혀 신뢰하지 않는다고 대답했다.
24%는 자신의 조직을 많이 신뢰한다고 응답한 반면,
  7%는 자신이 근무하는 조직을 전혀 신뢰하지 않는다고 대답했다.

지난 40년 동안 조직 상사들에 대한 신뢰감이 점점 줄어들었고, 문화적으로도 큰 변화가 있었다는 것을 생각하면, 밀레니얼 세대가 조직 내의 상사들로부터 주어지는 모든 지시를 따르지 않을 가능성이 있다는 것은 이해할 만하다.

그보다 더 궁금한 것은, 왜 이렇게 신뢰감의 부족이라는 현상이 나타나는 것일까? 리더와 관리자들은 종종 이런 사실을 잊곤 한다. 우리의 구성원들은 자신이 존경할 수 있고, 정직하다고 생각하며, 자신을 공정하게 대우해주는 사람을 기꺼이 따를 준비가 되어 있다는 사실 말이다. 베이비붐 세대가 수십년 전에 지적했었고, X세대들도 똑같이 이야기를 했듯이, 리더십에서의 신뢰감은 상사가 부하들보다 더 높은 직급을 가지고 있다고 해서 생기는 것이 아니다. 리더는 부하직원의 신뢰감을 지속적으로 얻기 위해 노력해야 한다. 그러기 위해서는 정직해야 하고, 솔선수범하는 태도를 보여줘야 하며, 업무수행에 적절한 지식을 가지고 있어야 하고, 구성원들이 스스로의 힘으로 성공과 실패에 도전할 수 있는 자율성을 주어야 하며, 결과에 대한 책임감을 가져야 하고, 성과에 대한 보상을 제공해주어야 한다. 이와 같은 특성이나 행동을 보이지 않는 리더 및 관리자에 대해 구성원들이 믿음을 가지지 못하는 경우는 흔하게 볼 수 있다.

조직의 의사결정권자들을 믿지 못한다고 해서, 밀레니얼 세대가 조직의 구조 자체를 부인하는 것은 아니다. 사실, 대부분의 밀레니얼 세대는 조직의 구조란

중요하다고 생각하며, 명확한 명령체계와 위계질서를 원한다고 응답한다(더 자세한 내용에 대해서는 1장을 다시 참고하길 바란다).

밀레니얼 세대가 조직의 구조를 원하기는 하지만, 권력을 가지고 있다는 사실 하나만으로 주위 사람들에게 항상 명령만 하는 상사를 바라지는 않는다. 다행히도, 대부분의 밀레니얼 세대는(64%) 그런 상사와 함께 일하지 않는다고 대답했다. 하지만 안타깝게도 밀레니얼 세대의 16%는 바로 자신의 상사가 그런 사람이라고 대답했고, 20%는 함께 일하는 상사에 대해 아예 언급하고 싶어하지도 않았다. 결국 밀레니얼 세대의 16%는 자신의 권력을 남용하는 상사와 함께 일하고 있다는 것이고, 20% 정도도 아마 비슷한 경험을 하고 있을 거라는 추론을 할 수 있을 것이다. 즉, 밀레니얼 세대의 1/3 이상이 자신의 상사가 적절한 행동을 하지 않는다고 생각하고 있는 듯하다. 조직에서 상사의 나쁜 행동에 대해 물밑에서 비판을 하고 있는 상황일지라도, 밀레니얼 세대는 조직의 의사결정권자들이 이 문제를 최종적으로 어떻게 처리해줄 것인가보다는, 현재 자신이 어떤 대우를 받고 있는가에 대해 더 많은 관심을 가진다. 이렇게 상사의 옳지 않은 행동들이 계속된다면, 전체 조직과 하위 리더들에게도 나쁜 영향을 미치게 될 것이다.

핵심사항

밀레니얼 세대가 모든 조직의 권력자들을 불신하는 것은 아니다. 기성세대와 마찬가지로, 자신의 권력을 독단적으로 남용하는 상사를 위해 일을 하기 싫을 뿐이다. 관리자들은 구성원의 연령대가 어느 정도이든지 간에, 아무 생각 없이 일을 던지는 행동은 지양해야 한다. 관리자라면, 구성원들이 요구된 일을 잘 할 수 있도록 명확한 방향과 정보를 제공해야 한다. 동시에, 어떤 밀레니얼 세대가 별 이유 없이 자신이 맡은 일을 하지 않는다면, 관리자가 책임감을 가질 수 있도록 코칭해주어야 한다. 밀레니얼 세대를 포함하여 그 어떤 사람도 자신의 일을 남에게 떠맡기는 동료와 함께 일하고 싶어하지 않는다.

밀레니얼 세대는 독립적이다...
그들은 일터에서의 유연성을 원한다

　밀레니얼 세대는 매우 독립적인 업무스타일을 가지고 있다. 예를 들어보면, 밀레니얼 세대의 99%는 업무를 진행하는데 있어서 자율성을 가지는 것은 매우 중요하다고 이야기한다. 그들이 생각하는 자율성에는 생산적으로 일할 수 있으면서도, 자신이 원하는 일의 장소와 시기를 선택할 수 있는 유연성이 포함된다.

밀레니얼 세대와 전반적인 신뢰감

　밀레니얼 세대의 신뢰감 부족은 일터를 넘어서까지 확대되고 있다. 대부분의 사람들을 신뢰할 수 있는지를 질문받았을 때,

- 밀레니얼 세대의 32%는 대부분의 사람들을 신뢰할 수 있다고 대답했다.
- 24%는 사람들을 대하는데 있어서 보다 신중해질 필요가 있다고 응답했다.
- 44%는 상황에 따라 다르다고 대답했다.

　정리해보면, 우리 연구에 참여한 밀레니얼 세대 중 1/3 정도만이 대부분의 사람들은 신뢰할 만하다고 생각하였다. 이는 기성세대의 44%보다 낮은 수치였다.[18]

　이러한 수치는 다른 질문들에서도 유사하게 나타났다. 본인이 살고 있는 지역사회의 경찰을 신뢰할 수 있는가(15% : 신뢰하지 않는다), 미디어를 신뢰하는가(35% : 신뢰하지 않는다), 은행을 신뢰하는가(29% : 신뢰하지 않는다).

　밀레니얼 세대는 지역사회의 사람들에 대해서도 그다지 신뢰하지 않는 것으로 드러났다. 이웃이나 동일 지역에 살고 있는 사람들을 신뢰한다고 응답

한 밀레니얼 세대는 15% 미만이었다. 더 나아가서, 같은 종교단체에 다니는 사람들에 대한 신뢰도도 1/3[19] 정도밖에 안되었고, 종교적인 신념을 공유하는 사람들을 신뢰한다는 응답도 13%에 그쳤다. (기성세대의 경우에는, 평균을 약간 상회하는 수준이었다.[20])

그렇다면 밀레니얼 세대가 주위 사람들을 믿지 못하는 이유가 특별히 있는 것일까? 어떤 사람들은 밀레니얼 세대가 일터에서 대우받는 상황을 보았을 때 자신들은 신뢰받지 못한다고 느끼기 때문이라고 한다. 우리의 통계자료를 보면, 주위에서 자신들을 정직하지 않다고 생각한다는 느낌이 들었을 때, 밀레니얼 세대는 그들(상사, CEO, 조직, 함께 일하는 동료)을 신뢰하지 않는다고 한다. 따라서, 관리자는 밀레니얼 세대 구성원에게 그들을 신뢰하고 있다는 것을 표현할 필요가 있다. 그러한 메시지를 전하기 위해서는, 미시관리(micromanaging)를 하는 것이 아니라 일을 하는데 있어서 유연성을 제공하며, 통제력을 가질 수 있도록 돕는 것이 좋다.

한번은 밀레니얼 세대로 구성된 포커스 그룹에게 일을 할 때 불편한 점이 무엇인지를 물어보았다. 그랬더니 한 고성과자 참여자가 매우 흥분해서 말하기 시작했다. 왜 그랬을까? 그녀의 상사가 저녁 7시의 요가 클래스에 가지 못하게 했다는 것이었다. 이 밀레니얼 세대를 특별히 더 화가 나게 만든 이유는, 요가 클래스에 가서 스트레스를 관리하는 것이 그녀의 삶에서는 매우 중요한 부분이었기 때문이었다. 상사가 요가 클래스에 가면 안된다는 말을 했을 때, 그녀는 클래스에 갔다 온 시간만큼을 보충하기 위해 한밤중까지 일하겠다고 이야기를 했다. 그녀가 지금 하고 있는 일은 독립적인 업무이기 때문에, 업무완료를 하기만 한다면 자신에게 중요한 일을 빼먹어야 하는 이유가 없다고 생각한 것이다. 하지만, 상사의 생각은 달랐다. 상사는 그녀가 팀의 한 구성원이기 때문에, 동료들을 지원한다는 것을 보여주기 위해, 중간에 나갔다 오지 않고 사무실에 남아 있어야 한다고 생각했다.

이 사례는 세대간 갈등에 대한 것이 아니다. 상사는 해당 직원보다 4살밖에 많지 않은 밀레니얼 세대였다. 이 사례는 지각(perception), 자율성의 니즈, 일터에서의 유연성에 대한 믿음 등에 대한 생각 차이에서 벌어진 갈등이었다. 구성원은 퇴근시간이 지난 저녁 7시에 회사에 남아있어야 하는 것이 왜 필요한지를 이해하지 못했고, 그녀의 상사는 그래야 한다고 생각한 것이다. 결국, 그녀는 상사가 자신에 대해 부정적인 이미지를 가지게 될까봐, 그리고 자신의 미래 커리어에 좋지 않은 영향을 미치게 될까봐 걱정이 되었기 때문에, 요가 클래스에 가지 않았다.

밀레니얼 세대는 자율성과 유연성이란, 개인적 니즈를 충족하면서도 생산적으로 일할 수 있도록 자신이 일하는 장소와 시기를 선택할 수 있는 것이라고 생각한다. 요새는 원거리에서 컴퓨터나 모바일 기기를 사용해서 일하는 것이 매우 쉬워졌다. 누구나 간단하게 시도해볼수 있기 때문에, 유연성은 애를 써서 얻어야 하는 것이 아닌, 모든 사람들이 가져야 하는 일터 환경의 일부로 인식된다. 하지만 기성세대들은 퇴근을 일찍 하거나, 재택근무를 하는 것은 당연히 기대할 수 있는 것이 아니라, 일종의 특전이라고 느꼈던 시대를 기억한다. 그래서 그들은 스마트폰을 들고 다니는 구성원들을 보며 불편감을 느낀다(특히 조직에 새로 들어온 밀레니얼 세대). 유연성은 노력을 해서 얻어내야 하는 권리가 아니라, 업무 스케줄이라는 것은 항상 유연해야 한다고 믿는 사람들 말이다.

그러나, 밀레니얼 세대는 이와 같은 생각에 동의하지 않는다. 그들의 선배들은 전통적으로 수십년 동안 일터에서의 유연성을 증가시키기 위해 조직에 요구해왔었다.

이러한 전통에 따라, 밀레니얼 세대는 자율성을 갖기를 바라며, 사무실에 늦게까지 남아있는다고 해서 생산성이 높은 것은 아니라고 생각한다. 밀레니얼 세대 중 91%는 업무시간 이외에도 상사의 연락을 받는다는 것을 보면, 그들의 상사와 동료들은 확실히 일을 하기 위해서는 꼭 사무실에 있어야 한다고 생각하지는 않는 것 같다. 업무시간 외에도 자주 회사의 연락을 받는다는 것은 조직의 니즈를 충족시키기 위해 이미 유연하게 일하고 있다는 것을 의미할 수 있을 것 같다(더 자세한 내용을 보려면, 1장을 참고하기 바란다). 그렇다면, 밀레니얼 세대 자신의 니즈를 충족하기 위해 유연하게 일하면 안되는 이유는 무엇일까?

일터에서의 유연성이 중요한지에 대해 질문하자, 밀레니얼 세대는 거의 모두 '그렇다'라고 대답했다 :

- 95%는 가끔씩 집에서(또는 자신이 원하는 곳에서) 일하는 것은 자신에게 중요하다고 응답했다.
- 96%는 개인적인 삶을 살아가기 위해 더 늦게까지 일하거나 더 일찍 부터 일하는 것으로 근무시간을 바꾸는 것은 중요하다고 대답했다.

물론 유연성도 몇 가지 부정적인 면을 가지고 있다. 직접 얼굴을 보고 같은 공간에 있다는 것은 학습을 하고, 팀워크를 강화하고, 생산적으로 일하는 모습을 보여주는 것에 있어서 중요한 요소이다. 사람들이 유연성을 가지고 일을 하게 되면, 필요하거나 가능할 때마다 조직의 목표를 달성하기 위해 자신이 얼마나 생산적으로 몰입해서 일을 하고 있는지를 보여주어야 한다. 사무실 외의 공간에서 일을 할 때도 말이다. 이와 같은 상황은 개인적인 시간을 방해받지 않기를 바라는 사람들에게는 일종의 도전일 수 있다. 하지만, 밀레니얼 세대들은 기꺼이 이와 같은 도전과제를 받아들이려고 하는 것 같다. 그들이 바라는 자율성과 개인적 니즈를 충족시켜줄 수 있는 유연성을 얻을 수 있기만 하다면 말이다.

핵심사항

밀레니얼 세대는 일터에서의 유연성을 원한다. 그들은 자신의 생산성에 영향을 미치지 않는 한도 내에서는, 사무실 이외의 공간에서도 일할 수 있는 자유를 가지고 싶어한다. 따라서 관리자들은 이와 같은 유연성을 최대한 보장해주는 것이 바람직하다. 유연성 보장의 방법 중에는 구성원들과 마감기한 및 기대하는 결과물에 대해 명확하게 공유를 하여, 모든 사람들이 동일한 목표와 마감기한을 가지고 일할 수 있도록 해주는 것이 포함될 수 있겠다.

결론 : 밀레니얼 세대는 인정욕구가 크지만 동시에 독립적이다... 왜냐하면, 그들은 목표지향적이기 때문이다

지금까지의 내용을 보면, 다양한 근거들을 통해 밀레니얼 세대는 인정욕구가 클지 모르지만, 매우 강한 독립성을 가지고 있다는 것을 알 수 있다. 밀레니얼 세대는 인정욕구가 크고, 동시에 독립적이다. 왜냐하면, 그들은 자신의 업무경험과 커리어 계획을 발전시켜 나가는 것에 큰 관심을 두고 있기 때문이다. 밀레니얼 세대는 인정욕구가 크다. 왜냐하면, 자신이 성장하기 위해서는 주위의 도움을 받아야 한다는 것을 알고 있기 때문이다. 그들은 독립적이다. 왜냐하면, 자신의 이익만을 최우선으로 두는 사람들에 대한 신뢰도가 크지 않기 때문이다.

밀레니얼 세대가 인정욕구와 독립성을 동시에 표현하는 하나의 방법은 배우고 싶어하는 태도를 보이는 것이다. 그들은 자신이 갓 진입한 일의 세계를 이해하고 있고, 자신을 이용만 하고 착취하려는 조직도 존재한다는 것을 알고 있기 때문에, 지속적으로 배워야 하고 자신의 스킬수준이 정체되는 것을 막아야 한다고 강하게 믿고 있다. 밀레니얼 세대는 30년 동안 한 직장에 머무르면서 같은 일을 반복할 수 있을 거라 기대하지 않는다(자신이 그러한 상황을 원한다 하더라도). 그 대신에 자신들은 지속적으로 성장하고, 배우고, 조직에 더 많이 기여하고 다양한 성과를 만들어내야 한다고 믿고 있다. 사실, 배울 수 있는 기회가 부족하다는 것은 그들이 퇴사하는 이유들 중에 꼭 포함되는 것이다(자세한 내용을 알고 싶다면, 5장을 참고하기 바란다).

밀레니얼 세대가 인정욕구가 큰 동시에 독립적이라는 것을 전제로 하여, 다음의 내용에서는 그들과 더 효율적으로 함께 일하기 위해 해볼 행동들을 정리해보았다. 당신이 팀구성원이거나, 관리자이거나, 리더이거나 활용 가능할 것이다.

그렇다면, 밀레니얼 세대는 정말 얼마나 다른 것일까?

평균적으로, 밀레니얼 세대의 부모는 기성세대의 부모보다는, 성인 자녀의 업무생활에 더 많이 개입하려 하는 편이다. 연봉에 대한 정보를 공유하는 부분에 있어서는, 결혼을 하고 아이가 있는 밀레니얼 세대라도 기성세대보다 훨씬 더 많이 부모와 이야기를 나누곤 한다. 밀레니얼 세대의 업무 생활에 부모가 더 많이 개입하는 것은 사실이지만, 밀레니얼 세대와 X세대, 베이비붐 세대는 모두 전반적으로 성인 자녀의 삶에 부모가 지나치게 개입하는 것은 바람직하지 않다고 생각하고 있다.

밀레니얼 세대는 기성세대와 마찬가지로 멘토를 가지고 싶고, 자주 피드백을 받고 싶고, 칭찬을 받고 싶고, 자신의 일에 대해 통제권을 가지고 싶어하며, 필요할 때 주위의 도움을 받고 싶어한다. 조금 다른 점이라고는, 기성세대보다 일터의 동료와 개인적인 삶에서 만나는 사람들에 대해 신뢰도가 약간 낮은 것뿐이다.

밀레니얼 세대와 팀동료로서 일할 때의 제안

연령대가 높은 동료들은 밀레니얼 세대가 자신에게 부모역할을 기대할까봐 걱정을 하곤 한다. 걱정할 필요 없다. 그런 기대는 하지 않으니 말이다. 밀레니얼 세대는 자신을 염려해줄 친부모를 가지고 있다. 하지만 일을 어떻게 할 것인지, 그리고 조직에서 더 잘 적응할 수 있으려면 어떻게 해야 하는지에 대해 피드백을 제공해줄 수 있는, 자신보다 연령대가 높은 멘토의 조력에 대해 그들은 진심을 다해 감사를 표현할 것이다. 밀레니얼 세대는 자신이 학교에서 배우지 못한 지식을 선배동료들이 보유하고 있다는 것을 알고 있기 때문에, 그러한 지식을 공유해준다면 매우 기뻐할 것이다. 당신의 기대에 부응할만큼 큰 반응을 보이지 않을 수는 있겠지만, 그들이 정보제공에 감사한다는 것은 분명하다.

밀레니얼 세대가 불편감을 느끼는 것은, 기존에 했던 관행이 이러이러했으니까 그와 똑같은 방법으로 일을 하라는 말을 들을 때이다. 밀레니얼 세대에게 "내가 경험한 바로는 이 방법이 시간절약도 되고 장기적으로 봤을 때는 노력도 덜 들더라. 그러니까 한번 해보는 것도 좋을 것 같다. 하지만, 최종 결정은 당신이 알아서 하도록 해"라고 이야기하는 것과, "예로부터 이 방법으로 일이 이루어졌고, 성과도 좋았기 때문에 이 방법으로 꼭 일을 해야 해"라고 이야기하는 것은 매우 다르게 들린다. 밀레니얼 세대는 지루한 일을 싫어하고, 시간이 낭비되는 것을 원하지 않는다는 것을 기억할 필요가 있다. 따라서, 얼마나 오랫동안 이 방법이 사용되었는지는 그것을 지속해야 할 좋은 근거가 될 리가 없다. 그들은 논리적인 근거를 이해하고 싶어한다.

밀레니얼 세대는 새로운 것을 배울 수 있는 기회를 감사하며 받아들인다. 즉, 그들은 당신의 일에 대해 배우고, 당신을 도울 수 있기를 원한다.

이들이 긍정적인 멘토링을 기대하는 이유가 바로 이것이다. 밀레니얼 세대는 자신이 모든 것을 다 알지 못한다는 것을 알고 있다. 스스로에 대해 대단한 자신감을 가지고 있는 것처럼 보이지만 말이다. 그들은 일터에서 배워야 할 것이 매우 많다는 것을 인식하고 있다. 사실, 그들은 배울 수 있기를 바란다. 배우는 과정을 통해 일은 더욱 재미있어지게 되고, 지루하거나 관행적인 일이 되는 경우를 방지할 수 있기 때문이다.

밀레니얼 세대와 효과적으로 일할 수 있는 방법 중 하나는, 무엇을 해야 할지 이야기해주는 것과, 독립적인 행동을 지지해주는 것 사이에서 적절한 균형을 잡는 일이다. 그들이 알지 못하는 것이 무엇인지 이해할 수 있도록 도와주고, 당신으로부터 배울 수 있는 기회를 제공해주자. 기대하는 바로는, 그와 동시에 당신 또한 그들로부터 뭔가를 배울 수 있다는 것을 느끼게 될 것이다. 밀레니얼 세대가 가지고 있는 지식은 정말 엄청나다. 서로에게 어떤 것을 배울 수 있는지에 대해 생각해보는 것은 당신과 밀레니얼 세대의 관계를 강화시켜 줄 것이다. 그들은 당신의 자극에 대해 개방적인 태도를 취하고 흥미를 보이며 다가올 것이다. 따라서, 밀레니얼 세대에게 동료의 입장에서 접근하고, 새로운 것을 배우고자 하는 그들의 욕구를 자극시켜 주자. 그리고, 시간을 낭비하거나 재작업을 해야 하는 상황을 피하고 싶어하는 마음을 이해해주자. 밀레니얼 세대에게 선배대접을 하라고 요구하는 것이야말로, 동료관계를 벗어나서 갈등관계를 구축하고, 그들이 관심을 끊게 만들 수 있는 확실한 방법일 것이다.

밀레니얼 세대(그리고, 모든 세대들)의 관리를 위한 제안

1. 그들의 부모를 관리하는 문제에 대해 걱정할 필요는 없다.

대부분의 밀레니얼 세대도 X세대나 베이비붐 세대와 마찬가지로, 부모들이 지나치게 자신의 업무생활에 관여하는 것을 좋아하지 않는다. 그렇다면, 당신이 밀레니얼 세대의 간섭쟁이 부모를 만날 가능성이 없다는 것을 의미하는 것일까? 안타깝게도 그렇지는 않다. 하지만, 만약에 그런 상황을 마주한다면, 비정상적이고 선을 넘은 다른 행동들을 처리할 때와 똑같이 하면 된다. 모든 조직구성원들은 초대받지 않았음에도 불구하고, 업무 과정에 간섭하고 싶어하는 가족 구성원들(부모, 배우자, 형제 등)을 가질 가능성이 있다. 대부분의 구성원들은 가족의 관여를 원하지 않지만, 혼자서 그러한 당황스러운 상황을 처리하기를 어려워할 수 있다. 그리고, 그들이 혼자서 문제를 잘 해결하더라도, 당신이 공감적인 말과 지원을 해준다면 상황을 정리하고, 구성원이 느낄 수 있는 불편한 마음들을 최소화시키는 데에 도움이 될 것이다.

부모가 일터에서의 삶에 관여하는 것이 완전히 자연스럽다고 생각하는 매우 드문 밀레니얼 세대를 관리하게 되었을 때, 당신이 할 수 있는 최적의 방법은 명확하고 확실하게, 하지만 상냥하게 적절한 행동의 범위에 대해 설명해주는 것이다.

2. 그들이 담당하고 있는 일을 하는 방법에 대해 자주 이야기를 해주자.

– 멘토링과 지속적인 피드백을 제공해주자.

대부분의 조직구성원들이(어떤 세대에 속하든지) 오늘날의 조직에서는 피드백을 지나치게 적게 받고 있다는 것은 부인할 수 없는 사실이다. 조직의 구성원들이 맡고 있는 모든 역할들은 더 좋은, 그리고 더 잦은 피드백과 가이던스를 받게 될 경우, 큰 혜택을 받게 될 것이다. 밀레니얼 세대 구성원만을 위해서가 아니라, 젊은 세대와 기성 세대 모두 자세한 피드백을 더 자주 받게 됨에 따라, 더 좋은 성장을 하게 될 것이기 때문에, 모든 피드백 행동은 가치가 있다.

따라서, 관리자로서 해야 할 일은, 연 1회나 프로젝트 종결과 같이 정기적으로 정해져 있을 때만 하는 것이 아니고, 적절한 시기에 피드백을 제공할 수 있는 기회들을 찾는 것이다. 조직구성원들은 자신의 현재 업무행동이 어떤지 알고 싶어하고, 프로젝트가 끝났을 때만이 아니라 지속적으로 평가를 받고 싶어한다. 밀레니얼 세대의 결과물이 당신이 수용할만한 수준이 아니라면, 결과물을 수정할 기회가 아직 있는 바로 그 시기(개선을 할 수 있는 기회가 벌써 지나가 버린 다음이 아니라)에 더 좋은 피드백을 주어야 한다. 그리고 흥미없는 일을 하고 있는 구성원이 있다면, 그들이 하고 있는 일이 어떠한지, 그리고 그들의 기여한 바가 어떤 가치가 있는지를 알려주는 데에 특별히 더 신경을 쓸 필요가 있다(1장 참조).

3. 어려운 상황에서는 지원을 해주자.

대부분의 조직구성원들은 자신의 일을 독립적으로 하기를 원하고, 독립성을 가질 수 있기를 바란다. 그리고, 상사가 모든 것을 간섭하는 미시관리를 환영하지 않는다. 따라서, (밀레니얼 세대를 포함한) 모든 구성원들에게 자신의 힘으로 성공할 수 있는 기회를 제공하는 것은 매우 중요한 일이다. 그렇지 않으면, 조직의 더 높은 직급에서 사업을 운영하는 데에 필요한 자신감을 언제까지나 개발할 수 없게 될 것이다. 하지만, 독립성과, 모든 지원체계로부터 고립되는 것은 전혀 다른 것이다.

관리자로서, 당신은 구성원들이 스스로의 힘으로 과제해결을 진행하고 완수할 수 있는 시간과 공간을 가질 수 있도록 해줄 필요가 있다. 그러나, 구성원의 결과물이 기대하는 수준 이하일 경우에는, 신속하게 지원을 해주어서 결과물을 수정하고 실수를 통해 배울 수 있도록 도와주자.

구성원들은 실수로부터 배울수 있을뿐 아니라, 실수경험을 통해 구성원의 자존감과 사업성과 또한 위험으로부터 더 튼튼하게 보호할 수 있는 방법을 알 수 있게 될 것이다.

4. 밀레니얼 세대에게 최대한의 통제력을 제공해주자.

일에 대해 통제력을 가진다는 것은 매우 민감한 문제이다. 사람들은 누구나 자신이 할 일을 결정하고 미래의 기회를 선택하는 과정에 참여하고 싶어한다. 또 일을 하는 방법과 일을 하는 장소도 결정하고 싶어한다. 물론, 당신은 사람들이 업무과정의 모든 요소들을 변화시키도록 할 수는 없다. 왜냐하면, 효과적이고 효율적으로 업무를 진행할 수 있다고 많은 연구들이 증명한 프로세스들이 이미 존재하고 있기 때문이다. 하지만, 대부분의 역할에서는, 각 개인들이 업무진행방법을 결정할 수 있는 여지가 존재하는 경우가 많다.

관리자가 구성원들에게 업무 내용과 진행과정의 일부를 결정할 수 있는 자유와 통제력을 제공하는 것은, 몰입도, 기여도, 그리고 생산성을 높일 수 있는 핵심전략이다. 목표, 마감기한, 성과기대에 대해 명확한 소통을 자주 가지도록 하자. 그리고 어느 정도 일의 진행방법에 대해 재량권을 가질 수 있는 상황에서는, 업무시간과 장소, 업무 프로세스에 대해 결정을 내릴 수 있는 자율성을 제공해주도록 하자. 이와 같은 상사의 조력은, 단기적으로나 장기적으로 밀레니얼 세대들이 더 행복하고 몰입도 높게 일할 수 있도록 해줄 것이다.

5. 그들을 신뢰해주고, 본인도 신뢰로운 사람이 되자.

밀레니얼 세대는 아무나 쉽게 믿는 사람이 아니기는 하지만, 우리의 통계자료에 의하면, 그들은 자신이 신뢰받는다는 것을 느낄 때 상대방을 더 잘 신뢰한다고 한다. 업무에 대해 가능한 범위 내에서 통제력을 주고, 그들의 생각에 귀를 기울여주며, 적절한 지원을 제공해주자. 그들이 제안하는 아이디어를 무시하거나, 모든 것을 세세하게 간섭하는 것은 좋지 않다. 효과적이고 효율적인 방법으로 일을 완수하기 위해 필요한 도구와 인적 & 물적 자원을 지원해주자. 그들이 일을 잘 할 수 있다고 믿는다는 것을 보여주자.

오늘날의 조직구성원들은 거짓말에 대해 매우 민감하게 알아차린다. 주위 사람들이 진실하지 않거나 정직하지 않은 것을 그다지 어렵지 않게 느낀다. 관리자들이 항상 진실만을 이야기할 수는 없겠지만, 리더나 관리자들이 이번에는 이렇게 이야기하고, 다음번에는 다른 이야기를 하는 것에 대해 사람들이 매우 민감하게 반응한다는 것을 기억할 필요가 있다. 혹시 관리자 본인과 구성원 간의 소통이 이와 같은 방식으로 지각되는 것을 느끼게 된 상황이 있다면, 잠시 말을 줄이거나 지금은 이야기할 수가 없는 상황임을 설명해주는 것이 좋다. 계속 밀고 나가게 되면, 솔직하지 못한 리더의 모습에 대해 아무런 방어도 못하고 비난을 받게 될 가능성이 크다.

꼭 기억해야 할 5가지

1. 밀레니얼 세대는 가능한 한 자신의 삶과 일에 대해 통제력을 가지고 싶어한다.
2. 밀레니얼 세대는 성공하기 위해 필요한 것이 무엇인지를 알고 싶어한다.
3. 밀레니얼 세대는 모든 일을 어떻게 해야 할지에 대해 지시받는 것을 원하지 않는다.
4. 밀레니얼 세대는 신뢰받는다는 느낌이 들때 상대방을 신뢰할 가능성이 높다.
5. 밀레니얼 세대는 부모가 자신의 삶에 지나치게 개입하는 것을 원하지 않는다.

밀레니얼 세대의 특성과 그들이 원하는 것

밀레니얼 세대는 :

- 부모와 함께 살고 있을지라도, 자신의 삶에 부모가 지나치게 개입하는 것을 원하지 않는다.
- 멘토와 지지체계를 가질 수 있기를 원한다.
- 피드백을 자주 받을 수 있기를 바란다.
- 필요한 경우 지원을 받을 수 있기를 바라고, 사람들과 협력해서 누군가 에게 도움을 줄수 있기를 바란다.
- 자신의 행동에 대해 평가를 받을 수 있기를 원한다.
- 자신의 일에 대해 통제력을 가질 수 있기를 바란다.
- 조직의 의사결정권자들에 대한 신뢰도가 높지 않다.
- 매우 강한 목표지향성을 가지고 있다.

제3장

좋은 일을 하고 싶고,
일을 잘하고 싶다
Do Good and Do Well

제3장

좋은 일을 하고 싶고, 일을 잘하고 싶다
Do Good and Do Well

제니스(Janice)는 중간 규모의 비영리 예술기관에서 일하고 있는 밀레니얼 세대이다. 23세 때 이 기관에서 일을 시작하면서, 그녀는 더 큰 지역사회 구성원들을 위해 예술 프로그램을 만드는 것이 조직의 미션이라고 생각했었다. 원래는 주당 30시간 일하는 시간제 직원이었고, 지역사회 대상의 적극적인 봉사활동(outreach)과 기금모금을 조력하는 일을 했었다. 그녀가 몰입해서 열심히 일하고 좋은 성과를 많이 냈기 때문에, 2년이 지나면서 제니스의 역할은 점점 커져갔다. 25세가 되었을 때, 그녀는 기금모금 담당자가 되었고, 다수의 지역사회 대상 봉사활동들을 관리하고 있었다. 제니스는 해야 할 일이 있을 때에는 누가 시키지 않아도 근무시간이 아닐 때에도 일을 하는 경우가 종종 있었다. 예를 들어, 사람들이 조직의 홈페이지에서 공연 티켓을 구매하는 것이 불편하다는 것을 알게 되었을 때에는, 혼자 힘으로 홈페이지 디자인을 재설계하는 것같이 말이다. 하지만, 2년 넘게 조직에서 일하면서 그녀의 보수는 시간당 1달러가 올랐을 뿐이었고 정규직이 되지는 못했다. 조직은 그녀의 노력에 대해 추가적인 보상을 할 생각이 없었기 때문이었다. 제니스는 건강보험이 없었기 때문에, 부모의 보험수혜자로 남아 있어야 했다. 26세 생일이 다가올무렵, 그녀는 이 조직에 계속 남아있을지에 대해 생각해보기 시작했다. 현재의 조직에서 담당하고 있는 일을 하는 것이 지역사회에 대해 진정한 기여를 하는 것이라고 생각했기 때문에, 앞으로도 이 일을 지속해서 하고는 싶었다. 정규직이 되어서 건강보험을 들고, 은퇴를 위해 저축을 할 수 있었으면 좋겠다는 희망을 표현했지만, 조직의 리더들은 그럴 계획이 없다고 대답했다. 그들은 보수에 있어서는 큰 인상이 없지만, 지역사회에 있어서 커다란 영향력을 미칠 수 있는 것에 대해 행복감을 느껴야 한다고 말했다. 하지만, 제니스는 현재의 보수수준을 유지하면서 보험의 혜택도 못받게 되면, 경제적으로 견디기가 어렵게 될 거라는 것을 알고 있었다.

그녀에게는 지불을 요청하는 고지서들이 쌓여 있었고, 건강보험이 꼭 필요했고, 은퇴 이후를 위해 저축을 해야만 했다. 즉 안타깝지만 다른 일을 찾아야 하는 상황이었다. 제니스는 서둘러서 다른 예술기관을 찾았다. 그녀가 참여할 수 있는 지역사회 대상 봉사 프로그램이 있는 곳이었다. 새로운 직장에서는 더 명확한 직급과, 더 넓은 업무범위와 권한을 주었고, 보수도 40% 인상해주었으며, 100% 건강보험과 은퇴 후 연금체계까지 이용할 수 있게 해주었다.

밀레니얼 세대는 세상을 위해 좋은 일을 하고 싶어한다. 정말 그런가?

밀레니얼 세대는 세상을 구하고 싶어하는가? 그렇다. 세상을 구한다는 것은

편안한 삶이나 훌륭한 보상체계보다 그들에게 더 높은 우선순위로 느껴지는
가? 꼭 그렇지는 않다. 하지만 밀레니얼 세대에게 중요하기는 한 것인가? 그렇
다. 그렇다면, 세상을 구하기 위해 경제적인 보수를 포기하는가? 어떤 사람에
게는, 어느 정도까지는 그렇겠지만 영원히 그렇지는 않을 것 같다. 하지만, 좋은
일을 한다는 것은 그들에게 우선순위를 차지하는가? 그렇다.

그렇다면, 밀레니얼 세대는 어떤 식으로 좋은 일을 하고 싶어하는 것일까? 지
역사회에 대해 기여를 하고 싶어하고, 사회적으로 책임감을 가지고 있는 조직
을 위해 일하기를 원하며, 자신이 소속된 지역사회를 넘어서서 더 큰 시각의 틀
을 통해 생각하고 싶어한다.

밀레니얼 세대는 좋은 일을 하고 싶어한다...
지역사회에 기여하는 삶을 살기를 원한다

밀레니얼 세대는 일을 통해 돈을 버는 것을 넘어서서, 세상에 기여할 수 있어
야 한다고 믿는다. 92%는 세상을 더 좋은 곳으로 만드는 일은 본인에게 중요하
다고 이야기했으며, 88%는 지역사회를 위한 활동과 자선활동에 참여하는 것이
중요하다고 생각하고 있었다.

이와 같은 통계수치는 밀레니얼 세대가 사람들을 돕기를 원한다는 것을 보
여준다. 궁금한 것은 그 이유이다. 2013년 어치브(Achieve)라는 비영리기관에
서 진행한 연구에 따르면, 밀레니얼 세대는 자신이 자원봉사를 하는데에는 다
양한 이유가 있다고 대답했다. 해당 이슈에 대해 열정이 있어서라고 대답한 밀
레니얼 세대는 79%였고, 56%는 같은 이슈에 대해 관심이 있는 사람들을 새롭
게 만나고 싶어서라고 응답했으며, 61%는 전문적 스킬영역의 범위를 넓히기 위
해서라고 대답했다.[2,3] 결국 밀레니얼 세대는 좋은 일을 하고 있을 때에도 지금
하고 있는 일이 자신의 커리어 전략과 어떻게 일치하는지, 그리고 자신이 자원
봉사활동으로부터 어떤 혜택을 받을 수 있을지에 대해 생각하고 있는 것이다.

재미있게도, 미국의 밀레니얼 세대를 대상으로 이루어진 어치브의 2014년 연구를 보면, 63%는 구직을 할 때에는 그 조직에서 자원봉사를 하는지에 대해 알아보지는 않는 것으로 나타났다. 대신에, 그들은 그 조직에서 어떤 일을 하는지(상품과 서비스), 그리고 보상제도(연봉과 복지체계)에 대해 자세히 알기를 원했다.[4] 자원봉사에 대해 언급했던(인터뷰어가 물어보았거나, 본인이 이야기를 꺼냈거나) 밀레니얼 세대의 반 이상은 그 조직에 자원봉사 제도가 있었기 때문에 더 매력을 느끼게 되었다고 대답했다. (참고 : 이 수치가 미국에서는 사실일 수 있지만, 자원봉사에 대한 법규는 나라마다 매우 차이가 있다. 따라서, 밀레니얼 세대의 시각은 업무의 일부로서 지역사회를 위해 자원봉사를 하는 것에 관한 국가의 법규를 기반으로 하여 형성된다는 것을 참고할 필요가 있다.)

어치브의 연구에서는, 여성 밀레니얼 세대들이 남성보다 위와 같은 기회를 얻을 수 있는지에 대해 관심이 많고, 자원봉사 제도가 있는 경우 조직에 대해 더 많은 매력을 느낀다는 것을 발견했다.[5] 어치브는 다음과 같은 발표를 하였다.

전반적으로, 여성 밀레니얼 세대는 자신이 관심을 가지고 있는 분야에 대해 기부를 하거나 자원봉사를 하고자 하는 마음이 남성들보다 강한 것으로 나타났다. 2013년, 우리가 설문조사를 한 여성 밀레니얼 세대 구성원의 91%는 자선기관에 기부를 하고 있었고, 남성 밀레니얼 세대 구성원은 기부율이 84%였다. 여성 밀레니얼 구성원들은 또한 소속 조직에서 후원하는 구성원의 자선 캠페인에 참석할 의향이 있다고 대답했다. 모든 여성 조사대상 중, 54%는 조직이 후원하는 자선 캠페인에 참가해본 경험이 있다고 응답했고, 남성의 경우에는 45%가 참가경험을 이야기했다.[6]

밀레니얼 세대는 개인의 입장에서 주위 사람들을 돕는 것만을 바라지 않는다. 그들은 조직들 또한 지역사회를 위해 도움제공을 하려는 태도를 보여야 한다고 생각하고, 97%는 그들의 가치관을 공유할 수 있는 고용주를 위해 일하는 것이 중요하다고 생각한다. 좋은 소식은, 대부분의 밀레니얼 세대들이 자신이 소속되어 있는 조직이 사회적인 책임감을 가지고 있다고 대답했다는 것이다. 특히, 3/4(75%)은 자신의 조직이 지역사회에서 좋은 시민으로서의 역할을 수행하고 있다고 응답했다.

2014년 어치브의 연구를 보면, 조사대상의 92%가 "세상을 위해, 긍정적인 영향력을 미치고 있는 조직"에서 일하고 있다고 응답했다고 한다.[7]

또한 밀레니얼 세대는 관리자들에게 지역사회를 돕는 일이 중요하게 느껴져야 한다고 믿고 있다. 특히, 77%는 자신의 관리자에게 이 세상을 더 좋은 곳으로 만드는 것이 중요한 일이어야 한다고 대답했고, 78%는 사회를 위한 서비스를 하는 것이 관리자들에게 중요한 일이어야 한다고 응답했으며, 73%는 인류를 위해 기여하는 것이 관리자들에게 중요하게 느껴져야 한다고 믿는다고 했다. 행복하게도, 우리의 통계수치를 보면, 기성세대인 중간관리자와 임원들도 밀레니얼 세대와 매우 유사한 시각을 가지고 있는 것으로 나타났다(그래프 3.1 참조).

핵심사항

밀레니얼 세대는 진정으로 지역사회에 기여를 하는 것에 대해 관심을 가지고 있으며, 대부분은 자신의 조직도 그러한 일을 하고 있다고 믿는다. 많은 밀레니얼 세대들은 자신의 업무중에 지역사회를 위해 자원봉사를 할 수 있는 기회가 포함되어 있기를 기대한다. 지역사회에서의 자원봉사에 대해 동일한 믿음을 가지는 관리자들은 이 부분에 대해 밀레니얼 세대와 소통할 수 있고, 그들이 일을 통해 지역사회에 기여할 수 있는 방법을 찾도록 도와줄 수 있다. 따라서 조직들은 구성원들이 지역사회에서 기여할 수 있는 방법의 효율성을 높일 수 있는 방법을 찾아야만 한다.

특정 가치가 중요하다고 믿는 사람의 비율(연령대별)

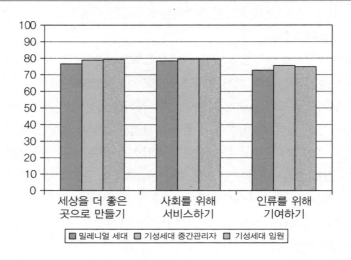

밀레니얼 세대는 좋은 일을 하고 싶어한다...
사회적인 책임감을 가지고 있는 조직에서 일함으로써

밀레니얼 세대는 세상에 대해 영향력을 미치는 것에 대해 관심이 많고, 긍정적인 영향력을 최대화하고 부정적인 영향력을 최소화하는 조직을 위해 일하고 싶어한다. 밀레니얼 세대 중 50%는 자신의 커리어를 관리하기 위해 현재의 조직에 입사했다고 말했고, 1/3[8]은 조직의 미션에 동의하기 때문에 현재의 조직에서 일하고 있다고 응답했다. 우리의 경험에 비추어보면, 연봉이 마음에 들고, 자신의 커리어를 강화할 수 있는 기회라고 생각해서 입사했다고 대답한 사람들도 조직의 미션을 고려하는 모습을 보인다.

이 장의 초반에 우리가 제니스에 대해 이야기를 한 것이 좋은 실례가 될 것이다. 그녀는 좋은 일을 하는 것에 대해 관심이 많기 때문에, 자신이 믿고 있

는 미션을 가지고 있는 조직을 선택해서 입사하게 되었다. 경제적인 니즈가 충족이 되지 않아서 그 조직을 떠나야만 했을 때에도, 자신의 가치관에 일치하는 미션을 가지고 있고, 경제적인 니즈까지 채워줄 수 있는 사회지향적인 조직으로 갈 것을 결정하였다.

한 가지 좋은 소식은, 밀레니얼 세대는 많은 조직들이 수행하고 있는 좋은 시민이 되기 위한 노력을 인정한다는 것이다. 3/4는 자신의 조직이 지역사회에서 좋은 시민으로서 기능하고 있다고 말했고, 50% 이상은[9] 소속된 조직이 환경문제를 매우 중요하게 생각하고 있다고 응답했다.

밀레니얼 세대는 개인적으로 지역사회를 돕기 위해 노력하고 사회에 대한 책임감을 더 많이 가지려고 애쓰는 동시에, 자신의 조직이 진정으로 지역사회를 돕는 것에 관심을 가지는지, 아니면 조직을 위한 효과적인 홍보활동으로서만 지역사회에 조력을 제공하고 있는 것인지에 대해 의구심을 가진다. 밀레니얼 세대의 50%[10]는 "내가 소속되어 있는 조직은 지역사회를 돕는 이미지를 강화하는 것에만 관심을 가진다"라는 문항에 "아니다"라고 응답했다. 즉, 밀레니얼 세대의 50%는[11] 자신의 조직이 이미지 포장을 위해서만 사회적 책임 활동을 진행한다고 생각하는 듯했다.

이러한 상황은 좀 문제가 있다고 보여진다. 밀레니얼 세대는 자신이 속한 조직이 (단순한 홍보활동 수준을 넘어서서) 더 큰 선을 위한 활동을 하기를 바란다. 왜냐하면, 그러한 활동을 하는 조직이 더 신뢰롭고 윤리적이라고 믿기 때문이다. 어치브는 밀레니얼 세대가 이와 같은 조직문화를 가지고 있는 조직은 오늘보다 더 좋은 내일의 일터 환경을 만들어 갈 거라고 믿는다는 것을 발견했다.[12]

적절한 수준과 형태의 사회적 책임활동을 하기 위해서는, 조직이 어느 정도의 노력을 해야만 한다. 좋은 소식은, 조직이 의미있는 사회적 책임활동을 하는 데에 시간과 에너지를 투자하기만 한다면, 밀레니얼 세대는 조직의 진정성을 인정하게 될 가능성이 높다는 사실이다. 그러면서 그들은 자신이 속한 조직이 신뢰할만하고 윤리적이라고 생각하게 될 것이다.

핵심사항

밀레니얼 세대는 자신의 조직이 좋은 시민으로서 기능할 수 있기를 기대하고, 일을 통해 이 세상을 더 좋은 곳으로 만들 수 있기를 바란다. 그들은 사회적으로 책임감있는 조직에서 일한다는 것에 가치를 두며, 겉으로 보기에 좋아 보이는 일보다는 내용이 좋은 일을 하고 싶어한다. 조직이 이들의 기대를 채워주게 된다면, 밀레니얼 세대는 조직에 대한 기여도를 높일 것이며, 그 조직에서 계속해서 일하고 싶다는 마음을 가질 수 있게 될 것이다.

밀레니얼 세대는 좋은 일을 하기를 원한다... 자신이 살고 있는 지역사회를 넘어선 더 큰 사고를 하면서

우리가 세계 각국에서 진행한 인터뷰를 보면, 밀레니얼 세대들이 자신이 속해 있는 지역사회를 넘어서서 보다 큰 세상에 대해 생각하는 경우가 많은 것을 알 수 있다. 그들은 더 넓은 세상이 어떻게 돌아가고 있는지를 이해해서, 더 많은 기여를 할 수 있어야 한다고 생각하고 있었다.

밀레니얼 세대는 일터에서 일을 하면서 다른 나라와 문화속에서 살고 있는 사람들에 대해 더 많은 이해를 할 수 있게 되면, 지금보다 더 좋은 일을 할 수 있다고 느끼는 듯했다.

많은 밀레니얼 세대들은 이와 같은 글로벌한 시각이 부모 세대와는 많이 다르다고 믿고 있었다. 예를 들어, 우리가 유럽에서 들은 바로는, 2차 세계대전 이후 세대는 순응주의자의 태도를 가지고 있어서 현재의 세대보다 자신에게 주어진 업무에 대해 수용하는 쪽이었고, 질문을 하는 경우는 드물다고 했다. 그들은 자신이 속한 지역사회에 주된 관심을 가지며 살았으며, 자신이 태어난 나라의 시민으로서의 정체성을 가장 중요하게 여겼었다. 인터뷰에서 들은 바에 따르면, 오늘날 젊은 유럽의 조직구성원들은 자신의 삶과 관련된 전체적인 유럽연합 및 전세계의 이슈에 대해 더 많은 관심을 가지고 있으며, "나는 프랑스인이에요" "독일인이에요" "스페인 사람이에요" "영국인이죠"라고 말하기보다는, 더 큰 시각을 가지는 모습을 보인다고 했다.

일본에서 진행한 인터뷰에서는, 15년전과 비교해보았을 때 요새의 젊은이들이 "세계에서의 일본의 위상"에 대해 더 잘 알고 있다는 이야기를 들었다. 일본의 밀레니얼 세대들은 일본을 넘어선 세상에서 경험을 해보고 싶고, 배움을 얻고 싶다는 말을 해주었다. 그들은 자신이 글로벌 세계의 일원이며, 어느 나라에서나 일할 수 있는 능력을 가질 수 있기를 희망한다고 했다.

유사하게, 미국에서도 오늘날의 세상은 예전보다 훨씬 더 평평하다는 시각을 가지고 있다(토마스 프리드만/Thomas Friedman의 표현을 빌리자면).[13] 밀레니얼 세대는 자신이 일하며 살고 있는 세계에 대해 더 글로벌한 시각을 가질 필요가 있다고 느끼는 것 같다.

이와 같은 시각은 선진국에만 국한된 것은 아니다. 인도, 중국, 브라질, 남아프리카에서 우리가 만났던 모든 밀레니얼 세대들은 국내와 국외의 경제적 상황과 정치적 이슈에 대해 매우 날카로운 시각을 가지고 있었다. 오늘날, 정보와 문화는 인터넷과 소셜미디어를 통해 전세계로 매우 신속하게 전달되고 있다. 확실히 이와 같은 상황은 밀레니얼 세대가 자신을 세계사회의 일부로서 생각하게 되는데에 큰 역할을 하는 것 같다. 인터뷰와 포커스 그룹을 통해 보았을 때, 밀레니얼 세대는 자신의 조국에 대한 애정도 크지만(어떤 경우에는, 자신이 살고 있는 도시에 대한 애착이 크다), 동시에 더 넓은 세상에 대해서도 많은 흥미를 가지고 있는 모습을 보였다.

밀레니얼 세대에게 있어서, 글로벌 시각을 가진다는 것은 해외에서 일하는 것에 대한 의지와 욕구를 포함한다. 우리의 연구에 참여한 밀레니얼 세대의 40%는 외국에서의 근무를 해보고 싶다고 대답했지만, 이미 그와 같은 경험을 해보았다고 말한 사람들은 6%에 지나지 않았다.

비행기를 타고 멀리 가야 하는 곳에서 일하기를 원하는 사람들을 찾고 싶어 하는 조직들에게는 매우 좋은 소식이다. 하지만, 해외 근무라는 것은 아직 어딘가에 정착을 하지 않은 밀레니얼 세대들에게 특히 매력적으로 느껴지는 것일 수 있다. 일단 결혼을 하고 가정이 생기게 되면, 밀레니얼 세대들도 해외 근무를 그다지 내켜 하지 않는 경우가 많다.

예를 들어, 우리는 외국에서 일을 해본 경험이 있는 남아프리카의 밀레니얼 세대들을 몇 명 인터뷰를 해보았다. 그 중의 한 명은 해외에서 2년 정도를 보내고 갓 돌아온 사람이었다. 그는 아내가 기다리는 집에 돌아온 것을 매우 기뻐하고 있었으며, 본가 가까이 이사를 가서 가정을 이룰 계획을 하고 있었다.

다른 (조금 더 나이가 젊은) 밀레니얼 세대는 해외에 나가고 싶은 마음이 굴뚝 같았다. 해외 여행은 여러 곳으로 많이 해보았지만, 아직 실제로 외국에 살면서 일을 해본 경험은 없다고 했다. 물론 조국에서 가정을 이루고 싶은 계획도 가지고 있었지만, 앞으로 몇 년 동안은 외국에 머물면서 넓은 세상에 대해 배울 수 있기를 바라는 마음이 컸다.

외국에서의 근무 경험을 원하는 사람들 간에는 국가별로 꽤 큰 차이가 존재했다. 예를 들어, 브라질의 밀레니얼 세대는 많은 사람들(65%)이 해외 근무를 원한다고 응답한 반면, 영국과 캐나다, 일본의 밀레니얼 세대는 더 적은 수의 사람들이 동일한 대답을 하였다(28–29%, 그래프 3.2 참조).

외국에서 일하고 싶은 밀레니얼 세대의 수(백분율)

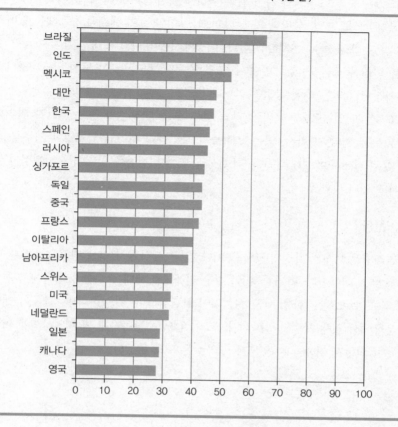

인터뷰를 해보니, 해외근무에 관하여 염려하는 다른 시각들도 있었다. 조직 리더들은, 밀레니얼 세대가 해외근무를 떠올리면, 바로 세계적으로 큰 도시들만을 생각한다는 점을 지적하였다. 우리가 만났었던 밀레니얼 세대들도 같은 이야기를 하였다. 대부분은 파리, 런던, 로마, 홍콩, 뉴욕과 같이 무언가를 배울 수 있고 모험을 할 수 있는 곳으로 가고 싶어했다. 하지만 오늘날 비즈니스계의 상황을 보면, 새롭게 떠오르고 있는 나라(삶의 수준이 그다지 화려하지 않은 곳)에서 가장 큰 수요를 찾을 수 있다. 많은 밀레니얼 세대는 아직 경제적으로 발전하고 있는 중인 나라들에 가서 일하는 것에 대해 그다지 크게 열광하지 않는다.

긍정적으로 보면, 상파울로, 상하이, 뭄바이와 같이 세계적으로 새롭게 떠오르고 있는 도시들이 존재하긴 한다. 이곳에서 밀레니얼 세대는 함께 어울릴 수 있을 만한 동료들을 많이 만날 수 있을 것이다. 하지만, 이 도시들도 비즈니스가 확장되고 있는 핵심 장소는 아니다.

조직들이 인력을 가장 많이 찾고 있는 곳은 대부분의 경우 그다지 화려하지 않은 곳이다. 따라서, 많은 조직들이 사업상의 니즈와 글로벌한 업무를 찾고 있는 밀레니얼 세대의 욕구 간에서 완벽한 연결점을 찾기에는 한계점이 존재하고 있다.

핵심사항

밀레니얼 세대는 자신의 조국을 떠나 더 큰 세상에서 많은 경험을 쌓으며 배움을 얻고 싶어한다. 따라서, 이와 같은 밀레니얼 세대들에게는, 외국에서 경험을 쌓을 수 있는 기회를 제공하는 것이 바람직하다. 가능하다면, 그들이 개발도상국에서 일해보는 것이 자신과, 조직, 앞으로 살아가게 될 지역사회에 어떤 이득이 되는지 이해할 수 있도록 도와주는 것도 좋겠다.

좋은 일을 한다는 것은 일을 잘하는 것보다 더 높은 우선순위는 아니다

그렇다. 밀레니얼 세대에게 있어서 좋은 일을 한다는 것은 중요한 일이다. 하지만, 이것이 그들의 유일한 – 또는 가장 높은 – 우선순위는 아니다(그래프 3.3 참조). 밀레니얼 세대의 92%는 자신의 조직이 세상에 긍정적인 영향을 미치고 있다고 믿는다. 하지만, 조직의 미션이 마음에 들어서 그 회사에 다닌다는 응답률은 34%에 지나지 않았다. 이와 같은 수치는 무엇을 말해주는 것일까? 좋은 일을 한다는 것이 중요하긴 하지만, 그렇다고 해서 다른 모든 변인들을 고려하

그래프 3.3 일에 관련된 다음 요소들이 자신에게 얼마나 중요한지에 대해 동의하
는 밀레니얼 세대의 수(백분율)

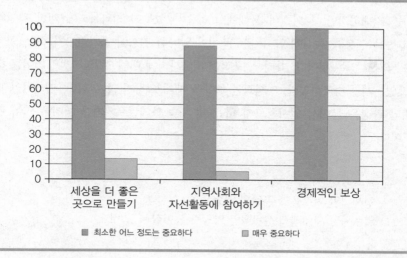

지 않을만큼 유일무이한 것은 아니라는 뜻이다. (참고 : 좋은 일을 하는 것과, 조직
의 미션이 마음에 들어서 그 회사에 다니는 문제에 있어서는 밀레니얼 세대와 기성세대
가 거의 유사한 모습을 보였다.)

그렇다면, 사람들에게 있어서 정말 중요한 것은 무엇일까? 바로 경제적인 보
상이다. 43%는 경제적인 보상이 무엇보다 중요하다고 했고, 38%는 매우 중요
하다고 응답했다. 전반적으로 보았을 때, 우리가 만났던 밀레니얼 세대의 99%
는 경제적 보상은 자신이 생각하는 중요한 요소들에 꼭 포함된다고 응답하였
다. 한 세대의 99%가 동일한 생각을 가지고 있는 다른 요소가 존재하는지 모
르겠다.

이를 "모두/그리고(both/and)" 상황이라고 부를 수 있을 것이다. 밀레니얼 세
대는 일을 통해 사회에 긍정적인 방향으로 기여하기를 원하며, 동시에 적절한
보상을 받기를 원한다. 하나의 욕구가 충족되었다고 해서, 다른 욕구가 없어지
는 것은 아니다. 조직이 자신의 핵심업무나 자선활동을 통해 세상에 엄청난 기

여를 한다고 해서 경제적인 보상을 포기할 수는 없다.

결국, 대부분의 밀레니얼 세대는 자신의 조직이 세상에 대한 기여를 많이 하기를 기대하지만, 제니스의 사례에서 볼수 있었듯이 지역사회에 대한 기여와 더 높은 연봉을 동시에 약속하는 조직이 있다면 기꺼이 옮겨가고자 하는 의지를 가지고 있는 것이다. 따라서, 조직이 지역사회에 대해 얼마나 많은 기여를 하고 있는지를 강조하지만, 경제적인 보상을 제대로 하지 않게 되면, 밀레니얼 세대의 관심을 끌어서 입사하고자 하는 마음을 불러일으키기란 어려운 일이 될 것이다.

경제적인 어려움에 관련된 경험은 밀레니얼 세대에게 장기적인 영향력을 미칠 수 있다

미국을 포함하여 많은 나라들이 2007년에 시작된 대규모 침체의 늪에서 많이 회복되고 있지만, 경제적인 어려움에서 살아야만 했던 경험의 후유증은 여전히 물리적, 심리적으로 사람들에게서 나타나고 있다. 그 시기에 사라졌던 많은 일자리는 다시 돌아오지 않았으며, 2000년대 중반에 큰 폭으로 성장했던 많은 기업들, 특히 금융계와 건설업계는 위축된 상태에 머무르고 있다. 장기적 실업률은 많은 나라들에서 매우 높은 수치를 나타내는데, 특히 밀레니얼 세대에서 그렇다. 많은 밀레니얼 세대들은 이와 같은 어려운 경제상황에서 사회인으로서의 첫발을 떼기 시작했고, 좋은 일자리를 찾기가 매우 힘들었다.

험난한 직업시장과 전세계적 저성장시대에 더하여, 대침체는 밀레니얼 세대에게 경제적 불안정과 불평등이라는 상황이 더 오랫동안 지속될 거라는 이야기를 해주었다(이 부분에 대해서 더 자세한 내용은 7장을 참고하기 바란다). 이와 같은 부정적인 상황은 대침체로 인해 겪은 경제적 상처와 함께, 이전보다 훨씬 더 경제적 웰빙에 대해 걱정하고 염려하게 되는 태도를 만들어내었다. 특히 밀레니얼 세대는 자신의 수입에 대해 걱정할만한 충분한 이유를 가지고 있다. 근거자료를 살펴보면, 밀레니얼 세대가 경제적 침체 시대에 사회로 발을 내딛었을 때, 이전에 경제상황이 안정적이었던 때와 비교해 보면, 자신의 삶을 혼자 꾸려가기가 훨씬 더 어려워지게 되었다. 그 결과, 오늘날의 밀레니얼 세대는 조직의 보상과 경제적으로 안정적인 삶을 사는 것에 대해 다소 지나치게 집착하게 되었다. 아마도 대공황시대의 어려움을 겪은 사람들 이래로 가장 경제적인 문제에 집착하게 된 세대가 아닐까 싶다.

밀레니얼 세대는 일을 잘하기를 원한다... 왜냐하면, 그들은 일과 사회적 비교 모두에 의해 동기부여되기 때문이다

1장에서, 우리는 밀레니얼 세대가 현금이나 명성과 같은 외적 보상보다는 일 그 자체에 의해 더 많이 동기부여된다고 이야기했었다. 밀레니얼 세대 중 81%는 경제적 보상이 자신에게 가장/매우 중요하다고 대답한 반면, 일을 통해 돈을 많이 벌 수 있기 때문에 일하면서 동기수준이 높아진다고 말한 수치는 29%밖에 되지 않았다.

밀레니얼 세대는 내적으로 동기부여되는 사람들이다. 그들은 돈에 관심이 많지만, 오직 돈 때문에 일을 하지는 않는다. 밀레니얼 세대가 일을 하는 이유는 일에서 흥미를 느끼고, 보상을 받을 수 있기 때문이다. 동시에, 그들은 수입에 대해 민감하게 반응한다. 왜냐하면, 경제적 수입이란 자신의 생계유지를 할 수 있게 해주고, 스스로 어느 정도 성장했는지의 척도가 될 수 있기 때문이다. 그리고, 일의 세계에서 자신의 발전정도와 현재 위치를 파악하는 것은 밀레니얼 세대에게 중요한 일이기 때문이다.

밀레니얼 세대가 대학을 졸업한다는 것은, 성적을 통해 자신이 얼마나 기대하는 바를 잘해냈는지를 볼 수 있었던 곳을 떠난다는 것을 의미한다. 따라서,

그들이 취직을 했을 때에도 조직에서 유사한 피드백을 받을 수 있기를 기대한다. 연말평가에서는 성과에 대한 피드백을 받을 수 있기는 하지만, 보상만큼 확실한 피드백은 많지 않다. 경제적인 보상은 해당 조직이 각 개인구성원의 가치를 어떻게 지각하고 있는지를 확실히 보여주는 척도가 된다. 모든 구성원들이 자신의 조직에 가치를 더하는 활동을 하지만(그렇지 않으면 더 이상 회사생활을 할 수가 없을 것이다), 어떤 사람들이 가지고 있는 스킬은 다른 동료들보다 조직의 생존에 있어 더 큰 의미를 가지고 있는 경우가 있다. 그래서 그 사람들은 더 중요한 존재로 인식되고, 다른 조직에서도 그들의 스킬을 탐내는 경우가 많기 때문에, 대부분의 경우 더 높은 연봉을 받게 된다.

밀레니얼 세대는 이러한 사실을 잘 알고 있기 때문에, 자신의 연봉을 잘 관찰하여 조직 내에서 어느 정도의 순위를 차지하는지를 파악한다. 그들은 보다 더 많은 연봉을 받는 동료들이 더 높은 직급을 차지하는 것을 알고 있다. 따라서, 밀레니얼 세대는 자신의 연봉과 다른 사람들의 연봉을 비교해보려는 행동을 종종 보이곤 한다.

조직 외부의 사람들과 비교해볼 때에는, 다른 사람들의 연봉체계에 대한 정보를 알 수 있는 웹사이트(그리고, 자신의 연봉수준에 대해 다른 사람들에게 익명으로 정보를 제공하기도 한다)를 주로 이용한다. 직업별, 조직별, 산업별로 다양한 정보를 구할 수 있다. 우리의 연구에 참여한 밀레니얼 세대의 60%는 이와 같은 사이트를 찾아본 적이 있다고 대답했다(기성세대 중에서 이런 경험이 있는 경우는 53%였다). 밀레니얼 세대는 상사들보다는 연봉에 대해 알아보기 위해서는 어떤 웹사이트들을 찾아봐야 하는지를 잘 알고 있었다(이 부분에 대해 더 자세히 알고 싶다면 4장과 5장을 참고하기 바란다).

사이버공간에서 정보를 찾고, 익명으로 정보를 교환하는 것에 더하여, 밀레니얼 세대는 다른 사람들과 자신의 연봉수준에 대해 직접적으로 대화를 나눈다. 누구에게도 연봉에 대해 이야기하지 않는다고 응답한 경우는 6%에 지나지 않았다. 즉, 전체 밀레니얼 세대의 94%는 누군가와는 자신의 연봉에 대해 이야기를 한다는 것이다. 부모(71%), 친구(47%), 배우자(배우자가 있는 경우의 96% : 그

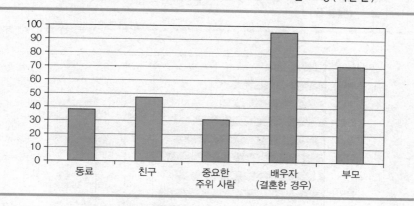

그래프 3.4 밀레니얼 세대가 자신의 연봉에 대해 이야기하는 대상(백분율)

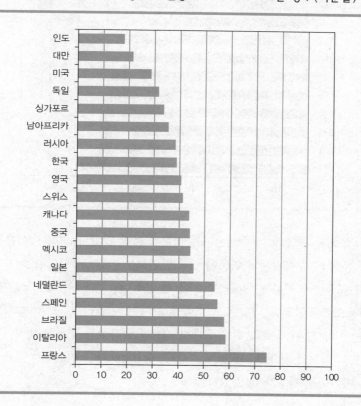

그래프 3.5 밀레니얼 세대가 동료와 연봉에 대해 이야기하는 경우(백분율)

그래프 3.6 부모세대보다 삶의 수준이 더 높아질 거라고 믿는 밀레니얼 세대의 수 (백분율)

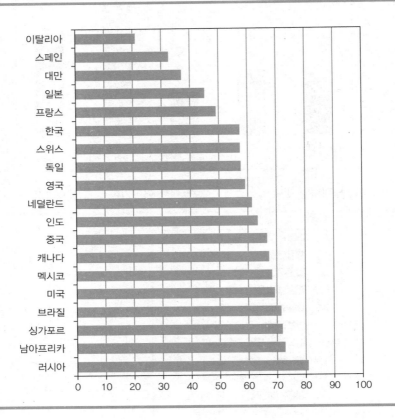

래프 3.4 참조)와 연봉에 대해 의논하는 경우가 가장 많았다. 50% 이상은 웹사이트를 통해 다른 사람들의 연봉에 대해 알아보는 반면, 50% 이하(38%)는 직접 동료들과 함께 연봉에 대해 이야기를 한다고 대답했다. 이러한 행동패턴은 전세계적으로 동일했다. 네덜란드, 스페인, 브라질, 이탈리아, 프랑스(그래프 3.5 참조)를 제외하고는, 동료와 연봉에 대한 정보를 공유하는 경우는 밀레니얼 세대 중 50% 이하인 것으로 나타났다. 그들은 동료들보다는 연령대가 높은 선배들과 이야기하는 경우가 더 많았다(부록 3.1 참조).

자신의 삶의 질이 부모세대보다 더 높아질 거라고 생각하는 밀레니얼 세대의 수(백분율)

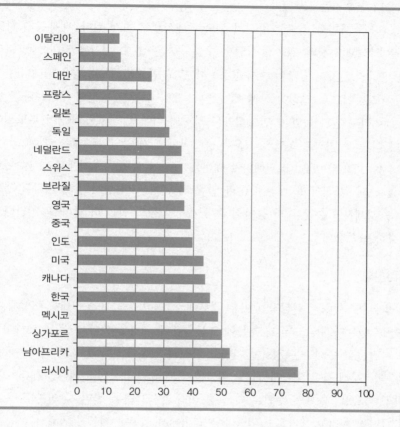

연봉수준을 다른 사람들과 비교해보는 것에 대하여, 밀레니얼 세대는 전반적으로(개인적인 삶과 일에서) 자신이 어떻게 하고 있는지에 대해 다른 사람들과 비교해보는 편이다. 많은 사람들이 이 사회적 비교작업을 하기 위해 페이스북과 같은 소셜 미디어를 활용해왔다. 즉, 밀레니얼 세대는 기성세대보다 행복도가 낮은 편이라고 말할 수 있다. 왜냐하면, 동료들과 자신의 삶을 소셜 미디어를 통해 너무나 명확하게 비교해볼 수 있기 때문이다.[14] 주로 자신과 비교해보는 대상은 대학 친구(73%)와 직장 동료(69%)인 것으로 파악되었다. 54%는 조직 외부의 전문적 영역 네트워크의 사람들과 비교를 하며, 일반 친구들과 비교한다고 응답한 수치는 51%였다.

또 다른 사회적 비교는 자신의 부모를 대상으로 하게 된다. 대부분의 사람들은 최소한 자신의 부모가 살았던 수준만큼은 살 수 있기를 기대한다. 그리고, 나라별로 차이가 많이 존재하기는 하지만(그래프 3.6 참조), 많은 밀레니얼 세대는(62%) 앞으로 자신이 살게 될 삶의 경제적 수준은 자신의 부모보다는 높을 것이라고 믿고 있었다. 안타깝게도 자신의 미래 삶의 질(quality)이 부모세대보다 더 높을 거라고 응답한 경우는 39%밖에 되지 않았다(그래프 3.7 참조). (부모세대와 비교해보았을 때) 밀레니얼 세대는 자신이 앞으로 조직에서 더 많은 요구를 받게 될 것이고, 개인적 삶과 일 간의 균형은 더 좋지 않을 거라고 생각하며, 경제적인 수준은 더 좋아질 수 있겠지만 삶의 질은 더 낮아질 것 같다고 생각하는 듯했다.

핵심사항

밀레니얼 세대는 현실적인 이유 때문에, 그리고 자신이 조직에서 어떻게 평가받고 있는지를 알고 싶기 때문에 연봉수준에 신경을 쓴다. 그들은 웹사이트에 사람들이 올려놓은 정보를 가지고 자신의 연봉과 비교해보고, 가족, 동료, 친구들로부터 들은 이야기들과도 비교를 해본다. 대부분의 밀레니얼 세대가 자신의 부모보다 경제적 수입은 더 높을 거라고 생각하는 반면, 삶의 질은 오히려 낮아질 거라고 생각하고 있었다. 커리어에서 성공을 거두기 위해서는 더 열심히, 더 긴 시간 동안 일해야 할 거라고 예측하는 모습을 보였다. 따라서, 조직들은 밀레니얼 세대에게 적절한 수준의 경제적 보상을 해주어야 하며, 그들이 다른 조직에 있는 사람들과 연봉수준을 비교하고 있다는 것을 인식해야 한다.

조직들은 어떤 기준에 의해 연봉금액이 정해지는지에 대해 숨기거나 왜곡된 정보를 제공해서는 안된다. 왜냐하면, 밀레니얼 세대는 그러한 상황을 민감하게 알아챌 것이기 때문이다.

밀레니얼 세대는 일을 잘할 수 있기를 바란다...
갚아야 할 빚이 있고, 지불해야 할 고지서가 걱정되기 때문이다

밀레니얼 세대가 경제적인 보상에 대해 매우 관심이 많은 첫 번째 이유는, 지불해야 할 고지서가 있기 때문이다. 어른이 되고, 부모의 곁을 떠나서 혼자 살기 위해서는 꽤 많은 돈이 필요하다.

빚은 대부분의 밀레니얼 세대의 어깨에 얹혀져 있는 무거운 부담이다.[15] 사실, 우리가 만났던 밀레니얼 세대의 46%는 경제적으로 갚아야 할 빚이 커리어 선택을 하는데에 직접적인 영향을 미쳤다고 이야기했다. 지금 이 시기에 본인에게 필요한 발전을 하기 위해, 또는 다소 불안정하기는 하지만 열정을 가지고 있는 일을 하기 위해 퇴사를 하는 것이 아니라, 많은 밀레니얼 세대는 그다지 좋아하지 않는 일을 계속한다. 월급을 받아서 빚을 갚아야 하기 때문이다. 우리와 이야기했던 많은 밀레니얼 세대들은, 지금 자신이 하고 있는 일이 꿈꾸던 직장은 아니지만, 연봉수준이 좋기 때문에 그만둘 생각이 없다고 말했다. 지금의 회사에 머물러 있으면 더 빨리 대출을 갚을 수 있고, 집을 사기 위해 더 많은

돈을 저축할 수 있으며, 데이트를 하며 삶을 즐길 수 있다는 이야기도 하였다.

미국의 학자금 대출

　미국에서, 밀레니얼 세대가 가장 많이 가지고 있는 유형의 빚은 학자금 대출이다. 2013년, 대학을 졸업하는 밀레니얼 세대의 69%가 갚아야 할 학자금 대출을 가지고 있었다.[16] 미국의 많은 밀레니얼 세대는 월급 중에서 단일 항목으로는 가장 큰 비용을 학자금 대출 상환금으로 사용하고 있었다. 따라서, 그들의 가장 큰 걱정은 월급을 받아서 매달 대출상환을 하고 난 다음에도 생활을 할 수 있을만큼 수입이 충분한지에 대한 것이다.

　미국인의 학자금 대출 금액이 얼마나 큰지에 대해 많은 논의가 이루어져왔지만, 여전히 빚은 전세계의 조직구성원들에게 영향을 미치고 있다(그래프 3.8 참조).[17] 이 그래프를 보면, 밀레니얼 세대의 직업과 커리어 선택에 있어서 빚이 얼마나 중요한지가 나라별로 다양한 차이를 나타낸다는 것을 알 수 있다. 스위스와 독일의 밀레니얼 세대에게는 커리어 선택을 하는데 있어서 빚이 그다지 중요한 영향을 미치지 않았지만, 싱가포르, 미국, 영국, 러시아, 스페인, 이탈리아, 프랑스의 밀레니얼 세대 대부분의 커리어 선택에 있어서, 빚은 영향력이 있었다. 캐나다, 인도, 남아프리카, 브라질, 대만, 중국에서는 50% 이상이 동일한 대답을 하였다.

　많은 가정에서, 주택 대출은 가장 큰 고민거리이다. 이제 갓 사회생활을 시작하고, 가정을 꾸리기 시작한 밀레니얼 세대는 주택 대출이 아직 없을 수도 있다. 하지만, 커리어 선택을 하는데 있어서 주택구입비용을 고려하지 않기는 어렵다.

학자금 대출을 갚아야 하거나, 그 외의 다른 빚이 커리어 선택에 영향
을 미쳤다고 이야기한 밀레니얼 세대의 수(백분율)

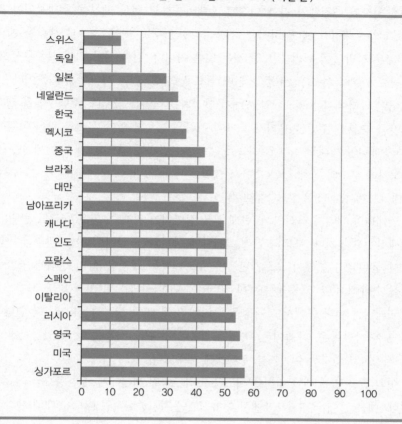

주택의 가격은 밀레니얼 세대 중에서 가장 나이가 많은 1980년생이 사회생
활을 시작했을 때쯤인 최근 15년 전부터 엄청나게 상승하였다. 주택 가격은 미
국에서만 오른 것이 아니다. 유럽에서도[18] 많은 나라의 밀레니얼 세대에게 큰
고민을 안겨줄만큼 올랐다(싱가포르와 홍콩에서는 예전부터 항상 큰 문제로 존재하
고 있었다).

어떤 나라에서는 미국의 밀레니얼 세대들보다 그 나라의 밀레니얼 세대가 주
택 구입을 하는 것 자체가 거의 불가능하기도 하다. 왜냐하면, 구입비용이 월

세 비용보다 엄청나게 높기 때문이다. 미국을 포함한 몇몇 나라들에서는, 2007년에 시작된 대침체와 함께 터졌던 주택버블붕괴 현상 때문에 주택구입이 조금 더 가능해지긴 했다. 하지만, 집을 살 수 있다고 해서, 갓 사회생활을 시작한 젊은 사람들이 어려움을 안 겪는 것은 아니다. 집을 사기 위해서는 우선 계약금도 있어야 하고, 신용등급에 대한 요구조건도 워낙 까다롭기 때문이다.[19]

어떤 나라에서는 밀레니얼 세대가 안정적인 직업을 찾거나, 주택구입을 생각할만큼 충분한 수입을 올리기가 아예 어려운 경우도 있다.[20] 이와 같은 상황에서, 밀레니얼 세대는 현재 주택을 살 수 있는 방법이 없으며, 계속 월세집을 전전하거나 부모와 함께 사는 것을 선택할 수밖에 없다. (부모와 함께 사는 밀레니얼 세대에 대해서는 2장을 참고하기 바란다.)

밀레니얼 세대가 자신의 첫 번째 집을 장만하기 위해 더 많은 대출을 받거나, 월세집에서 살거나, 부모와 함께 살거나에 상관없이, 갚아야 하는 대출금이 많아서 하루빨리 연봉이 오르기만을 학수고대하는 상황은 삶의 선택에 영향을 미칠 수밖에 없다. 그중에서 특히 커리어에 대한 선택에 말이다(그래프 3.8 참조).

밀레니얼 세대 중에서도 가정을 꾸리는 것에 대해 생각하는 조금 더 연령대가 높은 사람들은, 가족이 살수 있는 집을 사기 위해 저축을 할 수 있을지에 대해 걱정하고 있다는 이야기를 우리에게 해주었다.

이와 같은 빚에 대한 걱정은 새로운 조직구성원 세대에게 매우 중요한 이슈가 된다. 예를 들어 우리가 1장에서 이야기했던 자기중심적인 태도에 대해 생각해보자. 밀레니얼 세대의 90%는 일을 하는 방법에 있어서 더 많은 유연성을 가질 수 있기를 바란다고 이야기했다. 그런데, 대부분의 밀레니얼 세대는 어깨에 짊어지고 있는 대출에 대한 부담감 때문에 직업을 선택하는 데에 제약을 받고 있는 상황이다. 그래서 이들은 대출을 갚는 것에 대한 걱정을 하며, 더 열심히 일하면서도 유연성이 부족한 일터의 체계를 참아내고 있는 것이다. 예를 들어, 우리가 만났던 한 밀레니얼 세대는 현재 자신이 하고 있는 일을 좋아하지 않는다고 했고, (거의 1주당 55시간 이상을 지속적으로 일해야 하는) 근무시간도 마음에 들지 않는다고 이야기했다. 하지만, 그의 학자금 대출금액은 매우 컸다. 매달 갚아야 하는 학자금 대출금 비용은 엄청났기 때문에 차마 퇴사는 꿈도 꿀 수가 없었지만, 항상 경제적인 부담을 해결하면서도 지금보다 더 개인적인 삶을 누릴 수 있게 해주는 새로운 직장이 없을까 하고 계속해서 찾는 작업을 멈추지 않았다.

그렇다면, 우리가 2장에서 이야기했던 밀레니얼 세대의 인정욕구는 어떻게 볼 수 있을까? 높은 인정욕구를 가지게 된 숨은 이유들 중의 하나는, 밀레니얼 세대가 느끼는 경제적 불안정성 때문일 수도 있다. 매일 아침 출근했을 때, 생계를 어떻게 꾸려야 할지 걱정하고, 자신과 가족을 어떻게 부양할지에 대해 염려한다면 스트레스 수준이 높아질 수밖에 없다. 기성세대들에게도 그러한 스트레스가 없었던 것은 아니겠지만, 밀레니얼 세대에게는 훨씬 더 어려운 과제로 다가와 있는 상황이어서 도저히 피할 수 없다고 느껴지게 된다.

학자금 대출 현황

한 펀딩조직의 조사에 따르면, 2012년 영국에서는 907,200명의 학생들이 대학입학금을 마련하기 위해 대출을 받았다고 하며, 936,200명이 등록금을 내기 위해 대출을 받았다고 한다.[21] 이 수치가 높기는 하지만, 모든 대출들을 이야기한 것은 아닐 가능성이 높으므로, 대출을 가지고 있는 학생들의 수는 더 많을 것으로 생각된다. 일본의 한 조사에 따르면, 2011년에는 129만명의 중, 고등학교, 대학교, 대학원 학생들이 교육과정을 끝마치기 위해 대출을 받았다고 한다.[22]

핵심사항

밀레니얼 세대는 다른 기성세대 동료들과 마찬가지로, 신경써서 관리해야 할 지출비용들이 있다. 많은 사람들이 학자금 대출과 최소한의 생활비에 쓸 돈이 필요하다. 이와 같은 기본적인 경제적 니즈에 신경을 많이 쓰다보면, 집중력과 생산성이 떨어지는 것은 당연한 일이다. 따라서, 조직은 밀레니얼 세대가 적절하게 경제적 보상을 받아서, 대출과 고지서에 대해 걱정을 하느라 시간을 쓰지 않고 일에 집중할 수 있도록 조력을 해주는 것이 바람직할 것이다.

밀레니얼 세대는 일을 잘할 수 있기를 바란다...
왜냐하면, 그들은 은퇴 후 생활에 대해 걱정을 하고 있기 때문이다

밀레니얼 세대에게 은퇴라는 것은 아직 너무나 먼 일이기는 하지만, 많은 사람들이 그에 대해 생각을 하고 있다. 우리의 연구에 참여한 대다수는(55%) 56세에서 65세 사이에 은퇴를 하게 될 거라 믿고 있었다. 대부분의 경우 20-30년 후에나 일어날 일이지만, 은퇴후 수입에 대해 낙관적으로 생각하는 사람들은 별로 없었다. 밀레니얼 세대의 84%(기성세대의 89%)는 은퇴 후 삶을 꾸려나갈 수 있을만큼의 수입이 있을지에 대해 걱정하는 모습을 보였다. 우리가 만나서 이야기를 해본 밀레니얼 세대들은 은퇴 이후에 안정적으로 살수 있으려면 지금 많이 벌어놓아야 한다는 것을 명확하게 이해하고 있었다. 우리는 다음과 같은 이야기를 들었다.

지금 내가 더 많이 수입을 올릴수록, 더 많이 저금할 수 있겠죠. 더 일찍 저축을 시작한다면, 더 오랫동안 저축을 할 수 있을 거고, 은퇴 후 생활을 위해 더 많이 저금할 수 있을 거에요. 은퇴 후 생활에 대해 정부의 지원만을 기대하고 있을 순 없죠. 그러니까 지금 확실히 저축을 해놓아야 해요. 30년 후에 은퇴할 때 정부가 나에게 얼마나 지원해줄 것인지와 상관없이요. 가장 좋은 것은 지금 최대한 많이 저축을 해놓는 거에요. 하지만, 그러기 위해서는 먼저 충분한 돈을 벌어야 하죠.

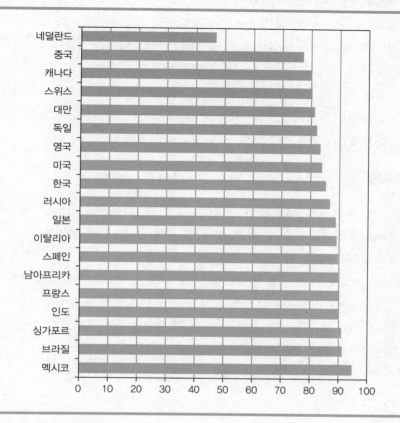

은퇴 후 경제적인 안정에 대해 이와 같이 걱정을 하는 태도는 네덜란드를 제외하고는(그래프 3.9 참조), 전세계의 밀레니얼 세대에게서 거의 공통적으로 나타났다. 대부분의 나라에서 밀레니얼 세대의 3/4 이상은 이와 같은 염려를 가지고 있었다. 물론 나라간에 차이는 있었다. 멕시코의 밀레니얼 세대는 이 문제에 대해 가장 많은 걱정을 하고 있었고, 네덜란드는 정반대의 모습을 나타냈다.

가장 놀라웠던 것은, 각 나라의 정부는 노년층을 위한 매우 다양한 연금 프로그램 정책을 가지고 있음에도 불구하고 모든 나라들에서 매우 유사한 패턴을 보였다는 것이었다.

밀레니얼 세대는 상당히 젊은 나이임에도 불구하고, 자신의 미래 삶이 가지게 될 경제적 안정성은 연금과 높은 연관성을 가지고 있다는 것을 이해하는 듯했다. 따라서, 어떤 조직들은 이러한 상황을 인식하고, 주요 은퇴 패키지가 가지고 있는 부족한 점을 채워주려 노력하고 있다. 미국에서 은퇴후의 경제적 안정을 돕기 위한 프로그램을 제공하는 조직에서 일하는 밀레니얼 세대는 추가적으로 은퇴생활을 위한 저축을 할 수 있는 혜택을 받고 있다.

핵심사항

아직 은퇴는 먼 미래의 일이긴 하지만, 전세계의 밀레니얼 세대는 은퇴했을 때 경제적인 안정을 누릴 수 있을 것인가에 대해 걱정을 매우 많이 하고 있다. 이 두려움 때문에, 그들은 연금 프로그램과 은퇴를 위한 저축에 대해 관심이 많다. 따라서 조직은 밀레니얼 세대에게 적절한 경제적 보상을 해야 하는 것에 더하여, 은퇴 후를 위해 저축을 하는 것을 도와줄 수 있는 방법이 있을지에 대해 대안을 마련할 필요가 있다. 은퇴생활을 위한 저축을 돕기 위한 프로그램을 제공하는 조직은 밀레니얼 세대의 이직률을 감소시킬 수 있을 것이다.

결론 : "가치관 공유"란 좋은 일을 하는 것만을 의미하는 것은 아니다

지금까지 살펴보았듯이, 많은 자료들은 밀레니얼 세대가 좋은 일을 하고 싶어하는 동시에, 일을 잘하고 싶어한다는 것을 보여준다. 밀레니얼 세대가 자신의 고용주와 함께 가치관을 공유하고 싶어하고, 고용주가 좋은 조직시민이기를 기대하는 것은 맞지만, 그렇다고 해서 그 가치만이 그들에게 유일하거나 가장 중요한 것이라는 말은 아니다. 따라서 밀레니얼 세대의 가치관을 존중하고 싶은 고용주라면, 경제적인 보상체계도 그들에게 중요한 이슈임을 인식하고, 그 니즈를 충족시켜주기 위한 노력을 할 필요가 있다.

그렇다면, 밀레니얼 세대는 지나칠 정도로 보상체계에 초점을 맞추고 있다는 의미일까? 대답은 당신이 인간이라는 존재가 어떠한 모습이어야 한다고 믿느냐에 따라 달라질 수 있다. 밀레니얼 세대는 모든 사람들과 마찬가지로 경제적인 보상에 관심이 있고, 그 걱정을 이해하고 함께 풀어주려고 노력하는 조직에서 일하고 싶어한다. 밀레니얼 세대에게 있어서 "나의 가치관을 공유한다"는 것은 전체적인 가치관을 의미하는 것이며, 그 가치관들 중에는 사회에 긍정적인 기여를 하고 싶은 욕구도 있고, 정당한 보상을 받고 싶다는 욕구도 포함되어 있는 것이다.

밀레니얼 세대가 좋은 일을 하고 싶어하는 동시에 일을 잘하고 싶어한다는 것을 전제할 때, 다음의 내용을 읽어보면 당신이 그들과 조금 더 효율적으로 일할 수 있게 도와줄 수 있는 행동전략 몇 가지를 얻을 수 있을 것이다. 당신이 팀구성원이거나 관리자이거나 리더이거나, 어떤 경우에도 해당될 수 있는 전략들이다.

밀레니얼 세대는 정말 얼마나 다른 존재들일까?

이 세상을 더 좋은 곳으로 만들기, 사회구성원을 위해 봉사하기, 인간사회에 기여하기는 밀레니얼 세대만큼 기성세대들에게도 중요한 이슈이다.

경제적인 보상도 마찬가지이다. 밀레니얼 세대보다 나이가 많은 구성원들은 동료, 친구, 부모들과 자신의 수입에 대해 이야기를 하는 경우가 드문 것이 사실이다. 하지만, 그들 또한 주위 사람들(특히 배우자)과 보상체계에 대해 이야기를 하고, 인터넷에서 정보를 찾아보고, 다른 사람들은 어느 정도 연봉을 받는지에 대해 참고자료를 알아보곤 한다. 밀레니얼 세대와 마찬가지로, 기성세대도 지불해야 할 고지서가 있고, 갚아야 할 대출이 있으며, 은퇴 후 생활을 위해 저축을 해야 하기 때문이다.

밀레니얼 세대와 같은 팀동료로서 일할 때의 제안

밀레니얼 세대는 일을 통해 자신이 일하고 있는 팀과 조직, 사회에 대해 기여하고 싶어한다. 따라서 기성세대 동료들은 이들의 일이 구체적으로 조직에 대해 어떤 기여를 할 수 있는지, 그리고 세상에 대해 더 큰 의미의 기여를 어떻게 할 수 있는지를 이해하는 과정을 도울 수 있을 것이다. 기성세대 팀 구성원들은 다양한 경험을 많이 해보았기 때문에, 자신의 일과 더 큰 세상과의 관계에 대해 더 잘 이해하고 있을 가능성이 높다. 이 관계에 대해 잘 알게 되면, 밀레니얼 세대는 자신의 일에 대한 열정을 높일 수 있을 것이다.

모든 사람 들은 어떤 세대이든 간에, 처음 조직에서 일을 시작할 때에는 높은 이상을 가지고 있으며, 그 이상이 실제로 이루어지기를 바란다는 사실을 기억할 필요가 있다. 젊은 나이에 사회로의 첫발을 내딛을 때, 그들은 실제로 조직의 기능들이 어떻게 이루어지는지를 잘 알지 못한다. 따라서, 일터에서 어떤 것을 만들어낼 수 있는지의 가능성과 더불어 한계점까지도 명확하게 이해하게 되면, 밀레니얼 세대는 조직구성원으로서의 초반 시기에 효과적으로 학습을 할 수 있게 될 것이다.[23]

당신은 '자신의 고용주는 이 세상을 더 좋은 곳으로 만드는 작업을 반드시 도울 수 있을 것'이라는 매우 긍정적인 생각을 하는 팀 구성원들을 만나게 될 것이다. 그러한 상황에서 팀동료로서 할 수 있는 최선의 행동은, 그들의 열정수준을 일부러 낮추지 않으면서도 밀레니얼 세대가 가지고 있는 이상을 실천할 수 있는 방법이 어떤 것인지를 파악하도록 돕는 것이라고 생각된다. 조직에서 지금까지 어떤 일이 진행되었는지를 알려주고, 현실적인 시각으로 보았을 때 자신의 이상적인 아이디어를 실현에 옮길 수 있는 방법이 무엇인지를 파악하도록 조력해주자. 시도해볼 수 있는 새로운 전략에 대한 현실적 시나리오를 짜보도록 지원하고, 특히 그들을 가장 효과적으로 도울 수 있는 의사결정권자에게 접근해서 원하는 바를 이룰 수 있도록 도움을 받을 수 있도록 조언해주자.

밀레니얼 세대의 관리에 대한 제안

1. 좋은 조직시민이 되자 – 하지만, 밀레니얼 세대로 하여금 조직의 시도가 경제적 보상체계나 기회제공의 부족함을 때우기 위한 임시적 방편으로 느껴지지 않도록 주의하자.

밀레니얼 세대는 우리 모두가 살고 있는 세상에 대해 긍정적으로 기여하는 조직의 한 부분이 되고 싶어한다. 좋은 조직시민이 된다는 것은, 지역사회와 밀레니얼 세대에 대한 조직의 이미지를 긍정적으로 강화하는 데에 도움이 될 수 있는 일이다. 그와 동시에, 좋은 조직시민이 된다고 해서, 적절한 보상체계나 성장 및 발전을 위한 기회 제공을 하지 않아도 된다는 의미가 아님을 기억해야 한다. 그건 아니다.

따라서, 관리자와 리더들은 좋은 일을 하고 싶고, 동시에 적절한 보상을 받고 싶은 구성원의 니즈에 초점을 맞출 필요가 있다. 시간과 에너지를 투자하여 – 이상적으로는, 이 과정에 구성원의 도움과 기여가 포함되는 것이 좋다 – 당신의 조직이 사회에 대해 긍정적인 기여를 할 수 있는 더 좋은 일자리를 만들 수 있는 방법이 어떤 것인지를 파악해보자. 또한, 구성원들이 자신의 힘든 일과 조직을 향한 기여에 대해 적절하게 보상을 받을 수 있도록 보상체계가 효율적으로 구성되어 있는지에 대해 시간과 노력을 들여서 점검해보길 바란다.

2. 밀레니얼 세대가 자원봉사, 외국근무 등의 방법들을 통해 사무실을 벗어나서, 더 큰 세상을 위해 기여할 수 있는 기회를 제공하자.

밀레니얼 세대는 사무실을 넘어서서, 더 큰 세상에 기여하고 싶어한다. 그들에게 개인적 흥미와 목표를 일과 통합할 수 있는 충분한 기회를 제공해주자. 업무의 흐름을 방해하지 않을 만한 적절한 기회 말이다. 어떤 사람에게는 소속된 회사의 후원 프로그램에 참여하여 지역사회에서 자원봉사를 하는 기회가 될 수 있을 것이다. 또 어떤 사람에게는 외국에서의 근무경험을 통해 이제까지 살아왔던 곳과 전혀 다른 세상을 볼 수 있는 기회를 의미하기도 한다. 어느 경우에나 잘 들어맞는 만능 해결책이란 존재하지 않는다. 그리고, 모든 사람들이 선호하는 기회를 만들어주기 위해 지나치게 고민할 필요도 없다. 하지만, 구성원들이 일을 통해 얻고 싶어하는 것을 제공해줄 수 있는 기회를 더 많이 제공해줄수록, 당신이 그들로부터 받게 되는 긍정적 반응은 커질 것임에 분명하다.

따라서, 관리자들은 구성원들이 사무실을 벗어나서 더 넓은 세상에 기여할 수 있는 기회를 최대한 많이 제공해줄 필요가 있다. 당신이 많은 대안을 가지고 있더라도, 구성원들은 모든 가능성에 대해 잘 알지 못할 가능성이 있다. 또한 그들이 사무실을 벗어나서 더 넓은 세상에서 일할 수 있는 핵심 업무기회를 주기 위해 당신이 얼마나 지원을 해줄 것인지에 대해 확신하지 못할 수도 있다.

조직이 후원하는 지역사회 활동에 참여하는 것에 대해 당신이 명확하게 승인하고 지원한다는 것을 구성원들이 잘 알지 못한다면, 참여하는 것을 망설일 수 있다. 그리고 기회가 주어진다고 해도, 구성원들은 그 기회가 자신의 원래 업무에 나쁜 영향을 미치지 않는다는 것을 확신해야만 참여할 것이다. 따라서, 당신의 아이디어가 구성원들에게 긍정적인 혜택을 주기 위함임을 명확하게 설명하고, 이 기회를 활용하게 되면 현재 맡고 있는 업무의 목표도 성공적으로 달성할 수 있음을 알 수 있도록 도와주자.

외국근무경험을 쌓을 수 있도록 하는 데 있어서 당신이 맡을 수 있는 역할은 더 크다. 많은 밀레니얼 세대들이 외국에서 일을 할 수 있는 기회를 갖고 싶어하지만, 대부분의 경우 실제 어떤 기회들이 있고 어떻게 하면 잡을 수 있을지에 대해서는 잘 알지 못한다. 그들은 어떤 대안들이 있는지를 파악하고, 그 일을 하면서 얻을 수 있는 혜택이 무엇인지에 대해 이해하는 데에 당신의 도움을 필요로 한다. 그리고, 현재 가능한 기회들의 실제 내역과 그들의 기대수준을 비교해보는 데에도 조력이 필요하다. 결국, 외국에서의 근무 기회란 겉으로 보는 것만큼 항상 화려하지는 않다. 그렇기 때문에, 밀레니얼 세대가 그러한 기회를 잡기 이전에 먼저 명확하게 내용을 이해하는 것이 매우 중요한 일이다.

3. 밀레니얼 세대가 만들어낸 가치있는 성과에 대해서는 적절한 보상을 해주고, 표준 보상 체계에 대해 이해할 수 있게 설명해주자. 그들에게 정보를 숨기려고 하는 태도는 바람직하지 않다.

보상에 대한 문제는 모든 구성원들에게 매우 중요하다. 더 이상 할 말이 없을 정도로 당연한 얘기다. 밀레니얼 세대도 예외가 될 리가 없다. 당신의 조직이 훌륭한 조직 시민으로서 사무실을 넘어선 더 큰 세상에 기여할 수 있는 기회를 많이 제공한다 해도, 여전히 보상 부분에 있어서는 구성원에게 적절한 대우를 해줄 필요가 있다.

보상체계에 있어서 뭔가 물밑작업을 하면서 성공적으로 정보들을 숨길 수 있을 거라 기대하지 않았으면 좋겠다. 밀레니얼 세대는 노동시장에서 자신이 어느 정도의 가치를 가지고 있는지에 대해 알아볼수 있는 방법을 기성세대들보다 훨씬 더 많이 가지고 있다. 그들은 다른 사람들과 자신의 연봉금액에 대해 자유롭게 정보를 교환하고, 온라인에서 제공되는 정보들을 찾아낼 수 있다. 충분한 경제적 보상을 하지 않거나, 보상체계에 대해 잘못된 정보를 제공한다는 것은 당신을 스스로 위험에 빠뜨리는 짓이다.

구성원들이 자신의 보상체계에 대해 만족하지 않는다는 것을 나타내는 신호가 있는지 세심하게 살펴보자. 당신은 구성원들의 연봉금액에 대해 그다지 많은 통제권을 가지고 있지 않을 수도 있지만, 뭔가 일이 잘못되어 가고 있다는 것을 알아챌 첫 번째 사람이 될 수는 있을 것이다. 보상에 대해 만족하지 않는다는 마음은 월급내역에 대해 불만을 토로하는 형태와 같이 명확히 드러나지 않는 경우도 많다.

대신에, 그들의 생산성이 떨어지거나, 몰입도가 낮아지거나, 겉으로 보기에 불행해보이는 등의 신호가 나타날 수 있다. 밀레니얼 세대 구성원들이 매일 일을 하기 위해 출근을 잘 한다고 해도, 모두 "점검해보아야 하는" 신호들이다.

HR은 대부분의 관리자들이 구성원에게 더 많은 보상을 할 수 있기를 바란다는 것을 알고 있다. 특히 연봉인상이 부서 내부 예산으로 해결이 안되는 경우에 말이다. 하지만, HR로서도 급변하고 있는 노동시장에서 구성원의 스킬에 대해 어느 정도의 평가를 해야 하는지에 대해 어려움을 겪을 수도 있다. 따라서, 당신이 구성원들을 민감하게 관찰해서, 자신이 받고 있는 보상이 부족하다는 생각을 가지고 있는 듯한 신호를 발견하게 되면 이상과 현실 간의 차이를 채울 수 있도록 HR에게 알려줄 필요가 있다. 이런 식으로 노력을 하다보면, 당신의 구성원들은 자신이 충분한 보상을 받도록 도와주기 위해 당신이 애쓰고 있는 것을 알아차릴 것이다.

4. 밀레니얼 세대가 경험하고 있는 현재의 경제적 압박을 파악하고 그에 잘 대처할 수 있도록 도와주자. 이때에는 어떤 대처방법들이 있는지를 알려주는 것이 필요하다.

밀레니얼 세대는 현재의 삶에서 자신이 마주하고 있는 경제적인 압박에 대한 걱정이 많다. 갚아야 할 학자금 대출이 있거나, 높은 비용의 주택관련 대출을 갚기 위해 애쓰고 있다거나, 삶의 수준을 높이기 위해 열심히 일하고 있든 간에, 그들은 모든 것을 잘해내야만 하는 자신의 상황에 대해 충분히 인식하고 있다. 많은 사람들은 은퇴 후에 어떻게 살아야 할지, 그리고 자신의 삶의 질이 부모 때보다 더 높아질 수 있을지에 대해 걱정하는 중이다. 당신이 현실적인 커리어 계획과 성장기회들을 통해 밀레니얼 세대가 경제적인 도전을 해결할 수 있도록 많이 도와준다면, 그들이 당신과 조직에 대해 느끼는 감사함은 더욱 커질 것이다.

구성원들이 경제적인 스트레스에 대한 신호를 보내는지 잘 살펴보자. 그들이 현재 적절한 경제적 보상을 받고 있는지를 확인하는 것도 한 방법이 될 것이다. 구성원의 연봉수준이 외부 노동시장에서 책정한 수준과 유사하다 해도, 생계를 유지하고 미래를 준비하는데 있어서 충분한 돈을 벌지 못한다는 압박을 많이 느끼고 있을 수 있다. 그렇다고 해서, 관리자로서 당신이 해야 할 일이 그들의 경제적 문제를 해결해주어야 하는 것은 아니다. 연봉수준이 적절하게 책정되어 있기만 하다면 말이다. 하지만, 당신의 구성원들이 일터 밖에서의 경제적 이슈로 스트레스를 받고 있는 상황이라면, 몰입과 사기의 수준이 감소될 것은 분명하다.

당신의 구성원들이 경제적인 스트레스를 받는 이유가 무엇인지를 파악할 수 있다면, 현재 상황을 고려해볼 때 장기적으로 어떻게 성공할 것인지에 대해 격려와 커리어에 대한 조언을 제공해줄 수 있을 것이다. 그리고, 당신이 구성원들의 상황을 잘 알 수 없더라도, 일과 관련없는 경제적인 문제가 오래 가고 있다는 짐작을 할 수 있을 때라면 공감적인 태도를 보여줄 수 있을 것이다.

구성원들은 당신이 자신을 조직이라는 기계의 나사가 아니라, 존중할만한 한 사람으로서 아끼고 있다는 것을 알게 될 것이기 때문에, 그들의 사기 및 몰입도와 생산성 향상을 위해 당신의 존재는 도움이 될 수 있을 것이다. 이러한 태도는 모든 구성원들에게 중요한 것이다.

꼭 기억해야 할 5가지

1. 밀레니얼 세대는 자신의 지역사회에 기여하기를 바란다.
2. 밀레니얼 세대는 자신의 일이 생계를 유지하는 도구 수준을 넘어서서, 의미있고 흥미있기를 바란다.
3. 밀레니얼 세대는 자신의 조직이 지역사회에 기여한다고 해서, 자신이 낮은 보수를 받아야 한다는 것을 이해하지 못한다.
4. 밀레니얼 세대는 경제적인 이슈로 고민하고 있고, 그 때문에 커리어와 직업 선택에 한계를 느끼기도 한다.
5. 밀레니얼 세대는 자신이 받아야 한다고 생각되는 연봉수준을 알아보고, 그에 대해 당신에게 이야기할 것이다. 당신이 그러한 대화를 불편하게 생각한다고 해도 말이다.

밀레니얼 세대의 특성과 그들이 원하는 것

밀레니얼 세대는 :
- 지역사회에 기여하기를 원한다.
- 사회적인 책임감이 있는 조직에서 일하기를 원한다.
- 글로벌 사고를 한다.
- 좋은 일을 한다는 것이 일을 잘하는 것보다 더 중요하다고 생각하지는 않는다.
- 일을 하고자 하는 동기수준이 높고, 충분한 보상을 받고 싶어한다.
- 생계를 유지하고 대출을 갚아야 하는 문제에 대해 걱정하고 있다.
- 은퇴 후 생활에 대해 염려하고 있다.
- 보상체계는 조직이 자신을 얼마나 가치있는 존재로 생각하는가를 보여주는 기준이라고 생각한다.

제4장

첨단기술 사용에 익숙하지만,
사람들과의 관계에 대한 욕구도 크다
High Tech and High Touch

제4장

첨단기술 사용에 익숙하지만,
사람들과의 관계에 대한 욕구도 크다
High Tech and High Touch

에릭(Eric)은 전문적 서비스를 제공하는 대규모 조직의 팀에서 일하고 있는 밀레니얼 세대이다. 그는 팀구성원들과 어울리는 것을 매우 좋아하기 때문에, 퇴근 후에 동료들과 함께 시간을 보낼 수 있는 기회라면 어떤 때라도 놓치지 않는다. 에릭은 첨단기술에 대한 관심도 많아서, 일할 때에는 항상 헤드폰을 쓰고 음악이나 팟캐스트를 듣는다. 또, 가장 최근에 나온 기기를 구입하고 최신 트렌드에 대해 이야기하기를 즐기며, 10피트 떨어져 있는 곳에 앉아 있는 사람에게도 그렇게 하는 것이 훨씬 더 재미있다는 말을 하면서, 문자로 이야기를 한다. 하루는, 오후 3시쯤 담당한 일을 다 끝내게 되어, 잠시 휴대폰으로 TV 프로그램을 보면서 휴식을 취하려고 했다. 일을 빨리 마무리했으니까 쉬는 것이 문제가 될 것이 없다고 생각한 것이다. TV 프로그램을 반쯤 보았을 때, 상사가 에릭의 뒤에 나타나서 지금 뭐하고 있는 거냐고 물었다. 그는 일을 다 끝냈기 때문에, 잠시 휴식을 취하기 위해 TV 프로그램을 보고 있다고 설명했다. 상사는 깊은 한숨을 쉬고(마음을 가라앉히기 위해) 이런 이야기를 해주었다. (1) 직장에서 TV 프로그램을 보는 것은 허용되지 않는다 (2) 일을 끝냈다면, 팀동료들에게 가서 무엇인가 도와줄 것이 없는지 물어봐야 한다. 그는 어쨌든 팀의 구성원이기 때문이다. 에릭은 그렇게 생각하지 않았다. 그의 생각에, 자신이 맡은 일을 끝냈다면, 할 일은 다 했다는 것이었다. 이런 지적을 받은 후, 에릭은 팀동료들이 자신에게 대해 좋지 않게 생각할까봐 걱정이 되었다. 동료를 도와줄 마음이 없는 사람으로 생각할까봐 말이다. 그래서, 바로 일어나서 사람들을 도와주기 시작했다. 그리고 일이 끝난 다음에는 모든 사람들에게 음료수를 선물하였다.

에릭은 첨단기술을 좋아한다. 무엇인가 찾을 필요가 있을 때에는 바로 첨단기기를 이용한다. 하지만, 그와 동시에 자신과 함께 일하고 있는 사람들을 정말 많이 아낀다. 밀레니얼 세대는 첨단기술을 사랑하는가? 그렇다. 그들은 새로운 기기와 최신 앱을 가지고 싶어한다. 밀레니얼 세대는 효율적이라고 생각하기 때문에 대부분의 대화를 온라인에서 한다.

그렇다면, 첨단기술로 사람들과의 접촉을 대체하기를 원하는가? 그렇지 않다. 밀레니얼 세대가 함께 일하고 있는 동료들은 그들에게 매우 중요한 존재이며, 일터에서의 경험을 쌓는데 있어서 빠져서는 안될 요소이다.

밀레니얼 세대는 첨단기술을 좋아하고, 모든 첨단 장난감을 갖기를 원한다. 정말 그런가?

> 일하러 왔을 때 회사에서 아이패드를 준다면 좋아할 것 같냐구요? 당연하죠!
>
> – 어떤 밀레니얼 세대 구성원

그렇다. 밀레니얼 세대는 첨단기술 장난감을 좋아한다. 신상품이라면 무엇이든지 선호할 것이다. 최신 하드웨어와 소프트웨어에 관심이 많다. 퓨 리서치 센터(Pew Research Center)에서 진행한 2010년 보고서를 보면, 그들은 소셜 네트워크에 자신의 프로필을 올려놓고 있고, 자기자신을 찍은 동영상을 인터넷에 업로드하며, 트위터를 사용하고, 문자메시지를 활용하는 경우가 기성세대보다 높은 것으로 나타났다.[1] 이 보고서에서는 밀레니얼 세대의 74%가 새로운 첨단기술은 인생을 더 살기 편하게 만들거라 생각한다고 주장했다.[2]

밀레니얼 세대가 이렇게까지 첨단기술을 사랑하는 이유는 무엇일까? 그들은 첨단기술을 활용하는 것이 편하기 때문이다. 밀레니얼 세대는 첨단기술과 함께 성장했고, 그 어떤 세대들보다 더 빠른 시기에 첨단기술 활용방법을 익혔다. 그들은 첨단기술을 통해 친구를 사귀고 유지한다. 최신의 멋진 첨단기술을 이용한 장난감을 가지게 됨으로써 또래 사회집단에서의 높은 위치를 획득할 수 있다. 첨단기술 활용에 대한 능숙함은 일터에서의 높은 위치도 제공해줄 수 있다 (기성세대 동료가 20대 구성원에게 컴퓨터 사용법에 대해 도와달라고 하는 장면을 몇 번이나 본 적이 있는지 생각해보자). 하지만, 밀레니얼 세대가 일터에서 첨단기술의 활용을 사랑하는 가장 큰 이유는, 귀찮은 일을 줄여주고 시간을 벌어주기 때문이라고 우리는 생각한다.

밀레니얼 세대는 첨단기술 사용에 능숙하다… 그들은 첨단기술이 힘들고 단조로운 일들을 줄여주며 시간을 벌어준다고 생각한다

밀레니얼 세대는 지루한 일을 하기 싫어한다고 했던 1장의 내용을 기억해보자. 그들이 첨단기술을 사랑하는 일부 이유는, 귀찮고 흥미없어서 하기 싫은 일들을 줄여주기 때문이다. 퓨 리서치 센터의 2010년 보고서에 따르면, 밀레니얼 세대 중 50%는 새로운 첨단기술이 더 효과적으로 시간을 활용할 수 있도록 도와준다고 믿는 것으로 나타났다.[3]

많은 밀레니얼 세대들은 자신이 하고 싶어하지 않는 일을 해결해주는 첨단기술 해결책은 꽤 많이 있다고 믿는 편이다.

농담 한 마디

전구를 가는데 몇 명의 밀레니얼 세대가 필요할까요?

글쎄요 – 그들은 전구 가는 방법을 알려주는 앱을 아직도 찾고 있군요.

어떤 경우, 밀레니얼 세대는 그들의 첨단기술을 활용한 "해결책"이 실제로 다른 사람의 업무량을 늘려줄 수도 있다는 것을 잘 알지 못한다. 밀레니얼 세대는 이미 그 시스템 이용 방법을 파악하고 있기 때문에 일을 덜 할 수 있지만, 그 시스템을 모르는 사람이나 그 시스템을 설치해야 하는 사람은 일을 더 해야 하는 것이다.

1장에서 이야기했던 밀레니얼 세대와 그 상사의 사례를 기억해보자. 상사는 밀레니얼 세대가 자신에게 전자문서에서 맞춤법 검사를 해줄 것을 기대하는 태도를 이해하지 못했었다. 밀레니얼 세대는 우리에게 워드파일로 보고서를 만들었고, 직속 상사에게 리뷰를 부탁하며 메일을 전송했다고 말해주었다. 모니터에서 리뷰를 하고 다시 파일을 돌려보내서, 맞춤법을 고치고 내용을 수정할 수 있도록 파일상에 메모를 붙인 것이 아니라, 상사는 문서를 출력해서 빈 칸에 손으로 수정사항을 적은 것을 돌려주었다. 이러한 수정작업은 끝없는 반복작업을 불러일으키고, 그러다보니 밀레니얼 세대는 이와 같은 과정은 불필요한 시간 낭비라는 생각을 하게 된 것이다.

밀레니얼 세대는 이와 같은 작업을 하게 되면 본인이 단순한 옮겨쓰기를 하는 로봇이 된 것 같다는 이야기를 했다. 물론 그 작업을 할 수 있기는 하지만, 리뷰를 하는 사람이 직접 내용 수정을 할 수 있는 상황이라면, 시간과 (조직 자원)을 낭비하는 일이라는 생각이 든다는 것이다. 또한, 누가 적어놓은 것을 옮겨쓰는 일은 지루하게 느껴진다. 전자문서에서 직접 편집작업을 하고, 최종 성과물의 품질을 높이기 위해 수정보완작업을 하는 것이 더 재미있게 느껴진다는 것이다.

이러한 매뉴얼 프로세스를 따라가려면 정말 시간이 많이 든다. 왜 이런 상황이 벌어지는 것일까? 직접 문서를 출력해서 종이에 수정사항을 적는다는 기성세대와 이 문제에 대해 이야기를 해보았더니, 그들은 파일에서 직접 수정작업을 하는 것을 좋아하지 않는다는 대답을 해주었다.

상사들도 알고 있다고 했다. 자신이 파일에서 직접 메모 작업을 하게 되면 밀레니얼 세대 구성원의 시간을 절약해줄 수 있다는 것을 말이다. 하지만, 그들은 종이에 출력을 해서 메모를 하는 것에 익숙해져 있기 때문에, 그렇게 작업하면 더 빨리 할 수 있다고 대답했다. 또한, 파일에서 직접 작업을 하는 것이 까다롭고 더 사용하기가 어렵다고 이야기하기도 했다.

밀레니얼 세대의 시간을 절약해주거나, 그들이 지루한 일을 하지 않도록 돕는 것이 상사들에게 우선순위는 아니었던 것 같다. 솔직히 상사들의 시간은(경제적으로 보았을 때) 평균적으로 밀레니얼 세대 구성원의 시간에 대해 평가하는 가치보다는 몇 배 더 높은 가치를 가지기는 한다. 따라서, 종이출력물에서 메모를 하면서 상사의 시간이 절약된다면, 그러한 일이 반복되게 되는 것이다. 상사나 밀레니얼 세대나 최대한 많은 시간을 절약해주기 때문에 선호하는 방법이 있고, 가장 즐겁게 일을 할 수 있는 방법도 가지고 있다. 그리고 대부분의 조직들에서 일어나는 일이지만, 가장 큰 권력을 가지고 있는 사람이 규정을 만들고, 다른 사람들은 그 규정을 따르게 된다.

밀레니얼 세대가 일을 하는데 있어서 힘든 과정을 최대한 줄이려고 하는 것을 알아챘다면, 그들이 첨단기술을 자동적으로 이용하게 되는 태도는 자연스럽게 이해가 갈 것이다. 그들은 지금 이 순간에 가장 효율적인 방법이 무엇인지를 판단하고, 그에 따라 이메일, 메신저나 문자메시지를 이용한다. 우리가 가장 효율적이라고 하는 것의 의미는 "필요한 일을 신속하게 처리한다"를 가리킨다. 밀레니얼 세대는 다른 사람에 의해 자신의 시간이 낭비되는 것을 싫어한다는 것을 기억하자. (스스로 시간을 낭비하기로 결정했다면 상관없다. 그것은 그들의 선택이고, 누군가에 의해 강제된 것이 아니기 때문이다.)

이러한 태도는 밀레니얼 세대가 자원봉사를 할 때에도 마찬가지로 적용된다.[4] 어치브에서 자원봉사자들을 대상으로 조사해본 결과에 따르면, 봉사업무를 할 때 시간이 쓸데없이 낭비되는 것이 가장 싫다고 말한 사람들이 69%였고, 47%는 온라인교육이나 집단교육으로도 충분히 진행할 수 있는 훈련을 1대1로 받아야 할 때 불편감을 느낀다고 대답했다.[5]

밀레니얼 세대는 가장 효율적이고 자신의 니즈를 가장 잘 충족시킬 수 있는 방법으로 일하기를 좋아하는데, 대부분의 경우 첨단기술을 활용하고 싶어한다. 하지만 이런 현상은 밀레니얼 세대에게만 특별한 것은 아니다. 모든 사람들은 자신에게 가장 손쉬운 방법을 사용하고 싶어한다. 어떤 고객은 이메일보다는 전화통화를 더 선호하는데, 밀레니얼 세대 구성원은 이러한 특성을 파악하지 못하고 자신에게 가장 효율적이라고 생각되는 이메일을 보낼 수 있는 것이다. 유사하게, 밀레니얼 세대의 상사는 성과 피드백이나 보상체계에 대한 핵심적인 정보를 온라인으로 전달하고 싶어하지만, 밀레니얼 세대는 직접 대면해서 듣고 싶을 수도 있다(이 부분에 대해서는 뒤에서 더 자세히 이야기해보도록 하자).

어쨌든, 밀레니얼 세대가 첨단기술을 선호하는 것은 맞는 이야기이다. 그들은 첨단기술에 대해 흥미로워하고, 기술을 활용하게 되면 더 신속하고 손쉽게 일을 할 수 있기 때문에 일을 할 때 첨단기술을 이용하고 싶어한다.

핵심사항

밀레니얼 세대는 첨단기술을 좋아하는 편이고, 일을 할 때 불필요하게 힘든 부분을 줄이기 위해 기술을 활용한다. 따라서, 관리자들은 밀레니얼 세대와 의논해서 최대한 지루한 일을 피할 수 있는 방법이 있을지에 대해 해결책을 찾아볼 수 있다(그러한 해결책이 존재하기만 한다면). 또한 관리자들은 밀레니얼 세대가 선호하는 해결책이 흥미없는 일을 다른 구성원에게 밀어버리는 결과만 낳게 되는 것이라면, 그럼으로써 어떤 문제가 생길 수 있는지에 대해 설명을 해주어야 한다. 어쨌든 불필요하게 힘들고 지루한 일들을 감소시킬 수 있는 해결책이 발견된다면 조직과 모든 구성원들이 혜택을 받을 수 있는 일이기 때문이다.

밀레니얼 세대는 첨단기술을 잘 활용한다... 그들은 사이버세계에서 친구관계를 유지한다

아마 밀레니얼 세대에 대해 가장 과장되어 있는 선입견은 그들이 인터넷과 소셜 네트워크에 대한 집착도가 너무나 커서, 모든 인간관계를 그 방법으로만 맺는다는 생각일 것이다. 당연히 이러한 생각은 진실이 아니다. 대부분의 밀레니얼 세대들은 온라인상의 상호작용뿐 아니라 문자와 이메일, 메신저도 사용하고, 직접 얼굴을 보고 만나기도 한다. 하지만, 퓨 리서치 센터의 2010년 연구를 보면, 미국에 살고 있는 대부분의 밀레니얼 세대는[6] 새로운 첨단기술을 익히게 되면 친구 및 가족들과 더 가깝게 지낼 수 있다고 믿는 것으로 나타났다.[7]

밀레니얼 세대는 친구들과 어울릴 때 다양한 방법들을 사용한다. 친구들을 직접 만나는데 시간을 사용하고 싶어하기도 하지만, 온라인상으로만 상호작용을 하는 사람들도 친구라고 말하는 경우가 많다. 외국에서 일을 하거나 생활을 하는 경우가 증가하면서, 친구와 가족들로부터 멀리 떨어져서 사는 사람들도 많아지고 있다. 우리가 이야기해본 전세계의 밀레니얼 세대들은 인터넷으로 친구들과 상호작용을 한다고 해서, 그러한 방법만 이용하는 것은 아니라고 대답했다. 바쁘기 때문에 온라인으로만 이야기를 하는 것이 아니다. 친구들 가까이에 살지 못하는 상황도 한몫 하고 있는 것이다.

대학 졸업 후, 밀레니얼 세대의 많은 친구들은 일을 하기 위해, 또는 가족 때문에 다른 지역으로 옮겨간 경우가 많았기 때문에, 그들과 계속 가깝게 지내고 싶어서 온라인을 활용한다는 대답이 많았다. 어떤 응답자들은 외국에서 사귄 친구들과의 관계를 유지하는 데 있어서 첨단기술이 특히 도움이 된다는 이야기도 해주었다. 밀레니얼 세대 중에는 외국에서 한 학기나 1년을 보내고 온 사람들이 많기 때문에, 귀국을 한 후에도 외국 친구들과의 관계를 유지하고 싶은 경우가 종종 있었다.

밀레니얼 세대는 다양한 친구들과의 네트워크를 유지하기 위해 첨단기술을 활용해야 하는 현실에 적응해왔다. 페이스북, 이메일, 문자메시지, 인스타그램, 스카이프 등은 멀리 떨어져 있는 친구들과의 관계를 지속해나갈 수 있게 도와준다. 밀레니얼 세대는 자주 만나지 않는 친구들과 연락할 때에는 전화나 이메

그래프 4.1 자주 만나지 않는 친구들과의 관계 유지를 위해 선택하는 커뮤니케이션 방법의 수(백분율)

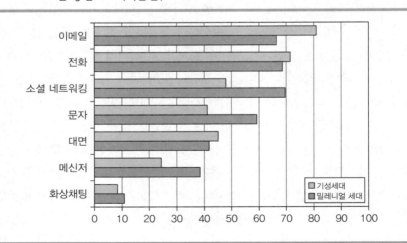

사이버공간만을 통해 상호작용을 하는 친구를 가진 밀레니얼 세대의 수(백분율)

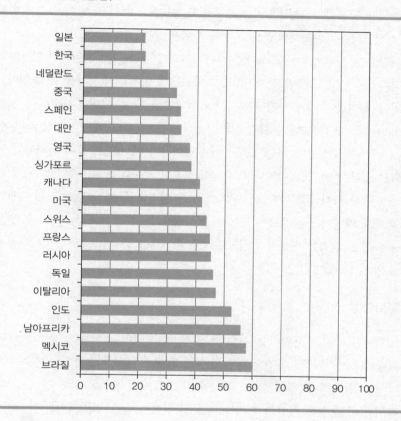

일, 문자메시지를 더 선호한다고 대답했다(그래프 4.1 참조).

    밀레니얼 세대는 어떤 사회적 관계는 거의 사이버공간만을 이용해서 관계유지를 한다고 보고하기도 했다. 29%는 직접 만나지 않고 온라인을 통해서 사귀게 된 친구가 있다고 대답한 반면, 밀레니얼 세대의 42%는 사이버공간에서만 상호작용을 하는 친구가 있다고 응답했다. 그래프 4.2를 보면, 전세계 밀레니얼 세대가 친구에 대해 어떻게 생각을 하고 있는지를 알 수 있다. 그렇다고 해서, 모든 밀레니얼 세대가 사이버공간만을 통해 만나는 친구가 적어도 한 명 이상 있을 거라고 생각하지는 않는다. 수치는 나라별로 다양하게 나타났다.

한국과 일본은 가장 낮은 수치를 보였고, 브라질, 멕시코, 남아프리카, 인도가 가장 높은 수치를 나타냈다. 북미와 유럽은 중간 정도였다.

어떤 사람들은 밀레니얼 세대가 사람들과의 관계를 그다지 원하지 않는다고 주장하기도 한다. 그들은 전자기기를 쳐다보는데 대부분의 시간을 쓰고 있다고 말이다. 하지만 우리가 밀레니얼 세대와 인터뷰를 할 때 보면 휴대폰을 열심히 보고 있기는 했지만, 다른 사람들과 상호작용을 하는 모습도 자주 볼 수 있다. 문제는 상호작용을 하는 플랫폼이 무엇이냐가 아니라, 그들이 사람들과 연결되고 싶다는 마음을 가진다는 사실이 중요한 것이다. 밀레니얼 세대에게 있어서는 다른 사람들과 의미있는 관계를 맺는 방법으로 쓸 수 있는 것이 대면만남 외에도 다양하게 존재하는 것이다. 직접 만나는 것 외에도 온라인으로 관계를 유지하는 방법을 배웠더니 친구범위가 줄어드는 것이 아니라 늘어나더라는 것을 알게 된 것이다!

핵심사항

밀레니얼 세대는 사랑하는 사람들로부터 멀리 떨어져 사는 것에 익숙하다. 그러다보니 사이버공간을 이용하여 손쉽게 관계를 유지하는 방법을 배우게 되었다. 이러한 능력은 장기적으로 보았을 때 그들에게 유리한 것이 될 수 있다. 조직은 날이 갈수록 다양한 형태를 띠게 될 것이기 때문이다. 조직은 물리적으로 떨어져 있는 지역에서 일을 해야 하는 경우, 사이버공간을 통해 관계를 관리하고 유지할 수 있는 밀레니얼 세대의 능력을 평가해보는 것이 바람직하다.

밀레니얼 세대는 첨단기술 활용에 익숙하다... 그들은 기술에 너무 많이 의존하고 있다!

세계 각국에서 인터뷰를 진행하면서, 우리는 밀레니얼 세대가 기술적으로 얼

딜버트 ⓒ 2011 스코트 아담스(Scott Adams), UNIVERSAL UCLICK의 허가하에 게재함.
저작권 보유.

마나 앞서가고 있는지에 대해 많은 이야기를 들었다. 대부분의 경우, 그 안에 포함된 내용은 그들이 첨단기술에 너무 많이 의존한다는 것이었다. 우리가 들었던 이야기들은 다음과 같다.

– 밀레니얼 세대는 같은 방에 있는 동료에게 큰 소리로 물어보기보다는, 메신저로 질문을 하는 것을 선택한다.
– 밀레니얼 세대는 고객에게 전화를 걸기보다는 이메일을 보낸다.
– 밀레니얼 세대는 그리 멀지 않은 곳에 있는 사무실로 걸어가기보다는, 이메일을 통해 긴 내용의 질문을 보내기를 선호한다.
– 혼란에 빠져 있는 사람과 직접 만나서 이야기를 하면 훨씬 더 문제를 신속하게 해결할 수 있는 상황에서도, 밀레니얼 세대는 지속적으로 전자기기를 통해 응답을 하려고 한다.

여기에서 기성세대(특히 X세대) 또한 다양한 첨단기술들을 활용하고 있다는 것, 때로는 지나치게 많이 사용하고 있다는 것을 짚고 넘어가는 것이 중요할 것 같다. (그냥 직접 전달해주거나, 전화를 하는 것이 더 나았을 상황에서, 밀레니얼 세대보다 나이가 더 많은 세대로부터 정말 긴 이메일을 받고 황당해했던 때가 몇 번이나 있었는지 기억해보자.) 세대간 차이는 활용되는 첨단기술의 유형에서 더 많이 나타난다.

특히, 사회적 관계를 맺을 때 사용하는 기술에서 말이다.[8]

밀레니얼 세대는 소셜 네트워킹, 문자, 메신저와 같이 최근에 나온 첨단기술을 통해, 자주 만나지 못하는 친구들과 관계를 유지하려는 경향성이 높다(표 4.1 참조). 기성세대는 이메일을 사용하는 경우가 많다. 사실, 직접 만나거나 전화를 통해 이야기하는 경우보다 이메일 활용률이 더 높았다.

우리는 표 4.1에서 나타난 차이점이 기성세대의 첨단기술 공포증을 보여준다고 생각하지는 않는다. 기성세대는 이메일이 가장 최근에 나타난 매력적인 첨단기술이었던 때에 성인기를 맞이해서, 그들의 선배들보다 훨씬 더 신속하게 새로운 기술을 익혔다. 그들은 이메일을 주로 활용하면서 동료들과 장기적인 친목을 도모하고, 상호작용을 하는 패턴을 만들었다. 그리고, 그러한 행동패턴은 오늘날까지 이어지고 있다. 이러한 패턴이 앞으로도 계속된다고 전제할 때, 밀레니얼 세대도 20대 때에 익혔던 첨단기술의 유형을 계속 사용하게 될 것이고, 더 새로운 기술이 나타난다 해도 쉽게 받아들이려 하지 않을 수도 있을 듯하다.

표 4.1에서 보여지는 차이점은 일터에서의 첨단기술 사용에 대한 세대간의 갈등에 대해 또 다른 설명을 해줄 수 있을 것 같다. 밀레니얼 세대는 일터 밖에서의 사회적 관계를 유지하기 위해 다양한 기술 유형들을 정말 편안하게 사용한다. 그래서, 일터에서의 동료 관계를 유지하는 데에도 동일한 기술들을 사용하려 하고, 그 기술을 사용할 수 있게 해달라고 요청할 가능성이 높다. 기성세대는 이메일과 전화통화를 하는데에 더 익숙하고, 소셜 네트워크나 문자메시지를 쓰는 것을 젊은 세대만큼 편안하게 느끼지는 않는다. 따라서, 그들은 이와 가은 첨단기술을 일터에서 활용하는 것이 발전하는 것이라고 생각하기보다는, 자신이 선호하는 기술을 쓰지 못하게 되는 것이라고 생각하며, 새로운 기술을 배우는 것을 주저할 수 있다. 하지만, 밀레니얼 세대는 끊임없이 자신들이 선호하는 첨단기술의 사용을 주장할 것이다.

핵심사항

밀레니얼 세대는 기성세대 동료들과 비슷한 정도로 첨단기술을 활용한다. 다만, 각 세대들이 선호하는 기술 유형이 다를 뿐이다. 또한 밀레니얼 세대는 현재 조직에서 그다지 많이 사용되지는 않고 있는 최첨단 기술 시스템을 선호하는 경우가 많다. 이러한 태도 때문에 효과적인 소통 능력이 제대로 발휘되고 있지 못한 상황이라면, 현재 조직에서 주로 사용되고 있는 기술도 익힐 수 있도록 도와주어서 그들이 성공적인 조직생활을 할 수 있도록 하자. 효율적인 소통을 할 수 있도록 해주는 새로운 커뮤니케이션 방법을 찾아내기 위해 밀레니얼 세대들은 기술 시스템에 매우 관심이 많은데, 이 관심을 현명하게 조율할 필요가 있겠다.

밀레니얼 세대는 첨단기술을 좋아한다... 하지만, 관계도 그만큼 중요하게 여긴다

밀레니얼 세대가 시간을 효율적으로 사용하고, 선호하는 첨단기술 유형을 사용하기를 원하는 반면, 그들은 사람들과의 관계를 맺는 것에 큰 가치를 두고 있다. 그리고, 전자매체를 통한 소통이 불충분한 정보를 줄 수 있다는 것도 인식하고 있다. 밀레니얼 세대에게 일터에서의 동료, 팀구성원, 상사와 관계를 맺는 것은, 일에 대해 어떻게 느끼고 있는가 만큼 중요한 것이다.

밀레니얼 세대는 관계에 대한 욕구가 크다... 대부분의 경우, 그들은 대면소통을 더 선호한다

우리가 밀레니얼 세대에 대해 자주 들어왔던 불평들은, 그들이 효과적으로 서로를 이해하고 상호작용하는데 있어서, 비언어적 소통의 중요성을 이해하지 못한다는 것이었다. 우리는 직접 누군가를 만나서 이야기를 해야 하는 상황에서 온라인 매체를 사용해서 소통을 했던 밀레니얼 세대에 대해 너무나 많은 이야기를 들었다. 이러한 행동은 대면소통보다는 온라인 소통을 선호하는 밀레니얼 세대의 특성을 보여주는 것으로 해석되었다. 하지만, 우리의 연구자료에서는 이러한 행동유형이 밀레니얼 세대가 온라인 커뮤니케이션을 선호한다는 의미가 아니라는 근거가 나타났다. 아마도 밀레니얼 세대는 이러한 소통이 그렇게 중요한 것은 아니라고 판단했기 때문에, 온라인으로 소통을 해도 괜찮다고 생각하는 듯하다.

우리는 연구를 통해, 밀레니얼 세대는 실제로 다른 형태보다 대면 소통을 선호한다는 것을 발견할 수 있었다. 인터뷰를 해보니, 밀레니얼 세대는 첨단기술을 매개체로 한 소통보다는, 직접 만나서 상호작용을 할 때 더 큰 영향력을 줄수 있고 자신에 대해 더 좋은 정보를 줄 수 있다는 것을 명확하게 인식하고 있었다. 표 4.1의 자료를 보면, 조직에서 어떤 직급에 있는 동료와 이야기를 하든지, 대면 소통을 가장 중요하게 생각하면서 행동한다는 것을 쉽게 알 수 있을 것이다.

후배, 동료, 상사 중 그 누구와 이야기를 하더라도, 밀레니얼 세대의 3/4은 대면소통을 선호한다는 응답을 하였다. 인터뷰와 포커스 그룹을 진행해보니, 대면소통이 그들이 선호하는 유형임이 분명했지만, 밀레니얼 세대가 항상 그렇게 행동을 하는 것은 아니었다. 사람들과 소통을 하는 방법을 정해야 할 때,

표 4.1 **밀레니얼 세대가 동료들과 소통을 할 때 선호하는 방법**

밀레니얼 세대가 첫 번째로 선택하는 소통 유형	후배 대상	동료 대상	상사 대상
대면	78%	79%	75%
전화	7%	5%	6%
이메일	9%	5%	16%
메신저	6%	10%	3%
문자	0%	0%	0%
소셜 네트워크	0%	0%	0%
화상채팅	0%	0%	0%

그들은 현재 상황의 중요성과 편리성 간에 균형을 잡는다는 이야기를 하였다. 대면소통이 온라인 소통보다 훨씬 더 불편하고 힘든 경우라면, 밀레니얼 세대는 대면소통을 하기 위한 추가적인 노력이 가치가 있을지에 대해 계산을 한다는 것이었다.

예를 들어보면, 직접 만나서 이야기를 하는 것이 온라인 소통만큼 손쉬운 상황이라면, 밀레니얼 세대는 대화 주제가 무엇이든지에 상관없이 대면 소통을 하려고 한다.

하지만, 직접 만나서 이야기를 하려면 밀레니얼 세대의 입장에서 너무 많은 추가적인 노력이 필요한 상황이라면, 소통에서 다루게 되는 정보가 특별히 중요하다고 생각지 않는 이상 온라인 소통을 고집할 것이다(상대방이 이 소통에 대해 어느 정도 중요하다고 생각하는지에 대해 꼭 고려하지는 않는다).

밀레니얼 세대가 성과평가 피드백을 받을 때에는 대면소통이라는 어려운 상황을 겪어야 한다. 대부분의 경우, 피드백을 제공하는 사람의 비언어적 행동을 볼 수 있다면, 조직에서 승진하기 위해 참고할 수 있는 정보를 더 많이 얻을 수 있다는 것을 이해하고 있는 것 같다. 기술이 매개된 소통유형은 대면 소통보다 비언어적인 신호를 많이 제공하지는 못한다. 또한, 밀레니얼 세대는 대면소통에서 더 큰 혜택을 받을 수 있다는 것을 이해하고 있다. 직접 만나서 이야기를 하게 되면, 상대방의 인식에 더 큰 영향을 줄 수 있기 때문이다.

밀레니얼 세대는 성과평가 피드백을 받을 때 다음과 같은 방법들을 선호한다.

- 대면 : 92%
- 이메일 : 5%
- 전화 : 2%
- 메신저 : 1%
- 문자 : 0%
- 소셜 네트워크 : 0%
- 화상채팅 : 0%

커리어 계획이나 현재 진행되는 커리어 과정에 대해 이야기할 때, 밀레니얼 세대는 그러한 대화를 직접 만나서 하고 싶어하는 마음이 매우 크다. 대부분의 밀레니얼 세대는 대면소통을 하게 되면, 커리어 계획을 위한 미팅의 성과에 더 많은 영향을 미칠 수 있다는 것을 잘 알고 있는 듯하다. 온라인 미팅을 할 때보다 직접 만나서 이야기를 하게 되면, 상대방의 요구를 거절하기가 더 어려워지기 때문이다. 중요한 요청을 해야 하는 상황이라면, 뭔가 기술-매개체를 이용한 소통보다는 대면소통을 이용하는 것이 더 전략적인 태도일 것이다. 확실히, 밀레니얼 세대는 커리어에 관련된 이슈를 다룰 때에는 직접 만나서 이야기하는 것이 중요하다는 것을 이해하고 있다.

밀레니얼 세대는 커리어 계획과 성과에 대해 이야기할 때 다음과 같은 방법을 사용하기를 선호한다.

- 대면 : 95%
- 이메일 : 3%
- 전화 : 2%
- 메신저 : 0%
- 문자 : 0%
- 소셜 네트워크 : 0%
- 화상채팅 : 0%

보상체계에 대해 이야기할 때, 그리고 성과에 대해 피드백을 받거나 커리어 계획에 대해 논의할 때, 대부분의 밀레니얼 세대는 대면소통을 선호한다. 하지만, 성과 피드백이나 커리어에 대해 이야기하는 경우와 달리, 보상체계에 대해 이야기할 때에는 이메일 소통도 선호하는 편이다. 사실, 연봉에 대해 이야기하는 것은 피드백이나 커리어 계획에 대한 커뮤니케이션만큼 개방적인 대화를 하기가 어려운 경우가 많기 때문에, 이메일을 통해 정보를 받는 것이 그다지 손해 보지 않는 것으로 느껴질 수 있는 듯하다.

밀레니얼 세대는 보상체계에 대한 논의는 다음과 같은 방법으로 진행하기를 선호한다.

- 대면 : 79%
- 이메일 : 17%
- 전화 : 4%
- 메신저 : 0%
- 문자 : 0%
- 소셜 네트워크 : 0%
- 화상채팅 : 0%

밀레니얼 세대가 생각하기에 매우 중요한 주제에 대해 이야기를 할 때에는 (성과, 커리어, 보상체계), 진심으로 대면소통을 할 수 있기를 바란다. 하지만, 다른 사람이 생각하기에 매우 중요한 주제에 대해 이야기를 할 때에는, 밀레니얼 세대도 대면소통이 이루어지는 것이 바람직하다고 생각하기는 하지만, 항상 그렇지는 않다.

최신기술과 새롭게 개발된 "적절한" 커뮤니케이션 방법

대부분의 밀레니얼 세대가 내부 고객이나 외부 고객들과 직접 만나서 이야기를 하는 상호작용을 선호한다고 말하고 있음에도 불구하고, 우리는 그들에 대해 소통을 하는데 있어서 기술을 사용하는 것을 지나치게 당연한 것으로 생각한다는 선입견을 가지고 있는 경우를 꽤 많이 보게 되었다. 가장 전형적인 불평은 다음과 같았다. "그 친구들은 전화통화를 하거나, 직접 고객을 만나는 것이 훨씬 더 전문가스러운 모습을 보여줄 수 있는데도,

그냥 바로 이메일을 쓰거나 문자를 보내는지를 이해할 수가 없어요."

우리의 연구자료를 보면, 많은 밀레니얼 세대는 고객, 상사, 동료들과 직접 만나 대화를 하지 않는 소통 방법을 먼저 선택하는 편인 듯하다. 하지만, 언제나 그렇지는 않다. 예를 들어, 그들이 전화나 이메일 소통방법을 먼저 고르고, 그 다음에 직접 만나서 상호작용을 하는 것을 선택한다면, 그러한 판단이 적절할 때가 많다. 음성메시지나 이메일을 먼저 보내고, 그 다음에 직접 만남을 가지는 것같이 말이다.

현재의 현황을 알아보기 위해, 우리는 고객과 상사, 동료들과 소통을 하는 방법을 선택할 때, 첫 번째 선택과 두 번째 선택이 무엇인지를 살펴보았다(표 4.2 참조). 대부분의 밀레니얼 세대(85%)는 일과 관련된 소통을 하는데 있어서는, 항상 대면소통을 이용하고 있었다.

표 4.2 소통을 할 때 대면 상호작용 방법을 첫 번째나 두 번째로 선택하는 밀레니얼 세대의 수(백분율)

내부 고객과 외부 고객	84%
후배	85%
상사	84%
동료	87%
성과피드백을 받을 때	96%
커리어 계획의 진행과정에 대해 논의할 때	97%
연봉에 대해 이야기할 때	87%

밀레니얼 세대를 포함하여 대부분의 사람들은, 대면소통이 가장 개인적인 대화를 할 수 있는 방법이라는 것을 동의하지만, 일터에서 첨단기술이 자주 사용되는 지금의 세상에서는 쉽지 않은 경우가 많은 편이다. 많은 밀레니얼 세대는 문자, 소셜 네트워킹, 메신저와 같이 첨단기술을 이용한 소통 유형을 사용하는 것을 매우 편안하게 느낀다. 이와 같은 구성원의 수가 늘어가고, 조직의 더 높은 직급의 사람들까지 첨단기술을 사용하여 상호작용을 하

는 경우가 많아질수록, 과거에 "적절한" 비즈니스 커뮤니케이션이라고 생각되었던 기준들은 바뀔 가능성이 있는 듯하다.

밀레니얼 세대인 딸과 같이 살고 있는 부모들이 겪고 있는 경험을 생각해보자. 부모는 모든 것을 문자로만 이야기하지 말고 친구에게 전화를 걸어서 이야기를 하라고 끊임없이 잔소리를 할 것이다. 그리고, 딸은 부모의 요청을 거부할 것이고(어떤 때에는 사실 전화가 나을 때가 있다고 생각하기는 하지만), 친구와 소통을 할 때는 지속적으로 문자를 이용할 것이다. 그 가족이 같이 차를 타고 갈 때, 그녀는 이야기한다. "있잖아요. 나중에 제가 아이를 낳으면, 아마 이렇게 잔소리할거에요. '그러지 말고, 친구에게 문자를 보내지 그러니?'라구요." 딸은 자신의 다음 세대는 뭔가 새롭게 개발된 기술을 쓰게 될 것이고, 그 첨단기술은 부모가 자신이 문자 보내는 것을 낯설게 느꼈던 것만큼 불편할 거라는 사실을 인식한 것이다. 자신의 자녀는 전혀 다른 첨단기술을 쓰게 될 것이지만, 그녀는 부모가 가졌던 것과 매우 유사한 걱정을 하게 될 것이다.

과거에 어떤 사람들은 기술혁신을 예언하고, 그러다보면 직접 만나서 이야기하는 소통은 "사라지게" 될 것이라고 이야기하기도 했지만, 우리는 그렇게 생각하지 않는다. 중요한 비즈니스 이슈(그리고, 핵심적인 사회이슈도)를 다루기 위해서는 대면소통이 언제나 필요하게 될 것이다. 물론, 이메일이 일부 대면소통과 전화 커뮤니케이션을 대체하는 현상이 비즈니스 분야에서 일어난 것처럼, 비슷한 상황은 앞으로 개발되게 될 첨단기술에 대해서도 나타나게 될 것이다. 앞으로 20년 후를 내다본다면, 밀레니얼 세대가 중간관리자나 임원의 자리를 차지했을 때, 비즈니스 커뮤니케이션의 많은 부분은(그렇다고 전체는 아니고) 새로운 첨단기술로 진행되게 될 것이라고 생각한다.

대부분의 밀레니얼 세대가 대면소통을 선호한다면, 밀레니얼 세대는 온라인 소통만을 선호한다는 선입견은 왜 지속되는 것일까? 아마도 사람들은 그들이

일터에서의 재미(WORKING DAZE) ⓒ 존 자쿠어와 스코트 로버츠.
UNIVERSAL UCLICK의 허가하에 UFS가 재인쇄함. 저작권 소유.

컴퓨터, 태블릿과 전화를 하는 데에 너무 많은 시간을 쓰고 있는 모습을 보았기 때문에, 아마 그러한 전자 매체를 통해 소통을 하는 것을 좋아할 거라고 추론하는 것 같다. 어떤 밀레니얼 세대 구성원이 직접 만나서 이야기를 해야 하는 상황에서 그렇게 행동하지 않았던 사례를 누구나 한두 가지 정도는 떠올릴 수 있을 것이다. 하지만, 대부분의 사람들은 기성세대가 동일한 행동을 했던 기억은 잘 잊어버리는 편이다. 우리의 연구결과를 보면, 대면 만남이 밀레니얼 세대에게 얼마나 중요한지를 알 수 있다. 그들이 컴퓨터 모니터나 전자 기기의 화면을 보는 데에 얼마나 많은 시간을 보내는지에 상관없이 말이다.

핵심사항

밀레니얼 세대가 첨단기술을 좋아하기는 하지만, 핵심적이라고 생각되는 이야기를 할 때에는 직접 만나는 것이 중요하다고 생각한다. 따라서, 관리자가 밀레니얼 세대에게 중요한 정보(예 : 보상체계, 커리어, 성과)에 대해 이야기할 때에는 대면소통을 잘하기 위해 노력할 필요가 있다. 또한, 관리자는 밀레니얼 세대가 자신에게 중요한 정보를 잘 파악할 수 있도록 도와주어서, 그에 대해 대면소통을 할 수 있도록 지원해주는 것이 좋겠다.

밀레니얼 세대는 사람들의 관계에 대한 욕구가 크다... 동료집단은 그들에게 매우 중요하다

밀레니얼 세대가 첨단기술을 사랑하기는 하지만, 그들은 관계에 대한 욕구가 매우 크다. 첨단기술이 중요하기는 하지만, 일을 하는데 있어서 관계적인 요소는 그보다 훨씬 더 중요하다. 일터에서 친구, 팀구성원, 상사와 정서적으로 연결되어 있지 않다고 느끼는 경우, 퇴사하고 싶은 마음은 커질 수밖에 없다. 조직에 대해 정서적인 연대감을 갖지 못하는 밀레니얼 세대는 어딘가 다른 곳에서 그러한 감정을 찾으려 할 것이다. 밀레니얼 세대는 일터에서 친구, 친하게 지내는 팀동료, 자신에게 관심을 보여주는 상사, 소속감을 느끼는 조직을 필요로 한다.

일터에서의 친구

밀레니얼 세대에게 친구는 가정에서도 중요하고, 일터에서도 중요한 존재이다. 밀레니얼 세대의 98%는 동료들과 친밀한 관계를 강화하는 것이 자신에게 매우 중요하다고 응답했다. 사실, 일터에서 친구 및 친밀한 동료를 만드는 것은 매우 중요하다. 그러한 관계는 밀레니얼 세대가 조직에 대해 가지는 몰입도와 높은 상관관계가 있기 때문이다. 왜 그럴까? 우리 생각에는, 대부분의 밀레니얼 세대가 살고 있는 현재 삶의 단계와 관련이 높아서 그런 것 같다. 우리가 연구를 통해 만났던 대부분의 밀레니얼 세대는 아직 미혼인 경우가 많았고, 배우자보다는 친구에게 의존하는 경우가 많았다. 베이비붐 세대와 X세대도 유사한 시기에 그랬듯이, 그들의 현재 삶의 단계에서는 친구가 매우 큰 위치를 차지하고 있는 것이다.

이러한 사실은 인터뷰를 통해 더 명확해졌다. 우리는 전세계의 밀레니얼 세대에게 일터에서의 친구가 자신에게 얼마나 중요한지에 대한 이야기를 많이 들었다. 그들은 고된 한 주를 보내고 퇴근을 한 뒤에 만나서 이야기를 하였고, 스포츠팀에서 같이 운동을 하였으며, 주말 파티에 함께 갔고, 더블데이트를 하기도 했다. 많은 밀레니얼 세대들은 일터에서의 친구와 시간을 보낼 수 있는 기회를 가지게 되면, 일터 자체를 그들이 원하는 곳으로 만들고, 주중에는 그곳에서 하루에 12시간 이상을 보내는 것을 받아들일 수 있게 된다고 이야기했다.

밀레니얼 세대에게 있어서, 일터에서의 친구가 그렇게 중요하다는 것을 전제로 한다면, 대부분의 밀레니얼 세대가 현재 일터에 친구가 있다고 생각한다는 것은 좋은 소식이다. 66%는 일터에서 매우 친한 친구가 있다고 대답했고, 60%는 일터에서의 동료를 믿을 수 있다고 응답했다. 즉, 많은 밀레니얼 세대는 일터에서의 관계가 좋으면 업무환경도 이상적인 것이 될 수 있다고 생각하고 있었다 (이는 기성세대도 비슷하게 생각하고 있었다).

밀레니얼 세대가 일터에서 친구관계를 맺는 방법 중 하나는, 퇴근 후에 같이 어울리는 것이다. 다섯 명 중 한 명은 매주 동료들과 같이 시간을 보낸다고 대답했고, 다섯 명 중 두 명은 한달에 한두번씩 동료들과 어울린다고 응답했다.

밀레니얼 세대의 1/5만이 매주 회사 밖에서 동료들과 함께 시간을 보낸다고 했지만, 일터에서의 친구가 그들에게 중요한 의미가 있는 것은 분명하다. 54%는 동료들을 만날 수 있다는 사실이 직장에 가는 것을 기대하게 되는 이유 중의 하나라고 응답했다. 밀레니얼 세대가 좋아하는 동료를 가지지 못하거나, 바람직한 업무관계를 가지지 못한다는 느낌이 든다면, 불만도가 올라가게 되고, 팀이나 조직을 떠나고 싶은 마음이 들게 되기 마련이다.

밀레니얼 세대는 조직체계 내에서 상사나 부하보다는 동료와 어울리는 경향성이 높다. 89%는 같은 직급의 동료들과 주로 만난다고 대답한 반면, 61%는 상사들과 주로 어울린다고 응답했고, 조금 더 적은 사람들은[9] 후배들과 시간을 많이 보낸다고 대답했다. 기성세대 구성원들은 밀레니얼 세대보다 회사 밖에서 동료들과 만나는 경우가 적었지만, 일터에서 좋은 친구를 가지고 있고, 회사에

소셜 네트워킹 사이트를 통해 동료들과 어울리는 밀레니얼 세대의 수
(백분율)

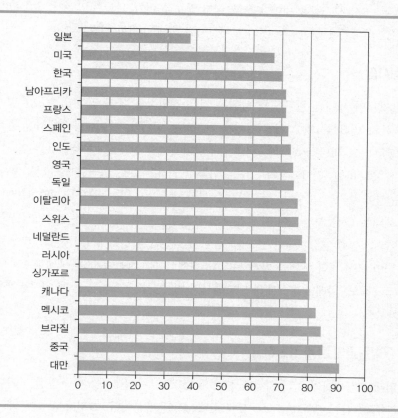

가는 것을 기대하는 이유 중에 핵심은 동료들을 만나는 것이라고 응답한 수치
는 밀레니얼 세대와 비슷한 것으로 나타났다.

　일터 밖에서 어울리는 것에 더하여, 밀레니얼 세대의 3/4은 소셜 네트워크 사
이트를 통해 동료 친구들과 만난다고 대답했다. 일본을 제외한 모든 나라에서
는, 밀레니얼 세대의 60% 이상이 소셜 네트워킹 사이트를 통해 동료들과 어울
린다고 응답했다(그래프 4.3 참조). 그리고, 64%는 조직 시스템과 상관없이 동료
들과 만난다고 대답했다. 이 자료는 밀레니얼 세대가 매우 넓은 인간관계를 맺

고 있다는 것을 보여주기 때문에, 매우 긍정적인 것으로 보여진다. 하지만, 구성원들은 조직 시스템을 벗어났을 때 어떤 정보를 이야기할 수 있는지, 친구관계에서도 이야기하면 안되는 것이 무엇인지에 대해 유의할 필요는 있다.

핵심사항

밀레니얼 세대가 친구들을 사귀는 것은 전반적인 삶에 있어서 중요한 일이고, 특히 일터에서의 경험에 있어서 가치있는 일이다. 사이버공간에서만 관계를 맺는다고 해도, 밀레니얼 세대에게 일터에서의 친구를 가지는 것은 의미가 있다. 왜냐하면, 일터에서의 친구는 이들이 원하는 대로 일터환경을 만들어 줄 가능성이 높기 때문이다. 전자기기를 통해서만 어울리는 것이 아니다. 밀레니얼 세대는 다른 사람들이 자신과 어울려주기를 바라고, 때때로 전자기기를 통해서도 소통하기를 기대한다! 이와 같이 구성원들이 일터에서의 친구관계를 맺게 되면 조직 또한 혜택을 받게 된다. 조직에서 멘토라는 친구를 배정해주지 않는다고 해도, 밀레니얼 세대는 일터에서의 팀, 행사, 동호회를 통해 친구관계를 강화시킬 수 있다.

팀 구성원과의 관계 강화하기

밀레니얼 세대의 일터 경험에서 가장 중요한 부분은 그들이 소속된 팀이다. 조직에 있어서, 팀워크는 업무설계의 핵심적인 부분이다. 그것이 없다면, 핵심적인 과제는 효과적으로, 그리고 효율적으로 풀어내는 것이 불가능하다. 좋은 소식은 밀레니얼 세대가 팀으로 일하는 것에 대해 높은 가치를 두고 있다는 것이다. 그래야만 일이 가능해서라기보다는, 사회적인 상호작용이 중요하다고 생각하기 때문이다.

많은 밀레니얼 세대들은 팀의 목표를 달성하기 위해 늦게까지 일을 할 준비가 되어 있다는 이야기를 해주었다. 어떤 사람들은 자신의 일을 미처 다 끝내지 못한 팀 구성원들을 돕기 위해 스스로 남아있었던 때와, 식사를 하지 못해 시장한 팀 구성원들을 위해 퇴근하지 않고 간식거리를 사왔던 이야기를 들려주기도 했다. 자신이 소속되어 있는 팀이 없었다면, 전체 조직에 대한 연대감도 느끼기 힘들었을 거라는 말을 한 사람들도 많았다. 그들에게 팀은 실제로 만져볼 수 있는 조직 그 자체였다.

밀레니얼 세대가 일을 하는데 있어서 팀에 소속되고 싶어하는 마음은 우리의 연구에 참여한 세계 각국의 사람들로부터 매우 강하게 느껴졌다. 한국을 제외하고, 밀레니얼 세대의 60% 이상은(어떤 나라에서는 80% 이상) 혼자 일하는 것보다는 팀에 소속되어 일하는 것을 원하는 것으로 나타났다(그래프 4.4 참조). 모든 사람들이 높은 개인주의 성향을 가지고 있다고 알려진 미국에서도, 밀레니얼 세대의 70% 이상이 그룹에 속해서 일하고 싶다는 이야기를 하였다.

조직에서 일을 하는 환경이 팀을 중심으로 하여 점점 더 체계화되고 있기 때문에, 밀레니얼 세대는 팀을 기반으로 하여 더 많은 시간을 보내게 되고, 팀구성원들에게 더 많이 의지하게 되었다. 물론 업무의 성격이 변하고, 새로운 프로젝트를 맡게 되면 당연히 팀구성도 바뀌게 되지만, 밀레니얼 세대가 팀 동료들로부터 받게 되는 지원은 일터환경에서 매우 중요한 요소라는 사실은 변함없다. 밀레니얼 세대 중 거의 3/4은[10] (기성세대도 비슷한 수치가 나타남)[11] 자신이 소속된 팀은 스스로에게 커다란 의미를 지닌다고 대답했다.

다행히도, 대부분의 밀레니얼 세대들은 현재 일하고 있는 팀구성원들과 연대감을 느끼고 있었다.

- 64%는 자신이 팀의 중요한 구성원이라고 느끼고 있다고 응답했다.
- 57%는 팀에 대해 강한 소속감을 가지고 있다고 대답했다.
- 59%는 팀 동료들은 자신의 웰빙에 대해 진심으로 관심을 가져준다고 응답했다.

대부분의 밀레니얼 세대는 팀동료들과 긍정적인 관계를 맺고 있는 것으로 보이며, 팀에 대해 소속감을 느낀다는 것은 그들에게 매우 중요한 것이기 때문에, 이와 같은 상황은 바람직한 것으로 판단된다.

혼자 일하는 것보다 그룹으로 함께 일하는 것이 더 좋다고 대답한
밀레니얼 세대의 수(백분율)

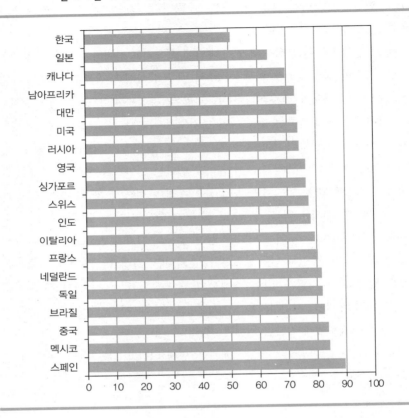

밀레니얼 세대는 충실한 팀구성원이며, 팀환경에서 일하는 것이 효율적이라
는 생각을 강하게 하는 편이다. 그들이 통제권과 자율성을 원하기는 하지만,
3/4[12] 정도는 혼자 일하는 것보다는 그룹으로 같이 일하는 것을 선호한다고 대
답했다. 일이 잘 되어가지 않을 때에도, 다섯 명 중 네 명은 혼자 일하는 것보다
는 사람들과 함께 있으면서 서로 도와주어야 한다고 믿고 있었다.

이와 같은 밀레니얼 세대의 행동은 소속되어 있는 팀이 자신에게 얼마나 중
요한지를 보여준다. 이 장의 처음부분에서 다루었던 에릭의 이야기를 기억하

는가? 휴대폰으로 TV 프로그램을 보고 있기는 했지만, 자신의 행동이 팀구성원들에게 불편감을 준다는 지적을 받자마자, 그는 휴대폰을 끄고 팀구성원들을 돕기 시작했다.

팀구성원들을 돕는 것은 밀레니얼 세대에게 익숙한 일이다. 80%는 팀을 위해 자발적으로 일을 하고, 팀 동료들이 맡은 일을 하는 것을 도우며, 팀을 위해 자신의 담당 영역을 넘어서까지 일을 한다고 이야기했다. 밀레니얼 세대는 자신도 팀을 위해 행동하지만, 다른 사람들도 마찬가지라고 생각하고 있었다. 자신이 문제가 생기면 팀동료들이 도와줄 것이고, 팀동료들이 특별한 도움이 필요할 경우 자신이 나서서 도와줄 준비가 되어 있다고 말한 밀레니얼 세대는 80% 정도였다.

핵심사항

밀레니얼 세대는 팀동료들과 일을 함께 하는 경험을 중요하게 생각한다. 좋은 소식은, 대부분의 밀레니얼 세대들이 현재 소속된 팀에서 행복한 시간을 보내고 있다는 것이다. 그들은 팀동료들을 믿을 수 있다고 느끼고 있었고, 팀구성원들은 자신에 대해 관심을 가져준다고 이야기했으며, 팀동료들을 돕기 위해 자신의 담당업무범위를 넘어서서 일을 할 마음이 있다고 응답했다. 이는 특히 긍정적인 상황이라고 보여진다. 왜냐하면, 밀레니얼 세대가 팀에 대해 소속감을 느끼게 되면, 조직에 대한 몰입도, 업무 만족도, 조직에서 계속 일하고자 하는 의지가 높아진다는 것을 연구결과에서 볼 수 있었기 때문이다. 조직이 밀레니얼 세대에게 팀으로 일할 수 있는 환경을 만들어주어서, 일터에서의 커뮤니티를 구성할 수 있도록 도와준다면, 조직 또한 이득을 얻게 될 것이다.

연대감을 느낄 수 있는 상사가 있다

밀레니얼 세대에게 있어서 상사와의 관계는 일터에서의 친구나 소속된 팀 동료와의 관계만큼이나 중요한 것이다.

밀레니얼 세대는 좋은 상사나 리더가 어떤 사람인가에 대해 매우 구체적인 생각을 가지고 있다. 그들이 생각하는 좋은 리더란 사려깊고, 상냥하고, 주위 사람들을 기꺼이 도우려 하며, 사람들에 대해 관심을 많이 가지고, 함께 일하는 동료들에 대해 알기를 원하며, 그들과 튼튼한 관계를 맺기를 원하는 사람이다. 밀레니얼 세대는 리더가 팀구성원을 도와주고, 팀워크와 협동적인 행동을 촉진해주기를 기대한다. 또한, 그들은 좋은 리더란 다른 사람들에게 영감을 불러일으키고 동기부여를 해주는 사람이라고 생각한다(부록 4.1 참조). 많은 밀레니얼 세대들이 좋은 리더에 대한 기준을 충족시킬만한 상사와 일하지는 못했다고 이야기하지만, 좋은 소식은 대부분의 사람들이 현재의 관리자는 자신의 웰빙[13]에 대해 관심을 가져주고, 전반적으로 지지적인 태도를 가지고 있다고 응답했다는 것이다.[14]

인정에 대한 니즈

우리가 진행한 인터뷰에서 모든 사람들(밀레니얼 세대, 기성세대 구성원, 관리자)에게 공통적으로 들었던 불평은, 밀레니얼 세대의 대부분이 일터에서 인정을 받지 못한다고 이야기한다는 것이었다. (사실, 우리가 만났던 기성세대 구성원들도 직장에서 제대로 인정을 받지 못하고 있다고 대답을 했기 때문에, 이런 상황은 공통적인 것 같다.) 하지만, 대다수(밀레니얼 세대의 58%와 기성세대의 61%)는 일터에서 자신이 인정을 받고 있다고 생각한다는 응답을 하였다.

이와 같이 대다수는 인정을 받고 있다고 하지만, 40%(밀레니얼 세대가 기성세대보다 조금 더 많음)는 일터에서 인정을 받지 못한다고 대답했다. 다시 말해서, 많은 사람들은 자신의 일터가 다음과 같은 속담과 일치한다고 믿고 있었다. "이 동네에서 일을 잘한다는 것은, 짙은색 정장바지에 오줌을 싸는 것과 같다. 기분좋게 따뜻하기는 하지만, 아무도 알아채지 못한다."[15]

우리가 인터뷰를 했던 한 여성은 인정을 받지 못하는 기분에 대해 자세하게 이야기해주었다. 그녀는 좋은 성과평가와 연봉인상을 받았지만, 상사가 자신의 일에 대해 진심으로 인정을 한다는 느낌은 한번도 못받아봤다는 말을 하였다. 형식적인 성과리뷰 면담에서 성과가 훌륭하다는 이야기를 듣기는 했지만, 그게 다였다. 그녀가 어떤 것을 잘했는지에 대해 자세히 이야기해주는 것은 없었고, 어떻게 하면 더 성장할 수 있을지에 대한 제안도 없었으며, 그녀가 조직을 위해 했던 일에 대해 얼마나 인정하고 있는지에 대해서는 한 마디도 없었다. 우리가 마지막으로 만났을 때, 그녀는 직원들을 잘 인정해주기로 유명한 다른 상사와 함께 일할 수 있는 방법을 찾고 있었다.

밀레니얼 세대는 누구나 그렇듯이 인정을 받고 싶어한다. 그리고, 그들이 일터에서 제대로 인정을 받지 못한다고 느낀다면, 어딘가 충분히 인정을 해줄 수 있는 곳을 찾게 될 것이다.

안 좋은 소식은, 대부분의 밀레니얼 세대들이 같이 일하는 상사는 자신의 웰빙에 대해 관심을 가지지 않는다고 대답했고, 25% 이상은[16] 자신의 상사가 지지적이지 않다고 응답했다는 것이다. 이보다 더 나쁜 소식은, 다섯 명 중의 한 명은 관리자라는 사람은 자신에게 아무런 관심이 없다고 대답했고, 추-가적인 노력을 했을 때에도 전혀 알아주지 않는다고 응답했다는 것이다.

즉, 밀레니얼 세대의 20-40%는 관리자가 관계와 커뮤니티에 대한 니즈를 충족해주지 못한다고 생각한다는 것을 의미한다.

조직에게 있어서, 밀레니얼 세대가 원하는 것과, 실제 그들이 경험하고 있는 것의 차이에 대해 관심을 가지는 것은 매우 중요한 일이다. 밀레니얼 세대가 첨단기술 장난감을 좋아할지는 모르지만, 일에서의 경험을 의미있게 만들거나 무의미하게 만드는 것은 상사와 같은 조직 동료들과의 관계인 것이다. 실제로 그들이 받고 있는 지원의 수준이 어느 정도인지에 상관없이, 밀레니얼 세대의 생각에 있어서 상사에 대한 기대사항과 실제 상사가 행동하고 있는 것 간의 차이는 조직에 대한 기여도와 몰입도에 큰 영향을 미치게 된다.

핵심사항

밀레니얼 세대가 상사와의 사이에서 느끼는 연대감은 그들이 일터에 대해 가지고 있는 느낌에 대해 큰 영향을 미친다. 이 영향력의 크기는 상사가 구성원을 대상으로 하는 행동의 영향력만큼 크다. 따라서, 모든 관리자들은 관계의 중요성을 인식하고, 구성원의 니즈를 충족하기 위해 자신이 할 수 있는 행동을 할 필요가 있다. 이와 같은 태도는 구성원들이 전체 조직에 대해 가지는 이미지를 개선하는 데에 도움을 줄 것이다.

전체 조직과의 연대감 느끼기

친구관계를 맺고, 팀구성원으로서의 소속감을 느끼고, 존경하고 신뢰할 수 있는 상사와 일하는 것 이외에도, 밀레니얼 세대는 전체 조직과의 연대감을 느낄 수 있기를 바란다. 밀레니얼 세대에게 있어서, 이와 같은 연대감의 일부는 가치관을 공유할 수 있음에서 시작되고(3장 참조), 일부는 조직이 자신에게 관심을 가지고 있음을 느끼는 것부터 시작될 수 있다.

대부분의 밀레니얼 세대는 조직이 자신의 전반적인 일터 만족도에 대해 관심을 가지고 있다고 느끼고 있으며,[17] 2/3 이상은 조직이 성장하는데 있어서 자신의 기여도가 가치있음을 인정하고 있다고 생각하고 있었다.[18] 2013년, 어치브가 발표한 밀레니얼 세대에 대한 연구 결과는 다음과 같다. "절반 이상(53%)의 응답자들은 자신의 열정과 재능을 인정해주고 알아주는 것이 이 회사에서 일하는 주요 이유에 속한다고 이야기했다."[19]

우리가 이야기해본 한 밀레니얼 세대는 글로벌 회사에서 일하는 사람이었다. 그는 스스로를 현재 자신이 일하고 있는 작은 지사 조직의 구성원으로만 생각하지 않는다는 것을 이야기해주었다. 그는 조직 내에 있는 더 큰 규모의 글로벌 커뮤니티의 구성원이라는 느낌을 가지고 있었고, 동일한 주제에 대해 관심을 가지고 있는 전세계의 동료들로 구성된 온라인 그룹에도 참여하고 있다고 이야기를 해주었다(공통관심사는 럭비였다).

현재 바로 옆에 있는 친구, 팀동료, 상사 이외에도 큰 글로벌 조직으로서의 회사는 그에게 큰 의미를 가져다주고 있었다. 왜냐하면, 그는 그 글로벌 조직이 자신을 지원해주고 자신의 흥미를 채워준다고 생각하고 있기 때문이었다. 글로벌 친목 그룹에 참여할 수 있고, 전세계의 구성원들과 함께 일할 수 있는 기회를 얻게 되면서(가상공간을 통해서나, 글로벌 과제를 수행하면서), 그는 전체 조직이 자신의 업무경험에서 중요한 요소를 차지하고 있다고 느끼고 있었다.

이와 같이, 더 큰 규모의 업무 커뮤니티와의 연대감이 중요하다고 느끼는 것은, 밀레니얼 세대뿐 아니라 조직에 대해서도 매우 이로운 일이다. 사람들은 조직을 떠나는 것이 아니라, 상사를 떠날 뿐이라는 옛날 속담은 밀레니얼 세대뿐 아니라 기성세대에게도 마찬가지이다. 하지만, 이와 같이 지나치게 단순한 말은 직속 상사와의 관계에는 적용될 수 있겠지만, 조직의 전반적인 구성원들과의 중요한 연대감에는 적용하기가 어려울 수도 있겠다.

아무리 밀레니얼 세대라고 해도 일터에서 천국을 경험하기를 기대하지는 않는다. 따라서, 상사가 완벽하지 않다고 해서 바로 회사 문을 박차고 나가는 일은 하지 않을 것이다. 그리고, 그들이 퇴사를 하지 않고 조직에 머무르는 큰 이유 중의 하나는 전체 조직과의 연대감이라고 할 수 있다. 이 연대감에는 가장 가까이에서 함께 일하고 있는 팀구성원과의 관계, 조직 구성원들과의 친구관계, 커리어 관리에 있어서 자신에게 가이드를 주는 멘토들과의 관계가 모두 포함된다.

전체 조직과의 연대감을 가지는 것은 미래에 대한 가능성과 높은 관계가 있기 때문에 중요하다. 다양한 상사들과 함께 일할 수 있다는 기대감과, 전문적 성장 및 개인적 성장을 가능하게 해줄 경험을 할 수 있을 거라는 예측을 할 수 있다면, 조직에서 일하는 것은 일종의 선물같이 느껴질 수 있게 될 것이다. 전체 조직에 대한 기여도는 밀레니얼 세대의 업무 경험을 뒷받침해주는 다양한 관계라는 기반 위에서 강화될 수 있다고 보여진다.

핵심사항

조직 자체는 밀레니얼 세대의 일터 경험에 있어서 중요한 요소이다. 조직의 가치, 기준, 문화는 구성원의 일상적인 업무 경험을 정의하는 기반의 일부인 것이다. 상사는 당연히 모든 구성원의 업무 경험에서 중요한 역할을 하는 사람이지만, 각 개인이 더 큰 조직에서 다양한 경험을 할 수 있도록 조력할 수 있는 유일한 사람이기도 하다. 따라서, 조직의 리더들은 구성원들이 직속 상사 외에도 다양한 사람들과 관계를 맺어볼 수 있는 기회를 제공해줄 의무가 있는 것이다.

결론 : 밀레니얼 세대는 첨단기술을 좋아하지만, 사람들과의 관계도 그에 못지않게 중요하게 여긴다

지금까지 보았듯이, 많은 연구결과들은 밀레니얼 세대가 첨단기술을 통한 소통에 익숙하지만, 그와 동시에 사람들과의 관계욕구도 크다는 것을 보여준다. 그들이 첨단기술 장난감을 사용하는 데에 매우 많은 시간을 쓴다고 해서(현재는 몸에 착용하는 기기도 가능하기 때문에, 사실 어떤 사람들은 하루 24시간, 1주 7일 내내 사용하기도 한다), 전반적인 삶의 경험과 세부적인 업무경험에 있어서 주위 사람들이 중요하지 않다고 생각하는 것은 아니다. 사람들과의 관계는 매우 중요한 것이다. 일터에서의 커뮤니티에 소속되어 있다는 느낌은, 해당 구성원의 조직에 대한 기여도, 업무 만족도, 몰입도, 유지율에 큰 영향을 줄 수 있다. 다시 말해서, 밀레니얼 세대가 첨단기술 장난감을 사용할 수 없는 상황이라면 다소 짜증을 내는 정도에 그치겠지만, 일터의 커뮤니티에서 소속감을 느낄 수 없다면, 관계욕구를 충족시킬 수 있는 다른 직장을 찾을 가능성이 높다.

밀레니얼 세대가 첨단기술을 잘 다루는 동시에 높은 관계욕구를 가지고 있다는 것을 전제로 할 때, 다음의 내용을 읽어보면 팀구성원으로서, 관리자로서, 리더로서 당신이 그들과 더 효과적으로 일할 수 있는 방법에 대해 몇 가지

팁을 얻을 수 있을 것이다.

밀레니얼 세대와 팀동료로서 일할 때의 제안

팀구성원으로서, 밀레니얼 세대는 일을 하는데 있어서 최대한 효율적인 방법을 활용할 수 있기를 바란다. 그들에게는 그 방법이 첨단기술을 활용한 해결책이 될 수 있다. 이와 같은 성향이 어떤 사람에게는 불편하게 느껴질 수도 있겠지만, 실제로 시간을 절약해주는 결과를 낳기도 한다. 한번 생각해보자. 어떤 사람이 보다 효율적이고 정확하게 일하는 방법을 찾을 수 있다면, 그래서 당신의 시간을 절약해주고 당신이 일을 하는데 가지고 있는 스킬을 적용할 수 있도록 해준다면, 조직은 매우 흥미로워할 것이고, 그 사람에 대해 높은 가치를 부여하게 될 것이다.

밀레니얼 세대에게 첨단기술은 매우 친밀한 친구이지만, 어떤 경우에는 지나친 의존도가 오히려 문제가 될 수 있다. 따라서, 당신은 이메일을 보내는 것이 상대방에게 불필요한 혼란과 분노를 일으킬 수 있는 상황에서는 이메일 사용을 자제하는 노하우를 보여줄 수 있을 것이다. 전화통화나 직접 만나서 이야기하는 것이 전자기기를 통한 소통보다 더 효과적이고 효율적인 경우가 언제인지를 그들이 알 수 있도록 설명해줄 수도 있다. 당신은 이러한 행동을 모델링을 통해 보여주고, 왜 이런 상황에서 특정한 선택을 하는 것이 좋은지에 대해 알려주고 보다 직접적으로 코칭을 해줄 수 있을 것이다.

이와 같은 조력을 통해 밀레니얼 세대는 보다 스마트한 조직시민으로 기능할 수 있을 것이고, 끊임없는(그리고 불필요한) 이메일 소통을 감소시킬 수 있을 것이다!

밀레니얼 세대는 정말 얼마나 다른 사람들일까?

밀레니얼 세대는 모든 일을 전자기기를 통해 하려고 한다는 말을 사람들이 많이 하지만, 기성세대 또한 그들과 마찬가지로 사이버공간[20]을 통해 상호작용을 하는 경우가 많으며, 직접 만나보지 않았던 사람과 인터넷을 통해 친구관계를 맺기도 한다.[21] 기성세대들도 밀레니얼 세대와 같이 관계를 유지하기 위해 동일한 소통 방법을 사용하곤 한다. 어떤 방법을 더 사용하고, 어떤 방법을 덜 사용하는 것이 다를 뿐이다. 밀레니얼 세대는 소셜 네트워크, 문자, 메신저를 통해 다른 사람들과 소통하는 경우가 많은 반면, 기성세대는 이메일을 더 많이 쓰는 편이다. 사실, 책상에서 일어나서 복도를 가로질러 동료에게 직접 찾아가서 이야기를 하기보다 길고 긴 이메일만을 써대는 사람에 대한 불평은 어느 특정 세대에게만 나타나는 현상은 아니다. 우리는 가장 나이가 많은 밀레니얼 세대가 고등학교를 졸업하기 훨씬 전부터 조직 내에서 일어나는 커뮤니케이션에 대해 불평을 하는 이야기들을 들어왔다.

밀레니얼 세대와 마찬가지로, 기성세대에서도 많은 사람들이 직장[22]에서 친구를 사귀고, 일터에서의 동료들을 신뢰하며 비밀을 털어놓곤 한다.[23] 하지만 직장동료들과 매주 만나거나, 한달에 두어번쯤 어울린다고 이야기한 사람들은 28%밖에 되지 않았다. 기성세대는 밀레니얼 세대만큼 직장 동료들과 친하게 지내는 경우가 다소 적은 듯했다. 하지만, 밀레니얼 세대와 마찬가지로, 기성세대도 성과평가에 대한 피드백을 받고 싶어하고, 자신의 커리어 계획에 대해 논의하고 싶어하며, 연봉협상을 할 때에는 직접 만나서 이야기하고 싶어한다.[24] 3/4은 소속된 팀이 자신에게 개인적인 의미가 크다고 대답했고, 혼자 일하기보다는 그룹으로 일하는 것을 선호한다고 응답했으며, 팀 구성원들을 돕기 위해 자발적으로 행동한다는 응답을 하였다.

결국, 밀레니얼 세대와 같이, 기성세대들도 직장에서의 사회적 관계에 대해 큰 가치를 부여하고 있는 것이다. 일터에서 친구를 사귄다는 것은 밀레니얼 세대에게만큼 기성세대들에게도 중요한 일이며, 조직에 대한 몰입도의 수준을 결정하는 주요 요인인 것이다.

밀레니얼 세대 또한 함께 일하는 동료들과 친구관계를 맺고 싶어한다. 퇴근 후 같이 어울릴 수 있는 시간이 충분하지 않거나, 함께 외출하는 것에 대해 흥미가 그다지 없을 수도 있겠지만, 일터 밖에서 동료들이 어떻게 살고 있는지에 대해 관심을 보이고, 자신의 삶에 대해 동료들에게 이야기해 보자. 동료들과 당신은 어떤 공통적 흥미를 가지고 있는가?

당신이 일터에서 밀레니얼 세대에게 코칭과 멘토링을 해줄 수 있는 것과 마찬가지로, 새로운 첨단기술에 익숙한 밀레니얼 세대는 당신과 동료들에게 매우 새로워서 낯설게만 느껴지는 기술들을 잘 이용할 수 있는 방법을 알려줌으로써 역멘토링을 해줄 수 있다. 예를 들어보면, 현재의 세상은 소셜 미디어를 통해 사업을 하는 방법을 알아내기 위해 움직이고 있기 때문에, 당신이 그와 같은 도구에 대한 지식을 넓히는 것은 매우 이로울 것이다. 조직내부의 소셜 네트워킹 사이트를 구축하는 것이 최근 트렌드이며, 그를 통해 동료들과 원활한 협력을 하게 된다면 매우 큰 이득이 될 것이다. 밀레니얼 세대는 당신이 이와 같은 작업을 신속하게 진행할 수 있도록 도와줄 수 있다.

밀레니얼 세대의 관리를 위한 제언

1. 가능하다면 밀레니얼 세대가 선호하는 첨단기술을 사용해서 일을 할 수 있도록 조력하자.

모든 새로운 세대는 기성세대보다 최근에 발달된 첨단기술을 사용하는 데에 익숙하며, 밀레니얼 세대도 예외는 아니다. 조직에서 젊은 사람들이 뭔가 새롭고 멋져 보이는 기술을 사용한다고 해서, 모든 사람들이 그 첨단기술을 사용해야 하는 것은 아니다. 하지만, 새로운 기술을 활용하게 되면 비용과 시간을 절약할 수 있는 것과 같은 이득이 있으며, 결국 조직에 긍정적인 영향을 미칠 수 있게 되는 경우도 많다. 또한, 전체적인 사회, 고객, 핵심인재들이 새로운 프로세스로 옮겨가는 동안 당신만 뒤쳐질 가능성이 있다는 사실도 고려할 필요가 있다. 구성원들이 새로운 첨단기술을 적절한 방법으로 사용할 수 있는 기회를 제공하게 되면, 조직 또한 새로운 환경에 적응할 수 있는 효과적인 경로를 발견할수 있게 될 것이다.

관리자로서 해야 할 일은, 새로운 첨단기술이 가지고 있는 장점과 약점을 파악하기 위해 구성원들과 함께 작업을 해보아야 한다는 것이다. 가장 단기간에 얻을 수 있는 이득은 구성원들이 선호하는 첨단기술을 활용할 수 있게 해주어 그들을 더 행복하게 해주는 것이다. 하지만, 밀레니얼 세대가 그 기술을 쓰고 있는 이유와, 첨단기술이 제공해줄 수 있는 이득이 무엇인지를 배우고 이해하기 위해서 투자해야 하는 시간과 노력은 장기적으로 보았을 때 큰 혜택으로 돌아올 수 있다.

당신과 조직이 사람들 간의 소통과 상호작용을 할 수 있는 새로운 방법에 적응하는 속도를 빠르게 해줄 것이니까 말이다. 당신의 경쟁력을 유지하고 강화한다는 것은, 반드시 시간과 에너지를 써야 하는 투자인 것이다.

2. 밀레니얼 세대 구성원을 한 사람의 인간으로서 존중하는 관계를 맺는 데에 신경쓰자.

하나의 숫자나 기계의 부속품으로 대우받기를 원하는 구성원은 존재하지 않는다. 그들과 인간 대 인간으로서의 관계를 만들어나가자. 그들을 불편하게 만드는 것이 무엇인지 알아보자. 존중해야 할 인간으로서 관심을 가지고 있다는 것을 보여주자. 그렇다고 해서, 그들이 원하는 모든 것을 들어주어야 한다거나, 매일 퇴근 후에 같이 어울려야 한다는 것은 아니다. 다만, 당신이 밀레니얼 세대와 인간 대 인간으로서 관계를 맺게 될수록, 필요한 경우 공감적인 태도를 보이면서 거절의 의사를 밝히는 것이 보다 더 쉬워질 것이다.

관리자로서 기억해야 하는 것은, 당신과 팀구성원들이 매우 많은 압박을 받으면서 일에 전념해야 할 때더라도, 따로 시간을 내어 구성원에게 다가가 개인적으로 이야기를 하는 행동은 긍정적인 결과를 많이 만들어줄 것이다. 종종 우리는 삶에서 해야 할 일들을 다 해내기에는 시간이 부족하다고 느끼고, 함께 일하는 사람들과 개인적으로 관계를 맺는 작업을 하기 위해 따로 시간을 낸다는 것은 다소 일에 대한 집중을 방해하는 행동으로 생각하곤 한다. 하지만, 구성원들이 자신을 하나의 존중할만한 존재로 인정받는다는 느낌을 가지게 되면, 일에 대한 몰입도가 상승할뿐 아니라 다양한 긍정적인 변화가 일어난다는 것을 기억할 필요가 있다. 조직의 동료와 연대감을 느낀다는 것은 당신에게도 장기적으로 큰 도움이 될 것이다.

3. 밀레니얼 세대와 이야기를 할 때에는(특히 보상, 성장, 성과에 대해) 1대1로 대화를 하는 것이 거의 언제나 가장 좋은 방법이다.

이메일이나 문자로 불편한 주제에 대해 이야기 하기를 원하는 사람은 아무도 없다. 밀레니얼 세대 또한 예외가 아니다. 그들이 첨단기술을 익숙하게 사용한다고 해도, 비언어적 소통에 대한 중요성을 너무나 잘 인식하고 있고, 중요한 주제에 대해서는 대면소통을 선호하고 있다. 구성원들이 개인적인 시간 중 매우 많은 부분을(때로는 근무시간에도) 소셜 네트워크와 메신저에 쓰고 있다고 해도, 이와 같은 커뮤니케이션 도구를 업무에 관련된 중요한 대화에 사용하는 것은 바람직하지 않다.

관리자로서 기억할 것은, 보상과 전문가로서의 성장, 성과리뷰에 대해 이야기를 할 때에는 1대1로 직접 이야기하는 것만큼 좋은 방법은 없다는 것이다. 대면소통을 할 수 있는 환경을 만드는 데에 노력을 많이 하길 바란다. 직접 만나기 힘들만큼 먼 곳에서 근무하는 구성원들을 관리해야 할 때에는, 어떤 방법으로 소통하기를 선호하는지에 대해 질문해보자. 어떤 사람은 전화통화를 좋아할 것이고, 어떤 사람은 화상회의를 좋아할 수 있다. 중요한 것은, 그들의 선호도를 파악하여, 선호하는 방법으로 정보를 받을 수 있도록 신경을 써 주는 것이다.

4. 밀레니얼 세대가 일터에서 친구를 사귈 수 있는 기회를 제공해주자.

물론 조직들은 구성원들의 사회적 관계를 맺어주기 위해 존재하는 것은 아니다. 하지만, 실제 현실에서는 많은 구성원들이(밀레니얼 세대를 포함해서) 일터에서 친구를 사귀고 있다. 업무가 진행되는 일터에서 커뮤니티를 만들고 친구관계를 맺는 것을 좋아하는 구성원들이 대부분 핵심적인 역할을 하게 된다. 당신이 이와 같은 관계들이 발전될 수 있는 기회를 많이 제공할수록, 긍정적인 영향력의 크기는 더욱 더 커질 수 있을 것이다.

그렇다고 해서 관리자와 조직이 구성원들에게 친구 자체를 제공해줄 수는 없지만, 사람들이 업무환경이 아닌 곳에서 만나서 서로를 알아갈 수 있는 기회를 만들어줄 수는 있다. 예를 들어보면, 조직에는 스포츠팀들이 있는 경우가 많다. 우리는 프랑스, 남아프리카, 인도, 미국, 영국, 캐나다, 브라질의 조직에는 내부 스포츠 팀이 존재한다는 이야기를 들었고, 아마도 그 외의 국가들에서도 마찬가지일 거라고 생각한다. 특별히 언급을 안했을 뿐인 것 같다. 어떤 조직들에서는 구성원들이 관계를 맺도록 도와줄 수 있는 좋은 방법이 동호회라는 것을 발견하기도 했다. 예를 들어, 스타벅스(Starbucks)는 드래곤보트(dragon boat) 동호회를 가지고 있고, 일라이 릴리(Eli Lily / 역주 : 제약회사)에는 중국문화그룹이 있으며, 퀄컴(Qualcomm / 역주 : 디지털 무선통신과 서비스 개발기업)은 할로윈에 호박등을 만드는 일과 같은 행사를 하는 팀을 후원하고 있다. 이와 같은 동호회 활동을 통해, 구성원들은 유사한 취미를 가진 사람들을 만나고 친구관계를 맺을 수 있게 될 것이다.

5. 좋은 관리자가 되자(또는 좋은 관리자를 제공해주자). 그리고, 업무에 대해 적절한 코칭을 해주자.

구성원과의 관계를 향상시키기 위해 신경을 써야 하는 이유는, 건강한 상사-구성원 관계는 누구에게나 마찬가지인 것처럼 밀레니얼 세대에게도 매우 중요하기 때문이다.

관리자들은 상사역할을 함과 동시에 멘토가 되어줄 수도 있다. 대부분의 사람들은 건설적인 피드백과 긍정적인 코칭을 받을 때 좋은 반응을 보인다. 구성원들은 현재의 일과 장기적인 커리어 관리를 하는데에 직접적으로 도움이 되는 코칭을 받기를 원한다. 그들은 성공적인 삶을 살기 위해 무엇을 해야 하는지를 알고 싶어하는데, 개인맞춤형 코칭이야말로 이와 같은 니즈를 가장 잘 충족시켜줄 수 있는 방법이 될 것이다.

따라서, 구성원의 리더십과 관리 스킬을 향상시킬 수 있는 방법을 코칭하는 데에 중점을 두자. 완벽한 사람은 존재하지 않는다. 우리 모두 성장이 필요한 영역을 가지고 있다. 그리고, 당신의 상사만큼 당신의 개발점을 잘 알고 있는 사람은 없다. 상사는 가족과 마찬가지로, 아니 어쩌면 가족보다 더 일상의 시간을 함께 많이 보내는 사람이기 때문이다(주중의 시간을 의미한다. 부디 주말의 시간을 상사와 많이 보내는 것은 아니기를 희망한다). 당신이 관리자와 리더로서 별문제없이 잘 성장하고 발전했다고 해도, 주위 사람들은 6년 전과 비교해보았을 때 발전한 정도보다는 현재의 아쉬운 모습을 더 잘 발견해낼 것이다. 따라서, 당신의 팀에게 좋은 관리자가 되는 가장 좋은 방법은 (쉽지 않을 거라는 것은 인정하지만) 지속적으로 발전할 수 있는 방법을 계속해서 연구하는 것이 될 것이다.[25]

꼭 기억해야 할 5가지

1. 밀레니얼 세대의 첨단기술에 대한 지식은 조직이 현재의 트렌드에서 뒤처지지 않도록 도와줄 수 있다.
2. 밀레니얼 세대는 일터에서의 관계와 커뮤니티를 원한다. 친구관계를 맺고, 함께 일하고 있는 팀구성원들과의 연대감을 기대한다.
3. 첨단기술을 선호하는 밀레니얼 세대에게도, 대면 소통은 반드시 필요하다.
4. 밀레니얼 세대는 친밀한 동료들을 원하는 만큼 좋은 상사를 원한다.
5. 밀레니얼 세대는 자신의 현재 직장에서, 그리고 커리어 관리에서 성공을 거둘 수 있도록 가이드를 받을 수 있기를 바란다.

밀레니얼 세대의 특성과 그들이 원하는 것

밀레니얼 세대는 :
- 첨단기술을 사랑하고, 첨단기술을 활용한 장난감을 최대한 많이 갖고 싶어한다.
- 첨단기술을 사용하면 귀찮은 일을 줄일 수 있고 시간을 절약할 수 있 다고 믿는다.
- 중요한 주제에 대해 이야기를 할 때에는 직접 만나서 상호작용하는 것 을 선호한다.
- 친구들과의 연대감을 느끼는 것은 일터에서의 경험에서 중요한 부분이 라고 생각한다.
- 사이버공간을 통해 친구관계를 유지한다.
- 팀구성원과의 관계를 맺기를 원한다.
- 좋아할 수 있고 신뢰할 수 있는 상사를 원한다.
- 조직 전체와도 연대감을 느낄 수 있기를 바란다.

제5장

현재 조직에 대한 충성도가 높지만,
자신을 더 성장시켜 줄 수 있는 곳이
있다면 옮기고 싶어한다

Committed and Leaving

제5장

현재 조직에 대한 충성도가 높지만,
자신을 더 성장시켜 줄 수 있는 곳이 있다면
옮기고 싶어한다
Committed and Leaving

데이비드(David)는 현재 회사에서 일한 지 8년이 되었고, 3년 동안 같은 팀을 관리하고 있다. 그는 핵심인재그룹에 속해 있으며, 상사의 뒤를 이을 차세대 리더 후보여서, 정기적으로 자신의 성장계획 진행에 대해 고위경영진에게 보고해달라는 요청을 받곤 한다(이러한 상황은 현재 조직에서 데이비드와 유사한 직급에 있는 동료들에게 흔한 일이 아니다). 데이비드는 조직을 위한 최고의 성과를 내기 위해 늦게까지 일하는 편이며, 조직에 대한 기여도와 가치가 매우 높은 구성원으로 인정받고 있는 사람이다. 그와 함께 일하는 동료에게 물어본다면, 데이비드는 누구나 원하는 사람이며, 데이비드 같은 구성원들을 더 많이 찾을 수 있기를 바랄 뿐이라고 이야기할 것이다.

안타깝게도 동료들이 아직 모르고 있는 것은, 데이비드가 지금 행복하지 않다는 사실이다. 그의 연봉수준이 나쁘지는 않지만, 좋지도 않은 상황이다. 지금까지 조직에서의 대우는 조금씩 좋아졌고, 앞으로도 더 좋아질 거라는 이야기를 들었지만, 변화 속도는 느린 편이다. 일을 매우 많이 하고 있지만, 팀구성원들도 모두 일을 많이 하고 있기 때문에 불평을 하지는 않는다. 하지만, 조직이 업무를 하는데 있어서 충분한 인원을 배정해주지 않음으로써 그를 너무 힘들게 만들고 있다는 느낌을 지울 수가 없다. 데이비드의 상사는 좋은 사람이다- 그를 정말 많이 도와주는 사람이다 - 하지만, 조직에 만연해 있는 정치적인 상황에서 데이비드를 구해주지는 못한다. 그래서, 최고의 성과평가를 받고, 상사로부터 지원을 받고 있음에도 불구하고, 그는 지속적으로 다른 조직으로 옮길수 있는 기회가 있는지 찾고 있다.

우리가 그와 마지막으로 이야기를 나누었을 때, 데이비드는 지금 맡고 있는 일을 열심히 하면서도 어딘가에 좋은 일자리가 있는지 계속해서 찾고 있었다. 그렇다고 해서 당장 퇴사를 하고 싶은 것은 아니었다. 사실, 그는 이 조직에 대해 신뢰하고 있었고, 상사를 좋아하며, 개인적으로나 전문가로서 발전하고 성장할 수 있는 기회를 실제로 경험했었기 때문에, 현재의 조직에 남아있고 싶은 마음이 컸다. 하지만, 아침에 일어날 때마다 숨이 막힌다는 느낌을 받는 날이 많아졌다. 그래서 현재 고성과자로 일을 하고 있지만, 계속해서 다른 기회를 찾게 된다. 솔직히 바라는 것은 현재의 상황이 나아져서 이 회사를 떠나지 않아도 되는 것이다.

밀레니얼 세대는 조직에 대한 충성도를 가지고 있는가?

밀레니얼 세대는 조직에 대한 충성도가 없다는 비판을 많이 받아왔다. 이와 같은 비관론적 시각을 진지하게 받아들인다면, 밀레니얼 세대는 뭔가 거슬리는 것이 생기면 곧바로 사표를 던질 준비가 되어 있다고 간단하게 결론을 내려버릴 수도 있다. 하지만, 우리가 인터뷰를 하고 자료를 모아본 바에 의하면, 밀레니얼 세대와 그들을 고용한 조직 간의 밀당관계에는 더 복잡한 상황이 존재하는 것으로 나타났다.

데이비드가 아주 적절한 실례이다. 그는 조직에 대한 충성도가 정말 높은 사람이다. 하지만, 현재의 상황에 대해 만족하지 못하는 면이 있기 때문에, 또 다른 기회들을 찾고 있다. 열심히 찾아본다면 더 좋은 연봉, 더 많은 기회, 더 좋은 동료들, 더 흥미로운 일을 제공해주는 곳을 발견할 수 있을 거라고 믿으면서 말이다.

밀레니얼 세대는 충성도가 높다... 왜냐하면 그들은 조직으로부터 자신이 원하는 것을 대부분 얻고 있기 때문이다

밀레니얼 세대는 조직에 대한 충성도가 비교적 높은 편이다. 응답자의 50%[1] 이상은 조직에 대해 긍정적인 감정을 가지고 있다고 대답했고, 2/3[2] 정도는 외부 사람들과 자신의 조직에 대해 이야기하는 것을 즐긴다고 응답했으며, 2/3[3]는 현재 직장에 계속 다니고 싶다고 이야기했다.

밀레니얼 세대의 조직에 대한 충성도가 높은 이유는 무엇일까? 다양한 이유들이 있을 수 있는데, 이것들은 모든 세대들에게도 공통적으로 나타나는 것이다. 가장 중요한 이유들을 정리해본다면 다음과 같다.

- 그들은 대부분의 경우 현재 하고 있는 일을 좋아한다. 69%는 현재의 일에 만족하고 있다고 응답했다.
- 그들은 자신이 근무하고 있는 조직을 좋아한다. 3/4[4] 정도는 현재 조직에서 일하는 것을 좋아한다고 응답했다.
- 그들은 자신이 소속된 조직이 세상에 긍정적인 영향을 주고 있다고 생각한다. 응답자의 3/4[5] 정도는 자신의 조직이 좋은 조직 시민으로서 행동하고 있다고 응답했다.

- 그들은 일터에서 성장하고 발전할 수 있는 기회를 제공해주어서 자신의 스킬을 개발할 수 있도록 도와준다고 느끼고 있었다.[6]
- 그들은 자신의 조직이 구성원들의 성장과 발전에 가치를 두고 있다고 믿고 있었다.[7]
- 그들은 일터에서의 친구를 가지고 있었다. 98%는 직장에서 친구관계를 맺는 것이 그들에게 매우 중요하다고 대답했다.[8]
- 대부분의 경우, 상사는 자신의 웰빙에 대해 관심을 가져준다고 믿고 있었다.[9]

종합해보면, 대부분의 밀레니얼 세대는 조직에 대한 충성도가 높다고 보여진다.

핵심사항

밀레니얼 세대는 즐기는 일을 할 때, 성장과 발전을 할 수 있는 기회를 제공받을 때, 좋아하는 상사와 함께 일할 때, 자신이 근무하는 조직이 세상에 대해 긍정적인 영향력을 미치고 있다고 믿을 때, 좋아하는 동료들 및 친구들과 함께 일할 수 있을 때 조직에 대한 충성도가 높아진다. 따라서, 이와 같은 환경을 조성해주는 조직은 더욱 충성도가 높아진 구성원들로 인해 많은 혜택을 받을 수 있을 것이다.

기성세대 구성원들의 충성도에 대해 회의감이 들 때

기성세대 구성원들은 :
- 대부분, 자신이 하고 있는 일을 좋아한다. 74%는 현재 일에 만족감을 느끼고 있다고 대답했다.

- 현재 소속되어 있는 조직을 좋아한다(85%).
- 자신의 조직이 긍정적인 영향력을 미치고 있다고 생각한다. 80%는 소속된 조직이 좋은 조직 시민으로 기능하고 있다는 이야기를 하였다.
- 일터에서 성장과 발전을 할 수 있는 기회를 얻고 있고, 그러한 기회들은 스킬을 개발하는 데에 도움이 된다고 응답하였다(78%).
- 자신의 조직은 구성원들의 성장과 발전에 가치를 두고 있다고 믿고 있었다(78%).
- 일터에서 친구를 사귀는 것은 매우 중요한 일이라고 응답했다(97%).[10]
- 상사는 자신의 웰빙에 대해 관심을 가져준다고 믿고 있었다(58%).

밀레니얼 세대는 조직에 대한 충성도가 높다… 그들은 회사를 떠나고 싶어하지 않는다

사람들이 흔히 가지고 있는 고정관념과는 반대로, 밀레니얼 세대는 몇 년마다 조직을 옮기는 것을 선호하지는 않는다. 사실, 밀레니얼 세대는 오랫동안 한 회사에 근무하고 싶어하는 마음이 크다. 50%[11] 정도는 현재 조직에서 자신의 커리어의 대부분을 보낼 수 있다면 좋겠다고 응답했다. 밀레니얼 세대와 인터뷰를 해보았을 때, 대부분의 사람들은 현재 조직에 남을 수 있기를 진정으로 바란다고 이야기했다. 가능하기만 하다면, 은퇴까지의 생을 그곳에서 보내고 싶다는 것이다. 밀레니얼 세대가 원하는 것은 길고 안정적인 커리어였다.

예를 들어보자. 한 밀레니얼 세대는 19세 때 산학프로그램을 통해 현재 조직에서 일을 하기 시작했다. 우리가 그와 인터뷰를 했을 때, 그는 기회를 얻을 수 있다면 이곳에서 은퇴할 때까지 일을 할 거라고 이야기했다(그때 당시 그는 한창 의욕에 넘칠 23세였다). 이유가 무엇인지 물어보자, 그는 이 장의 초반에서 이야

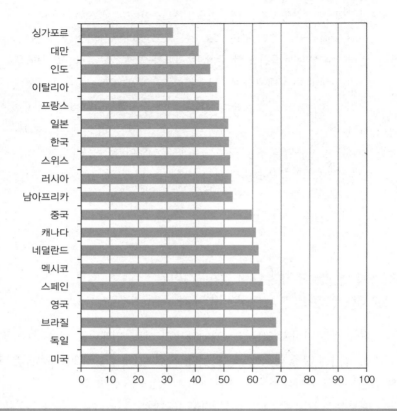

그래프 5.1 **한 조직에서 9년 이상 일하기를 기대하는 밀레니얼 세대의 수(백분율)**

기했던 이유들을 나열하였다. 그는 상사를 좋아한다고 말했고, 함께 일하는 동료들도 좋아한다고 했다. 일터에 좋은 친구들이 있어서 (일하는 중에도) 재미있는 시간을 함께 보낼 수 있고, 조직은 지속적으로 배우고 성장할 수 있는 기회를 제공해주며, 괜찮은 수준의 연봉을 받고 있고, 소속된 조직은 사회에서 좋은 일을 하고 있다고 생각하고 있었다. 그는 이 조직에서 앞으로 40년을 더 보낼 수 있다면 행복할 거라는 이야기를 해주었다. 그런 일이 가능할지에 대해서는 잘 모르겠지만, 만약에 가능하다면 매우 만족할 거라고 했다.

전세계의 밀레니얼 세대들은 오랜 기간 동안 한 곳의 조직에서 일할 계획을 하고 있는 경우가 많았다(그래프 5.1 참조). 싱가포르를 제외하고는, 적어도 밀레니얼 세대의 40%는 한 조직에서 매우 긴 기간 동안 일하고 싶다는 이야기를 하였다. 캐나다, 네덜란드, 멕시코, 스페인, 영국, 브라질, 독일, 미국에서 이러한 말을 한 사람들은 60%가 넘었다. 이 수치는 밀레니얼 세대란 근무하는 조직을 매우 자주 바꾸기를 원한다는 고정관념과 매우 다른 것이었다.

중요한 것은, 밀레니얼 세대를 포함한 대부분의 사람들은 변화를 위해 변화를 하는 것을 좋아하지 않으며, 자주 근무하는 조직을 바꾸는 것은 매우 위험할 수 있다고 생각한다는 것이다. 꼭 퇴사를 해야만 하는 이유가 없다면, 많은 사람들은 현재의 조직에 머무르고 싶어한다.

핵심사항

밀레니얼 세대는 가능만 하다면, 한 조직에서 은퇴하기까지 머무를 수 있기를 희망한다. 전세계의 밀레니얼 세대들은 지금의 조직에서 긴 기간 동안 일할 수 있기를 기대하고 있는 경우가 대부분이었다. 따라서, 구성원이 바라는 일터 환경을 조성해주는 조직은 역량있는 구성원을 유지하게 되는 혜택을 얻게 될 거라 생각된다.

밀레니얼 세대는 조직에 대한 충성도가 높다... 그들은 조직 내에서 승진하고 싶어한다

밀레니얼 세대에 대해 흔히 들리는 불평 중 하나는, 그들이 큰 야망을 갖고 있지 않아서, 임원으로 승진하여 조직을 경영하기를 원하지 않는다는 것이다. 하지만 연구결과는 다른 이야기를 하고 있다. 2013년에 이루어진 퓨(Pew) 연구센터의 연구결과를 보면, 언젠가 최고경영자가 되고 싶다고 이야기한 밀레니얼 세대는 남성의 70%, 여성의 61%였다.[12] 유니버섬(Universum)의 글로벌 설문조사에 따르면, 밀레니얼 세대의 70%는 조직에서 관리자나 리더의 역할을 맡고 싶다고 응답했다.[13] 2014년, 하버드 비즈니스 리뷰(Harvard Business Review)에 실린 커리어빌더(CareerBuilder)의 연구에서는, 연령대가 높은 밀레니얼 세대(25세~34세)의 52%는 리더십을 발휘할 수 있는 직급을 원하고 있었고, 연령대가 낮은 밀레니얼 세대(18–24세)에서 동일한 이야기를 한 수치는 67%였다. 이 두 가지 수치는 기성세대의 응답보다 모두 높았다(35–44세 : 37%, 45–54세 : 23%, 55세 이상 : 20%).[14] 핵심은 이것이다 : 대부분의 밀레니얼 세대들은 조직에서 리더의 역할을 맡고 싶어한다는 것이다.

밀레니얼 세대와 인터뷰 및 포커스 그룹을 진행하면서 우리는 이 이야기를 명확하게 들을 수 있었다. 그들은 조직 내에서 승진해서 자신만의 무엇인가를 만들어보고 싶다는 (그리고, 더 많은 돈을 벌고 싶다는) 마음을 표현하였다. 동시에, 밀레니얼 세대들은 상사들이 어떻게 살아가고 있는지에 대해 관찰을 하였기 때문에, 높은 직급의 역할을 맡았을 때 자신과 (미래의) 가족들이 치러야 할 희생에 대해 걱정하기도 했다.

밀레니얼 세대의 상사들도 유사한 시각을 가지고 있었다. 그들은 밀레니얼 세대가 얼마나 열심히 일하는지, 얼마나 많은 시간을 일에 투자하고 있는지, 그리고 맡은 일을 완수하기 위해 스스로를 어떻게 개발하는지에 대해 이야기해주었다. 동시에, 밀레니얼 세대는 일과 개인적 삶 중에서 우선순위를 어떻게 정해야 하는지에 대해 지금 배우는 중이라는 점도 지적해주었다. 그들이 보기에, 밀레니얼 세대는 조직 내에서 승진하고 싶은 욕구를 가지고 있지만, 아직은 그와 같은 성장을 위해 필요한 스킬들을 충분히 개발하지 못한 경우가 대부분이라고 판단되는 듯했다.

퓨와 커리어빌더의 연구결과와 마찬가지로, 우리가 관찰한 것은 "밀레니얼 세대는 조직의 경영진이 될 수 있을만큼 열심히 일하고 싶어하지 않는다" 또는 "밀레니얼 세대는 일을 많이 하고 싶어하지 않기 때문에, 조직 경영층에 올라갈 생각이 없다"와는 조금 다른 것이었다. 우리가 만났던 대부분의 밀레니얼 세대들은 기성세대와 마찬가지로 조직의 경영진으로 승진하기를 원한다고 대답했다.

사실, 표 5.1을 보면 조직체계의 어느 직급에서도 밀레니얼 세대는 기성세대 동료들보다 조직에서 승진하고 싶고, 시니어 리더역할을 하고 싶다는 이야기를 하는 경우가 더 많았다.

우리가 생각하기에, 이와 같은 차이점이 생긴 데에는 세 가지의 이유가 있는 것 같다. 첫째, 어떤 밀레니얼 세대들은 커리어 개발에 있어서 좌절을 경험한 후, 기대수준을 낮추고 승진기회를 많이 얻지 못해도 현상황 유지를 하는 데에 만족하는 것과 같은 경험을 아직 해본 적이 없다. 둘째, 어떤 밀레니얼 세대들은 기성세대보다 훨씬 더 빠른 커리어 발달을 하고 있다 – 짧은 기간 내에 눈에 띄는 승진을 해서, 나이 많은 동료들보다 빨리, 더 높은 자리로 계속해서 승진할 거라는 기대를 받고 있기도 하다. 셋째, 어떤 기성세대 구성원들은 높은 직급의 역할을 수행할 때의 부담에 대해 더 명확하게 이해하고 있기 때문에, 개인적인 삶의 질을 희생할 필요를 느끼지 않기도 한다. 마찬가지로, 어떤 밀레니얼 세대도 시간이 지남에 따라 승진을 하고 싶은 욕구를 현실에 따라 누를 가능성이 있다.

표 5.1 조직의 경영진으로 승진하고 싶은 사람의 수(백분율)

현재 직급	밀레니얼 세대	기성세대
레벨 1-행정직 / 비전문직	13%	3%
레벨 2-전문직	26%	18%
레벨 3-초급 관리자	23%	20%
레벨 4-중급 관리자	31%	22%
레벨 5-상급 관리자 / 임원	56%	44%

핵심사항

밀레니얼 세대들도 조직 내에서 승진하기를 원한다. 그들은 자신의 커리어를 잘 개발하고 싶은 욕구가 크기 때문에, 권력과 힘을 얻을 수 있는 더 높은 직급으로 승진하고 싶어한다. 하지만, 어느 세대에서와 마찬가지로, 개인차는 존재한다. 모든 밀레니얼 세대가 조직의 수장이 되고 싶어하는 것은 아니다. 하지만, 많은 사람들이 그러한 욕구를 가지고 있고, 통계수치는 조직에서 현재 맡고 있는 직급이 높을수록 크다. 밀레니얼 세대도 리더가 되고 싶다는 야망이 적은 편은 아니다. 따라서 고용주들은 조직 내에서 승진을 하기 위해 필요한 성과, 배워야 할 것, 보여주어야 할 것들이 무엇인지에 대해 명확하게 제시해줄 필요가 있을 것이다.

조직에 대한 충성도가 높다는 것은, 어떤 상황에서도 조직에 남아있는다는 의미가 아니다

밀레니얼 세대는 조직에 대해 충성도가 높을 수 있다. 하지만, 1/3[15] 정도는 다른 곳으로 갈 수 있는 기회를 찾고 있다고 응답했다.

즉, 밀레니얼 세대 세 명 중 한 명쯤은 더 좋은 기회가 있을지에 대해 현재의 환경을 평가해보고 있고, 가까운 미래에 더 많은 사람들이 동일한 작업을 할 거라는 뜻이다.[16] 어떤 밀레니얼 세대는 지금의 환경이 마음에 들지 않아서 탈출하려고 할 것이고, 또 다른 밀레니얼 세대는 현재의 상황에 대해 전반적으로 만족을 하고는 있지만 더 좋은 환경으로 "레벨을 올리기 위해(level up)" 노력하고 있을 수 있다. ("레벨을 올린다"는 표현은 컴퓨터 게임용어로서, 게임에서 더 좋은 옵션에 접근할 수 있는 권한을 얻기 위해 더 높은 레벨로 올라간다는 것을 의미한다.) 즉, 어떤 사람들은 나쁜 환경을 벗어나기 위해 애쓰고, 또 다른 사람들은 현재의 상황에서 머무르는 것에 대해 만족하는 편이더라도 지금보다 더 나은 무엇인가를 얻을 수 있을 것이라는 기대로 움직이고 있는 것이다.

밀레니얼 세대는 조직을 옮길 가능성이 있다...
현재의 상황을 탈출하려는 이유는 무엇인가

때때로 밀레니얼 세대는 불편한 상황을 벗어나기 위해 퇴사를 하곤 한다. 그들이 탈출하고 싶어하는 상황을 몇 가지 예로 들어보자.

과중한 일

밀레니얼 세대가 일을 열심히 하고자 하는 마음이 있는 것은 맞지만, 어디에서나 견딜 수 있는 한계선이 있게 마련이다. 지나치게 많은 일에 시달릴 때, 조직내에서 더 좋은 역할을 맡을 수 있을 거라고 생각되지 않을 때, 대부분의 밀레니얼 세대들은 조직을 떠나고 싶어한다. 일부는 일과 삶 간의 균형을 맞추기 위한 욕구 때문이기도 하고, 일부는 지금 해야 할 일이 너무 많고 그것을 할 시간이 너무 모자라기 때문이기도 하다. 과중한 업무 때문에 힘들어하는 밀레니얼 세대는 꽤 많다. 담당한 일을 도저히 다 해낼 수가 없다고 생각하는 경우는 42%였고, 업무량이 너무 많아서 모든 일을 훌륭한 수준으로 하기가 어렵다고 이야기한 경우는 49%였다.

현재 하는 일이 너무 많다는 것은 밀레니얼 세대에게 특히 큰 문제로 인식되는데, 그 이유는 일에 대한 그들의 태도 때문이다. 여기서 우리가 기억할 것은, 밀레니얼 세대의 내적 동기부여 수준이 매우 높다는 사실이다. 즉, 현재 자신이 하고 있는 일에 대한 관심이 매우 높다는 의미이다.

결과적으로, 해야 할 일이 너무 많아서 기대하는 수준만큼 일을 잘해낼 수 없다고 생각하게 되는 상황은 그들에게 큰 부정적인 영향을 미친다. 그들은 현재의 상황에 좌절하게 되고, 일을 잘해낼 수 있다고 생각되는 환경을 제공하는 또 다른 조직을 찾게 될 수 있다. 일을 시작할 때부터 이것은 실패할 수밖에 없는 상황이라는 덫에 빠지고 싶어하는 사람은 아무도 없다. 하지만 이러한 상황은 업무량이 너무 많은 구성원들이 자주 만나게 되는 것이다. 따라서 언제까지나 덫에 빠진 느낌을 갖기보다는, 차라리 보다 합리적인 기대수준을 보여주는 다른 조직을 찾게 된다.

밀레니얼 세대 자신이 해당 회사를 선택했다고 해서,
그들이 느끼는 스트레스를 무시해서는 안된다

　　정말 중요한 일을 하는 사람들은 낮은 직급에서 부담이 적은 역할을 맡을 때보다는, 앞으로 더 많은 책임을 맡게 되고 더 많은 일을 하게 될 거라는 것을 명확하게 알고 있다. 그렇다면 중요한 일을 하기로 선택한 사람들이 일과 삶 간의 균형이나, 커리어 개발에 대해 불평하는 것에 대해 시니어 관리자나 임원들은 어떻게 생각해야 할까? 그 대답은, 그들이 자신의 일에 대해 어떻게 느끼는지를 살펴보아야 알 수 있을 것이다.
　　만약에 자신의 일과 삶 간의 균형을 기대하는 만큼 잘 잡을 수 없는 상황이 계속되고, 그로 인해 현재 하는 일에 대해 만족할 수 없게 된다면, 성과가 안 좋아지고, 더 좋은 조직을 찾아보고 싶은 마음이 들게 되는 것은 당연할 것이다. 따라서, 중요도가 매우 높은 일을 선택한 사람들이 일과 삶 간의 균형과 커리어 개발에 대해 불평하는 것이 당연하다는 사실을 당신이 인정하든 안하든 간에, 그들이 현재 느끼는 감정은 일에 관련된 몰입도에 영향을 미치게 된다는 사실은 이해할 필요가 있다.

　　밀레니얼 세대는 자기자신에게 일을 관리할 수 있는 권한이 주어진다면, 업무량을 줄일 수 있을 거라고 믿는다. 밀레니얼 세대의 66%는 담당하고 있는 일에 대해 통제권을 가지는 것은 매우, 또는 가장 중요하다고 이야기했다. (이러한 태도는 남성과 여성 모두에게서 동일하게 나타났다.) 하지만 자신의 업무 속도를 통제할 수 있다고 생각하는 밀레니얼 세대는 50% 이하인 것으로 나타났다.[17]
　　우리는 이 부분에 대해 문제점을 느끼고 있는 한 밀레니얼 세대와 이야기를 나누어보았다. 그녀는 핵심인재였는데, 그때는 곧 폭발하기 직전인 상태였다.

그녀는 거의 매일 1일당 12시간을 일했고, 6개월 동안 하루 이상 쉬지 못했었다. 작년에는 – 모든 비용을 지불했음에도 불구하고 – 휴가일정을 취소해야했다. 지금은 사업을 하는데 있어서 매우 중요한 시기이기 때문에 휴가를 갈 수 없다고 상사가 말했기 때문이었다. 그녀는 조직에 대한 충성도가 높은 구성원이었기 때문에 상사의 말대로 휴가를 취소했지만(회사는 취소된 휴가비용을 지불해 주었다), 다시 휴가일정을 잡을 수는 없었다. 그녀의 이야기를 듣고 있으니, 심각하게 많은 업무량 때문에 힘들어하는 사람의 전형적인 실례로 보였다.

위의 이야기가 다소 극단적으로 들릴 수는 있겠지만, 대부분의 밀레니얼 세대들이 과도한 업무량 때문에 시달리고 있으며, 그 중에서는 불필요한 일을 하느라 힘을 빼는 경우가 있다는 것은 사실이다. 그들은 더 효율적인 첨단기술과 업무 프로세스를 활용한다면 얼마나 더 많은 일을 할 수 있을지에 대해 잘 알고 있다. 만약 밀레니얼 세대가 과도한 업무량 때문에 지쳐 있는데, 조직은 아무런 도움도 주지 않으려 한다고 느낀다면, 업무량에 대한 거부감은 더 커져 갈 수밖에 없다. 업무량을 분명히 줄일 수 있는 상황인데, 의사결정권자들이 아무런 행동도 하지 않는다면, 밀레니얼 세대는 당연히 이런 생각을 하게 된다. '경

"당신이 1일당 24시간을 일한다면,
아파트가 필요없게 되니까, 많은 돈을 저축할 수 있을테니,
결국 연봉인상을 해주는 것과 똑같은 상황이지 않습니까!"

@ 랜디 글래스버겐(Randy Glasbergen), glasbergen.com

영진은 업무량 조절에 대해 관심이 없구나. 그렇다면 이러한 고민을 덜 할 수 있는 다른 회사를 찾아야겠다.'

조직의 정책

밀레니얼 세대가 업무와 조직의 미션에 대해 만족하고 있으며, 충분한 연봉을 받고 있을 때라고 해도, 조직의 정책은 그들이 퇴사를 하고 싶다는 마음이 들게 하는 요소들 중의 하나이다.

예를 들어, 이러한 상황에서 밀레니얼 세대는 조직을 떠나고 싶다는 생각을 하게 된다. (1) 어떤 누구도 건드릴 수 없는 강한 정치적 권력을 가진 그룹이 조직 내에 존재할 때 (2) 현존하는 시스템에 대항하여 싸우는 것보다는 입을 다무는 것이 더 쉬운 상황일 때 (3) 연봉과 승진은 기본적으로 조직 내 정치에 의해 이루어질 때. 밀레니얼 세대는 조직 내 정치를 매우 싫어한다(기성세대와 마찬가지로 말이다). 그리고, 조직 내 정치에 대해 더 많이 보게 될수록, 새로운 직장을 찾고 싶다고 말할 가능성은 높아질 것이다.

안타깝게도, 조직 내 정치는 많은 밀레니얼 세대들이 조직에서 마주치게 되는 현상이다. 우리는 밀레니얼 세대의 1/4 이상이 조직 내 정치가 실제로 일어나고 있는 현상이며, 조직에 대해 매우 부정적인 영향을 주는 중요한 이슈라고 생각하는 것을 발견할 수 있었다. 그들은 구성원들이 조용히 입을 다물고 있으면서, 의사결정자들의 지시에 순응하고, 상대방이 듣기를 바라는 말을 해주는 사람들이 승진할 가능성이 높다고 믿고 있었다(더 자세한 내용에 대해서는 부록 5.1을 참고하기 바란다).

조직 내 정치는 위선적인 사람들을 매우 민감하게 알아채고, 정직에 대해 높은 가치를 부여하는 밀레니얼 세대에게는 특별히 큰 이슈이다. 밀레니얼 세대가 "진실을 말하고자" 하는 욕구를 가졌다는 것을 이제 우리는 모두 알고 있다. 자신이 일하는 조직 내에서 정치가 난무하고, 관리자 또한 정치를 하고 있다고 인식하게 될 경우, 그 외의 조건은 모두 일하기에 매우 좋은 곳이라고 하더라도, 밀레니얼 세대는 퇴사를 고려하게 되기 쉽다. 사무실 정치 때문에 제대로 된 성과를 만들거나 성장을 하기가 어렵다고 느낀다면, 그리고 승진을 하기 위해서는 성과가 필요한 것이 아니라 정치적인 줄을 잘 타야 하는 상황이라면, 최대한 빨리 그 회사를 나갈 수 있기를 희망하게 될 것이다.

문제있는 관리

오래전부터 전해져 내려오는 말이 있다. 구성원들은 조직을 떠나는 것이 아니라, 나쁜 상사를 떠나는 것이라는 이야기 말이다. 기성세대도 그랬듯이, 밀레니얼 세대도 마찬가지이다. 대부분의 밀레니얼 세대는(58%) 관리자가 자신의 웰빙에 대해 관심을 가지고 있다고 믿기는 하지만, 42%는 상사로부터 웰빙에 대한 케어를 받지 못한다고 생각한다는 것은 나쁜 소식이다. 25% 정도는 자신의 상사가 지지적이지 않다고 느끼고 있으며, 추가적인 시간과 노력을 투자한다고 해도 인정해주지 않으며, 선의의 실수도 용서해주지 않는데다가, 일과 삶의 사이에서 우선순위를 정해야 할 때 자신을 이해해주지 않는다고 생각하고 있었다.[18]

밀레니얼 세대 다섯 명 중의 한 명은 관리자가 자신에 대해 관심을 보여주지

"신입사원들을 버섯 가꿀 때처럼 대하니까 매우 좋은 성과를 낸다는 것을 발견했습니다…. 그 녀석들을 어두운 방에 가두고, 거름을 잔뜩 주면 됩니다…."

않는다고 대답했다. 즉, 25~33% 정도는 관리자가 자신의 욕구를 채워주지 않는다고 느낀다는 것이다.

그리고, 대부분의 밀레니얼 세대는 자신의 상사를 그다지 많이 신뢰하지 않는다. 함께 일하고 있는 상사를 많이 신뢰한다고 대답한 밀레니얼 세대는 38%밖에 되지 않았던 것에 비해, 자신의 상사를 얼마나 신뢰하는지에 대해서 묻자 잠시 망설였던 사람들은 54%였다. 밀레니얼 세대의 1/3쯤은 자신의 상사는 주위 사람들이 그 일을 할 수 있다는 이유만 가지고, 그 사람들에게 일을 시킨다고 대답했다. 이 밀레니얼 세대들은 모두 퇴사를 생각할 수 있는 가능성을 가지고 있다.

수용불가능한 보상체계

대부분의 밀레니얼 세대는 보상체계가 매우 중요하다고 생각하며, 현재 자신의 연봉수준에 대해 불만을 가지고 있었다. (그래프 5.2 참조. 이 부분은 기성세대에게도 마찬가지로 나타났다.) 그들은 자신이 일에 투자하는 스킬과 노력에 비해 보상과 복지제도가 충분하지 않다고 생각하고 있었다. 또한, 조직 내 동료들과 비교해보았을 때, 그리고 다른 조직에서 동일한 직급에 있는 친구들과 비교해보았을 때 적은 연봉을 받고 있다고 믿고 있었다.

대부분의 밀레니얼 세대들이 공정한 보상을 받고 있지 못하다고 생각하는 이유는 무엇일까? 왜냐하면 3장에서 설명했듯이 그들은 연봉수준을 다른 사람들과 비교해보기 때문이다.

대부분의 밀레니얼 세대는 다른 사람들의 연봉수준을 알아보기 위해 인터넷 검색을 해보았을 것이다. 웹사이트의 자료가 가지고 있는 타당성에 대해서는 의문점이 많긴 하지만, 사람들은 여전히 그 자료들을 참고하며, 그 정보들에 의해 영향을 받는다. 인터넷에서 찾아본 연봉체계의 정보들을 비교해보는 것에 더하여, 대부분의 밀레니얼 세대는 자신의 동료, 가족, 친구들과 연봉수준에 대해 이야기를 나눈다.

거의 모든 밀레니얼 세대는 연봉이라는 것이 자신에게 매우 중요한 것이라

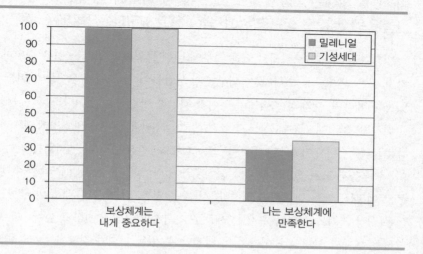

고 생각할 것이다. 하지만, 1/3 정도만이 자신의 연봉수준에 대해 만족감을 느낀다. 그런데 이들 중 많은 사람들이 다른 기회를 찾는 것이 놀랍단 말인가?

핵심사항

밀레니얼 세대는 나쁜 상사와 함께 일해야 할 때, 너무 많은 사무실 정치를 보게 되었을 때, 지나치게 많은 일에 시달릴 때, 자신이 하고 있는 일에 비해 보상이 너무 적다고 느낄 때 현재의 상황에서 탈출할 수 있는 방법을 찾게 된다. 따라서 조직들은 과도한 업무량을 조절할 수 있을만큼 충분한 인력을 갖추고 있는지, 관리자들은 좋은 상사가 되기 위해 교육을 받고 있는지, 또 좋은 상사로서의 역할을 할 수 있는 시간을 가지고 있는지, 보상체계는 적절한지, 조직은 사무실 정치보다는 성과에 대해 더 많은 보상을 하고 있는지를 확인할 필요가 있다.

밀레니얼 세대는 성장의 필요성을 느낄 때 퇴사를 원한다... 그들은 왜 더 나은 상황을 위해 "승진"하고 싶어하는 것일까

밀레니얼 세대가 조직에서 맡은 업무에 대해 몰입하고 있다는 것을 증명하는 가장 좋은 근거들 중의 하나는, 대부분의 사람들이 한 조직에 오랫동안 머물 수 있기를 바라며, 현재의 조직에서 리더가 되기를 바란다는 것이다.

하지만, 조직에 대한 충성도가 높은 사람들(전반적으로 현재의 상황에 대해 만족감을 느끼고 있어서 이 조직에 계속 머무르고 싶다고 생각하는)도 다른 기회를 찾는 것이 더 좋을지 모르겠다고 생각하는 경우가 있다. 그들은 현재의 역할을 수행하는 것에 대해 매우 만족하고 있지만, 더 높은 연봉, 더 좋은 일과 삶의 균형, 더 많은 성장 기회들을 얻을 수 있는 새로운 기회가 있다면 승진하고 싶어한다. 즉, 그들은 현재의 상황을 벗어나서 더 발전할 수 있는 기회를 찾고 있는 것이다.

더 좋은 보상체계

연봉은 99%의 밀레니얼 세대에게 중요한 요소이다(그래프 5.2 참조). 그리고, 81%의 밀레니얼 세대에게는 매우, 또는 가장 중요한 요소이다. 그들이 다른 조직으로 옮기고 싶다고 생각할 때에는, 즉시 또는 가까운 미래에 더 높은 연봉을 받을 수 있기를 기대한다.

밀레니얼 세대는 우리에게, 지금의 상황보다 더 좋은 가능성을 제시하는 직장 대안들을 실제로 가지고 있다고 이야기해주었다. 2/3[19] 이상이 회사를 옮기고 싶다고 생각하기만 한다면, 괜찮은 곳을 찾을 수 있다고 대답했다. 89%는 새로운 직장으로 가게 되면 현재보다 더 많은 연봉을 받을 거라고 믿고 있었다.

전세계의 밀레니얼 세대들은 다른 조직으로 옮길 수 있는 가능성이 있다는 것을 알고 있었다(또는 그렇게 믿고 있었다). 대부분의 나라에서, 밀레니얼 세대 중 50% 이상이(그래프 5.3 참조)[20] 찾기만 한다면 자신에게 일자리를 줄 수 있는 다른 조직들을 알고 있다고 대답했다. 즉, 현재의 조직에서 발전이나 학습을 하지 못하거나, 기대하는 커뮤니티를 얻지 못할 경우, 퇴사를 할 가능성은 실제로

원하기만 한다면 자신에게 일자리를 줄 수 있는 조직들을 알고 있다고
대답한 밀레니얼 세대의 수(백분율)

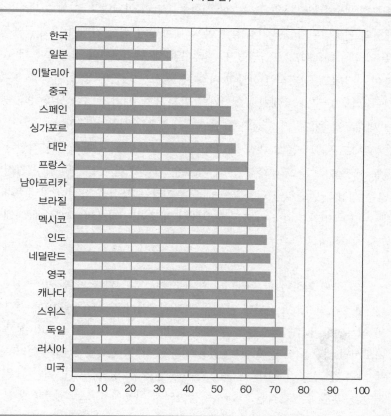

존재한다는 것을 의미한다.

밀레니얼 세대는 왜 이렇게 쉽게 더 높은 연봉을 줄 수 있는 회사를 찾을 수 있을 거라고 생각하는 것일까? 그 이유 중 일부는, 당연히 다른 직장으로 옮기는 것에 대해 헤드헌터들로부터 실제로 연락을 자주 받기 때문일 것이다. 70% 이상은 지난 6개월 동안 최소한 한 번은 다른 조직으로 옮기는 것에 대해 헤드헌터의 연락을 받았다고 대답했다.

4번 이상의 연락을 받았다고 대답한 사람들은 30%였다. 그리고, 10번 이상

이라고 말한 사람은 16%로 나타났다.

　헤드헌터와의 연락내용은 단순한 전화통화만이 아니었다. 실제로 새로운 조직에서의 연봉범위와 승진가능성뿐 아니라, 배움과 성장 기회에 대해 구체적으로 논의하는 대화까지 포함되었다. 밀레니얼 세대는 현재의 상황보다 더 높은 연봉이 보장되고, 장기적인 전망이 더 좋은, 새로운 대안에 종종 마음을 뺏기곤 한다. 전화로 누군가 나에게 무엇인가를 팔려고 할 때와 동일한 상황이다. 밀레니얼 세대에게 헤드헌터는 전화를 걸어서 새로운 직장을 소개한다.

　그는 새로운 직장을 최대한 매력적으로 보이게 하려고 애쓰면서 적절한 정보들을 제공해준다. 그 대화를 통해, 새로운 직장이 더 높은 연봉을 제공하며, 더 많은 성장과 발전의 기회를 제공해줄 것이라는 사실을 확실히 알려주려 애쓴다. 어떤 관리자는 이러한 전화통화에서 제공되는 정보의 실제성에 대해 의문점을 제기했다.

　나와 함께 일하던 한 밀레니얼 세대는 어느날 전화 한 통을 받았습니다. 새로운 직장으로 옮기면 연봉을 50% 인상시켜 주고, 6개월 안에 승진과 연봉인상이 추가적으로 이루어질 것이며, 퇴근시간도 빨라지고, 전문가로서의 성장을 더 많이 할 수 있을 거라는 소식이었습니다. 그는 인터뷰를 하러 갔고, 조직에서도 동일한 약속을 받을 수 있었습니다. 이와 같은 제안을 받은 후, 그 직원은 회사로 돌아와서 이곳에서도 그 제안과 동일한 대우를 해줄 수 있느냐는 질문을 나에게 하였습니다. 그럴 수 없는 상황이었습니다. 그래서, 나는 현실적으로 다소 불가능한 제안을 받았다고 생각한다는 이야기를 해주었고, 행운을 빈다는 말을 하였습니다. 그는 새로운 제안을 받아들여, 우리 조직을 떠났습니다. 그 직원의 몇몇 친구들에게 들으니, 그가 제안받았던 모든 약속이 이루어지지는 않았다고 하더군요. 놀랍지 않았습니다. 이런 상황에서, 그와 같은 이상적인 조건을 제공하는 곳은 거의 없거든요.

새로운 직장에 대한 제안을 하는 연락에서 어떤 이야기가 오가는지에 대해 사람들이 어떻게 생각하든지 간에, 현실적인 대안을 제시하거나 거의 일어나기가 불가능한 이상적인 시나리오를 제시하면서, 헤드헌터들은 구성원이 현재의 상황에 대해 생각하고 있는 시각을 바꾸어 놓는다. 자신이 어느 정도의 대우를 받아야 하는지, 그리고 현재의 대우에 대해 어느 정도 만족해야 하는지에 대한 문제는 그들의 시각에 따라 많이 달라진다.

예를 들어, 엔리끄(Enrique)는 헤드헌터로부터의 전화를 받기 전까지는 자신의 연봉수준이 괜찮다고 생각했었다. 헤드헌터와의 통화를 해보니, 다른 조직에서 동일한 일을 하게 되면 지금보다 30%나 더 많은 연봉을 받을 수 있다는 것을 알게 되었다. 헤드헌터의 이야기를 믿어야 할지 확신할 수 없었기 때문에, 주위 사람들에게 물어보니, 현재 조직의 동료들과 인터넷에서 만난 사람들이 그의 현재 연봉수준보다 더 좋은 대우를 받고 있었다. 일주일 후에, 엔리끄는 현재 자신의 보상수준에 대해 불만을 가지고 있다는 이야기를 상사와 함께 하였다. 그의 연봉금액이 감소된 것은 아니지만, 연봉에 대한 그의 인식은 새로운 시각에 따라 달라지게 된 것이었다.

우리는 이러한 상황이 전세계에서 공통적으로 나타난다는 것을 발견했다. 예를 들어, 인도는 높은 수준의 스킬을 가지고 있는 숙련자들이 많이 존재하고 있는 뜨거운 인력 시장이다.

밀레니얼 세대 중에서 핵심인재들이 자주 헤드헌터의 연락을 받고 있으며, 어떤 사람들은 6개월에서 12개월마다 더 높은 연봉수준을 제안받으면서 회사를 옮기기도 한다. 우리가 인도의 밀레니얼 세대들을 인터뷰했을 때, 이 상황에 대해 물어보았고, 매우 흔하게 일어나는 상황이라는 대답을 들을 수 있었다. 또, 새로운 직장의 조건은 처음에 제시되었던 것과 다른 경우도 종종 있다는 이야기도 당연히 들을 수 있었다.

성장을 위한 기회로서 이와 같이 새로운 직장을 제안하는 헤드헌터는 밀레니얼 세대의 공통적인 세계관을 상징적으로 나타내주는 것 같다. 밀레니얼 세대는 점점 더 많은 연봉을 받을 수 있게 되기를 바라고 있기 때문에, 헤드헌터들은 당연히 전화해서 더 높은 연봉을 제안한다. X세대들이 더 젊었을 때 그랬듯이, 밀레니얼 세대들도 자신이 더 많은 돈을 벌 수 있을 거라는 낙관적인 태도를 가지고 있다.[21]

따라서, 거의 모든 밀레니얼 세대들은 보상체계가 중요하다고 생각하고 있는 반면, 현재의 연봉수준에 대해 만족하고 있는 사람들은 1/3 정도밖에 되지 않으며, 대부분의 밀레니얼 세대들은 1년에 두세 번씩 전화를 받아서, 현재 자신의 역량에 비해 좋지 않은 대우를 받고 있다는 이야기를 듣고 있다. 이러한 상황에서, 많은 밀레니얼 세대들이 다른 기회를 찾으려고 하는 것은 당연한 것이 아니겠는가?

개인적으로 풍요로운 삶을 누리기

밀레니얼 세대는 일과 삶 간의 균형을 잡을 수 없다고 느낄 때 다른 조직으로 옮기고 싶어한다. 2/3[22] 정도는 일이 자신의 개인적 삶을 충분히 누릴 수 없도록 방해하고 있다고 느끼고 있었다. 많은 경우, 이 밀레니얼 세대들은 일과 삶 간의 균형을 위한 프로그램과 정책들을 가지고 있는 조직에서 일하고 있다. 안타깝게도, 1/3[23]은 일과 삶 사이의 균형을 잡기 위한 프로그램에 참가한다면, 그렇지 않은 동료들에 비해 조직에 대한 헌신도가 떨어진다는 인상을 주게 될거라고 생각하고 있었다. 따라서, 밀레니얼 세대는 그러한 부정적인 인상을 주지 않고서도, 일과 삶 간의 균형이라는 개인적인 니즈를 충족시킬 수 있는 조직을 찾고 싶어한다.

예를 들어, 우리가 인터뷰했던 한 사람은 풋볼(축구)팀에서 운동을 하는 것이 본인에게 얼마나 중요한지에 대해 이야기를 하였다. 그는 몇 년 동안 야간경기나 주말경기를 하면서 같은 팀에서 운동을 하였는데, 일 때문에 방해를 받는 경우는 없었다. 그런데, 조직에서 승진을 하게 되면서, 그는 운동과 일을 병행하기가 어려워지고 있다는 것을 느끼게 되었다. 가끔씩 있는 야간경기 참가가 불가능해졌고, 주말에 있는 토너먼트에 참여하는 것도 어려워지게 된 것이다.

가끔씩 주말에 집에서 일을 조금 해야 하거나, 휴대폰에서 메일에 대한 답장을 보내야 하는 상황을 넘어서서, 주말에도 사무실 출근을 해야 하는 상황이 많아지면서 점점 좌절감이 심하게 느껴졌다.

최근 몇 달 동안, 그는 거의 모든 주말에 반나절씩은 사무실에 출근을 해야 했고, 그 결과, 팀의 토너먼트에 모두 참가를 할 수는 없게 되었다. 그는 이러한 상황이 앞으로도 지속이 된다면, 다른 회사를 찾아보기 시작할 거라는 이야기를 하였다. 물론 운동경기를 하는 것이 세상에서 가장 중요한 일은 아니겠지만, 자신에게 중요한 일이기는 하기 때문에, 왜 일 때문에 주말의 즐거움을 계속해서 포기해야 하는지에 대해서는 이해할 수 없다는 것이었다.

일과 삶 간의 균형에 관련된 이슈들 중의 일부는, 오늘날 많은 조직구성원들이 흔하게 경험하고 있는, 지속적인 연결성에 대한 것이다. 많은 조직들에서, 밀레니얼 세대는 스마트기기를 통해 거의 언제나 일에 관련된 연락을 받을 수 있게 하라는 이야기를 듣는다. 연구에서도 그와 같은 상황이 실제라는 근거를 보여준다. 대부분의 사람들은 주중에는 – 그리고 주말에도 – 깨어있는 시간의 대부분에는 조직의 연락을 받을 수 있어야 하는 상황에서 살고 있다.

지속적인 접촉가능성을 요구받는 상황을 고려할 때, 밀레니얼 세대가 일과 삶 간의 균형에 대한 니즈를 관리할 수 있는가의 여부는, 조직이 어느 정도의 유연성을 허가하는가에 대한 문제가 될 것이다. 밀레니얼 세대는 유연성을 가질 수 있기를 기대한다. 그들에게 있어서, 근무유연성이 중요한 이유는, 그것이 그들이 삶을 살아가는 방식이기 때문이고, 그들이 독립적이기 때문이며, 지금의 상황에서 유연하게 근무하고 싶다는 것은 합리적인 요구이기 때문이다. 어떤 종류의 업무가 특정한 시간대에 사무실에서 이루어져야 한다는 것이 타당하다고 해서, 근무유연제는 불가능하다는 말을 의미하는 것은 아니다.

밀레니얼 세대는 자신이 기대하는 일과 삶 간의 균형을 잡을 수 있는 상황일 때, 조직에 대한 충성도를 보인다. 그렇지 않은 상황이라면, 자신의 니즈를 충족시켜줄 수 있는 다른 곳을 찾을 수밖에 없다.

더 좋은 성장기회

밀레니얼 세대는 더 많은, 그리고 더 좋은 성장기회를 얻을 수 있을 거라 믿어질 때, 다른 조직으로 옮기기를 원한다. 이들은 더 이상의 성장이 없는 정체시기에 머무는 것을 매우 두려워한다. 커리어와 개인적 삶의 발달 모두에서 말이다. 80%는 전문적 스킬과 역량을 지속적으로 개발할 필요가 있다고 믿고 있었다. 그들은 일터에서 경쟁력있는 존재로서 인정받기를 원하며, 새로운 일에 도전해보기를 바라며, 조직에 기여하고 싶은 의지를 강하게 느낀다.

그들은 지속적으로 발전하지 못한다면, 조직을 위해 성장하거나 기여할 수 없게 될 거라는 것을 잘 알고 있는 것이다.

밀레니얼 세대는 성장이라는 것에 대해 높은 우선순위를 두고 있다. 50%는 커리어 발전의 기회를 얻을 수 있기 때문에 현재의 조직을 특별히 선택했다고 이야기한다. 그들 중 3/4 정도는 현재의 일을 기술적인 전문성[24]과 리더십 역량[25]을 개발할 수 있는 기회이자, 리더로서의 역량[26]을 보여줄 수 있는 기회로 생각한다고 말하기도 했다.

밀레니얼 세대 중 3/4은 일터에서 스킬을 개발할 수 있도록, 학습과 성장 도구를 활용하거나 관련 인력의 도움을 받을 수 있다고 이야기했다.[27] 하지만, 1/4은 지속적으로 학습과 발전을 할 수 있다고 느낄만큼 성장하지 못하고 있다는 말을 하기도 했다.

그들이 충분한 성장을 하지 못한다고 느끼는 이유 중 하나는 아마도 시간의 부족이 있을 것이다. 발전을 위한 환경을 가지고 있다고 하더라도, 대부분의 밀레니얼 세대들은 자신이 원하는 방법으로 성장을 위한 과정에 몰입할 수 있는 시간이 부족하다고 이야기한다.[28] 우리가 만났던 많은 사람들이 배우고 있는 것에 대해 숙고해보고 현실에 적용해볼 수 있는 충분한 시간을 갖지 못한다고 말했다(이 부분은 우리가 앞에서 과중한 업무량에 대해 이야기했던 것과 관련된다). 밀레니얼 세대들은 학습했던 대부분의 내용들을 일과 통합시키기보다는, 시간이 지나면서 잊어버리게 된다고 느끼고 있었다.

업무역량을 개발하는데 있어서 시간이 부족하다는 문제점은 밀레니얼 세대에게 '조직이 자신을 가치있는 기여자가 아니라, 그저 일을 같이 하고 있는 사람 정도로 대우한다'는 느낌을 갖게 한다. 밀레니얼 세대의 시각에서 볼 때, 조직이 구성원이 배움의 기회를 갖기를 기대하고, 구성원의 발전으로부터 이득을 얻을 생각이 있다면, 조직은 반드시 구성원의 성장을 위한 자원을 제공해주어야 한다(예 : 업무시간 중에 성장을 위한 노력을 할 수 있도록 하고, 그에 대한 비용을 지급하기). 만약 조직이 성장을 조력할 수 있는 자원을 제공해주지 않는다면, 사람들은 그 조직이 구성원의 성장이나, 구성원 자체에게도 그다지 관심이 별로 없다고 생각하게 되는 것이다. 그러한 상황에서, 밀레니얼 세대는 필요한 성장을 할 수 있을 것 같고, 그를 위한 자원을 제공해주는 곳을 찾아서 떠나게 된다.

더 좋은 승진기회

밀레니얼 세대가 다른 조직으로 옮기는 이유는, 새로운 곳에서는 더 좋은 승진 기회를 가질 수 있을 거라고 믿기 때문이다. 과거에 많은 관리자와 리더들은 일을 정말 잘 해내고, 해당 직급에서 필요한 모든 지식을 얻으려면 적어도 몇 개월이나 몇 년이 필요하다고 믿었었다(어떤 상사들은 여전히 그런 믿음을 가지고 있다).

이러한 시각에 대한 문제점은, 사람들이 학습을 하고, 배운 것을 일에 적용시키는 속도는 사람들마다 다르다는 데에 있다. 기하학을 배울 때를 생각해보자. 어떤 사람들은 직관적으로 문제를 파악하고, 최소한의 시간에 필요한 근거들을 수집한 후, 신속하고 정확하게 필요한 해결책을 만들어낸다. 하지만 몇 주 동안 추가적인 공부를 한다고 해서 성과가 크게 좋아지지는 않는다. 반면에 또 다른 사람들은 직관적으로 기하학 문제를 이해하지는 못한다. 따라서, 문제를 풀 수 있는 추가적인 시간을 더 준다면 도움이 되고, 더 오랫동안 공부를 하게 되면 눈에 띌만한 성장을 할 수 있게 된다.

동일한 현상을 일터에서도 관찰할 수 있고, 밀레니얼 세대는 이를 잘 인식하고 있다. 어떤 기술은 신속하게 익힐 수 있지만, 다른 기술은 숙달하는 데에 시간이 걸린다는 것을 이해하는 것이다. 그들이 수용하기 어려워하는 것은, 담당 업무를 하는 데에 필요한 모든 것을 배우기 위해서는 누구나 동일한 시간이 필요하다는 제조업의 시각이다. 밀레니얼 세대는 모든 사람들의 특성은 다 다르기 때문에, 모든 경우에 대해 한 가지 전략만 사용하는 방법이 조직에게는 효율적이지 모르겠지만, 개인의 니즈를 충족시키기에는 무리가 있다는 것을 알고 있다. 기억할 것은, 조직은 자신을 프리랜서 계약직원 정도로 보고 있다고 밀레니얼 세대들이 생각하고 있기 때문에, 조직이 자신을 오랫동안 구성원으로 고용해줄 거라는 신뢰를 가지고 있지 않다는 사실이다. 밀레니얼 세대는 조직의 계획에 맞추기 위해 배움을 중지해야 하는 상황에서 몇 년을 "낭비하고" 싶어 하지 않는다.

예를 들어보자. 한 조직의 젊은 여성직원은 몇 년 동안 특정 역할을 맡아왔고, 항상 최고의 성과를 만들어냈다. 뛰어난 관리자라는 인정을 받는 사람이었고, 그녀의 업무성과는 조직에 있어서 큰 가치가 있는 것들이었다. 해당 역할을 몇 년 동안 수행한 후, 그녀는 뭔가 정체되고 있다는 느낌을 갖기 시작했다. 그래서, 다른 부서의 더 높은 직급으로 승진해서 성장과 배움을 이어나가고 싶다는 요청을 하였다. 그리고, 해당 역할에 대해 조직 내에서 사람을 찾고 있다는 것도 스스로 알아냈다. 다른 부서는 그녀가 와주기를 바랬지만, 현재의 상사에게 허가를 받지 않으면 불가능한 상황이었다. 그녀는 9개월이 넘도록 되풀이해서 상사에게 요청을 하였지만, 그때마다 "좋은 생각이네요. 알아보도록 하겠습니다. 하지만, 당신이 일을 너무 잘하는 사람이기 때문에, 우리 조직에서 놓치기는 아까운 인재입니다."라는 대답이 돌아올 뿐이었다.

이와 같은 밀고당기기를 9개월 동안 한 후, 그녀는 6개월 내에 부서를 옮길 수 있기를 바란다고 이야기했다. 조직에서는 그렇게 해주겠다고 말을 했다. 그리고, 6개월 후 그녀는 정말 옮길 수 있었다. 아예 퇴사를 하고, 다른 조직으로 옮긴 것이다.

어떻게 된 것이었을까? 조직은 그녀의 부서이동을 원하지 않았다. 그렇게 되면 많은 사람들이 불편해할 것이기 때문이었다. 조직은 그녀가 현재의 역할을

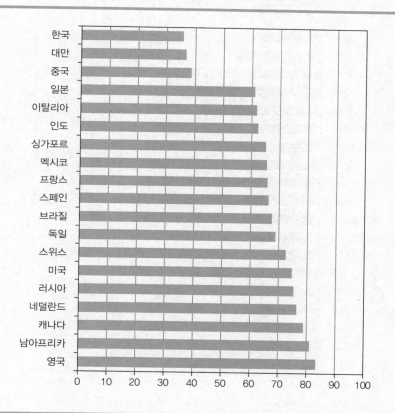

그래프 5.4　승진을 위해서는 특정 직급에서 최소한의 근무연수를 채워야 한다는
시각에 반대하는 밀레니얼 세대의 수(백분율)

홀륭하게 수행한 것으로부터 혜택을 받았고, 20년이나 그 이상 동일한 일을 더
해준다면 행복할 거라고 생각한 것이었다. 조직은 그녀를 발전과 성장을 하고
싶은 한 개인으로 본 것이 아니라, 조직 내의 부속품 정도로 생각했다. 또, 발전
과 성장을 할 수 없다고 느끼는 상황에서 조직을 떠날 수 있을 거라고도 생각
하지 않은 것이다. 결국 그녀는 조직의 이득을 위해 자신의 성장을 희생하고 싶
어하지 않았기 때문에, 조직은 그녀를 잃을 수밖에 없었다.

　조직구성원이 승진을 하기 위해서 꼭 최소한의 근무연수를 채워야 할 필요는

그래프 5.5 성장목표를 달성하기 위한 과정에 대해 만족하고 있다고 응답한
밀레니얼 세대의 수(백분율)

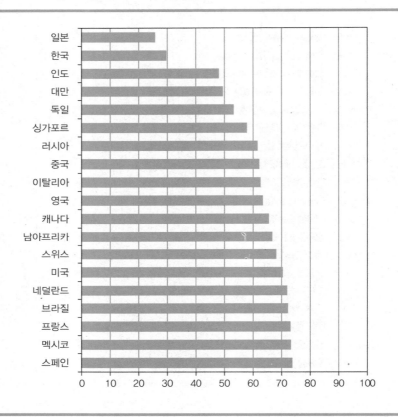

없다는 시각은 이제 전세계적으로 많이 퍼지고 있는 것 같다. 우리의 연구대상
에 속한 많은 나라들에서, 대부분의 밀레니얼 세대는(60% 이상) 승진하기 위해
최소한의 근무연수가 필요하다는 생각에 대해 매우 강하게 반발하고 있다(한국,
대만, 중국에서는 예외적으로 이러한 생각에 반대하는 경우가 40% 이하였다. 그래프 5.4
참조.) 이에 더하여, 18%는 승진에 필요한 역량을 개발하기 위해서는 특정한 근
무연수가 필요하다는 생각에 대해 찬성도 반대도 하지 않는다고 대답했다. 즉,
대부분의 나라들에서, 많아봐야 밀레니얼 세대의 1/3 정도만이, 성과에 상관없

이, 승진을 위해서는 특정 직급에서 최소한의 근무연수를 채우는 것이 필요하다고 생각한다는 것이었다. 남아프리카와 영국에서는 7% 정도, 그리고 중국과 대만에서는 32% 정도가 과거의 시각을 유지하고 있었다.

이러한 시각의 핵심 요소는 이 상황을 유지하는 것이 조직이나 개인에게 이득이 있는가의 문제이다. 승진하기 위해서는 특정한 직급에서 최소한의 근무연수를 채워야 한다는 시각을 믿지 않는 밀레니얼 세대는 이렇게 생각한다. 승진에 필요한 조건을 이미 갖추었고, 현재 상태에서는 정체가 될뿐 더 이상의 성장이 없는데, 그럼에도 불구하고 누군가 그 사람은 현재의 역할에 머물러야 한다고 생각한다는 이유 때문에 그를 잡아놓는 것은 조직이나 개인에게 아무런 이득이 없다고 말이다. 핵심적인 것은, 전세계의 밀레니얼 세대는 승진이 근무연수가 아니라, 승진을 함으로써 조직과 개인에게 이득이 되는가에 따라 결정이 내려져야 한다고 생각하는 것이다

전세계의 밀레니얼 세대들 중 대부분이 자신의 성장 목표를 달성하기 위한 과정에 대해 만족감을 느끼고 있는 반면(그래프 5.5 참조), 1/3 이상이 현재 자신의 발전과정에 대해 불만스러워한다는 사실은 더 많은 사람들이 퇴사 의지가 생길 수 있다는 것을 보여준다.

현재의 성장 속도에 대해 불만을 느끼고 있는 사람들의 경우, 차라리 회사를 옮기는 것이 더 나을 때가 있다. 왜냐하면, 조직의 현재 상태에서는 승진을 하기까지 너무 오래 기다려야 하고, 밀레니얼 세대는 더 이상 그 조직에 머물러 있다가는 정체될 가능성이 높기 때문이다. 하지만 또 다른 경우에는, 조직에서 매우 승진을 빨리 했던 데이브라는 젊은이의 이야기에서 볼수 있듯이, 너무 단기간에 승진을 하게 되면 부작용이 생기기도 한다. 데이브의 부서는 그의 리더십에 기반하여, 기대목표보다 훨씬 더 많은 수익을 올렸다. 그는 당연히 승진과 더 높은 연봉을 요구했고, 그 요구대로 승진과 연봉인상을 하게 되었다. 또한, 팀의 성과가 좋았기 때문에 더 많은 권한도 갖게 되었다.

데이브의 이야기는 정말 대단한 성공 사례처럼 보였다. 그가 추락하고 소진되기까지는 말이다. 그의 팀이 거둔 성과는 정말 대단했지만, 전체 조직의 성숙

도는 그에 미치지 못했다.

조직이 미성숙하다는 것을 보여주는 증거가 초반에 존재하기는 했었다. 예를 들어, 데이브가 조직에 대한 자신의 기여도에 대해서만 자랑을 늘어놓고, 팀동료들에게는 아무런 보상도 해주지 않았던 때가 있었다. 상사는 그러한 데이브의 행동을 보고 코칭을 해주려고 시도했다. 그는 데이브가 놓치고 있는 인력관리의 부분에 대해 이해하고, 조직내에서 불필요하게 보상기회를 없애는 일을 하지 않기를 바랬지만, 데이브는 말을 듣지 않았다. 데이브는 그의 성과가 이렇게 높은만큼, 아무도 자신을 건드릴 수 없다고 생각했다.

하지만 사실 다른 동료들은 데이브에 대해 질투를 하고 있어서, 그의 공적을 가로채려 하거나, 그가 하고 있는 커다란 프로젝트를 방해하려 하기도 했다. 데이브는 계속해서 자신의 리더십, 동료에 대한 관계의 효과성을 감소시키는 행동을 계속했고, 아무런 합리적인 이유 없이 다른 사람들을 화나게 하는 행동도 지속했다.

시간이 지나면서 데이브에 대한 적대감은 커져만 갔고, 결국 그는 조직을 부끄럽게 만드는 일을 하고 있었다는 것이 밝혀졌다. 이러한 사실이 알려졌을 때, 데이브는 면팀장을 요구받게 되었고, 조직구성원으로서의 성숙도를 개발하든지 그렇지 않으면 퇴사해야만 하는 상황이 되었다. 그는 결국 회사를 떠났다. 이와 같은 사례는 조직구성원으로서의 성숙된 면이 없이 기능적으로 성과만을 올려서, 결국 리더십의 수준이 낮아졌는데도 승진할 수 있다고 믿었던 상황을 보여준다.

이 두 가지 사례들을 보면(조직에서 엄청나게 많은 경고를 한 다음에야 퇴사를 한 여성과, 조직구성원으로서의 미성숙성을 매우 많이 보여준 다음에 퇴사를 한 남성), 일부 밀레니얼 세대(일부 기성세대도 마찬가지)의 현실을 알 수 있다. 대부분의 조직구성원들은 성과가 높기만 하면 바로 승진을 해야 한다고 믿고 있으며, 좋은 성과를 냄에도 불구하고 승진이 되지 않을 경우에는 바로 다른 직장을 찾기 시작하려고 한다. 또, 조직이 자신의 승진과 성장 욕구를 우선순위로 고려해주지 않는 경우, 퇴사할 곳을 찾고는 있지만 일단 조직에 남아있는 사람들도 있다.

많은 경우, 구성원은 승진할 준비가 되어 있고, 상사도 그들을 승진시키고 싶어하지만, 적절한 자리가 준비되어 있지 않아서 승진이 안되는 때가 많다. 누군가 가까운 미래에 옮길 생각이 없는 사람에 의해 승진기회가 "막혀있는" 것이다. 이러한 사람들에게 현재의 자리에 있으면서도 학습과 성장을 지속할 수 있는 방법을 찾아주는 것은 매우 중요하다. 특별 과제를 부여하거나, 추가적인 책임권한을 제공하는 등의 방법이 있을 수 있겠다.

많은 밀레니얼 세대들이(기성세대들도 마찬가지) 다른 조직으로 옮기는 이유는 새로운 곳에서 성장과 승진의 기회를 더 많이 가질 수 있겠다고 생각되기 때문이다. 밀레니얼 세대들은 현재 조직에 대한 충성도가 높을 때에도 퇴사를 고려한다. 왜냐하면, 그들은 끊임없이 배우고, 성장하고, 승진하고 싶기 때문이다. 밀레니얼 세대에게 승진이란 자신의 역량을 강화하는 작업의 일부인 것이다.

만약에 현재 조직에서 정체되고 있다고 느끼고 있다면, 더 이상 그러한 정체감을 느끼지 않아도 될 수 있는 어딘가를 찾게 되는 것은 당연할 것이다.

일터에서의 커뮤니티에 대한 소속감

밀레니얼 세대가 퇴사를 결정했다면, 아마도 자신의 가치관과 일치하는 조직과 동료들을 찾았을 것이다. 만약 그가 조직의 미션에 대해 신뢰하지 않거나, 관리자의 우선순위 판단 능력을 믿지 않는다면, 그 조직에 대한 소속감을 느끼기 어렵기 때문이다. 따라서, 그러한 상황을 경험하게 되는 사람은 새로운 직장을 찾을 수밖에 없다.

일터에서의 관계는 소속감에 대해 큰 영향을 미친다. 밀레니얼 세대가 첨단기술을 사랑하기는 하지만, 동시에 그들은 사람들과의 상호작용을 원한다. 일터에서의 관계는 자아개념 및 일터에 대한 충성도에 있어서 매우 중요한 요소이다. 그렇다면, 일터의 동료들을 알아가고 좋은 관계를 맺는 것을 중요하게 생각하지 않는 관리자가 밀레니얼 세대의 니즈를 무시한다면 어떤 일이 일어날까? 밀레니얼 세대가 일터에서 사귀고 싶은 친구를 발견하지 못한다면 어떤 일이 일어날까? 그 밀레니얼 세대는 아마도 소속감을 느낄 수 있는 자리를 만들어주는 새로운 직장을 찾을 가능성이 매우 높아질 것이다.

많은 밀레니얼 세대에게 있어서, 소속감이라는 것은 현재 고용되어 있는 조직에 대한 것과, 자신이 선택한 직업에 대한 것으로 나누어볼 수 있다. 많은 산업분야에서, 조직의 구성원으로서의 소속감이 기존에는 강조되었었지만, 현재에는 직업에 대한 소속감에 대해서도 논의가 이루어지고 있다. 사실, 많은 밀레니얼 세대는 과거의 사람들이 조직에 대한 소속감을 가졌던 것과 같은 방법으로, 직업에 대한 소속감을 느끼고 있다. 예를 들어 설명해본다면, 대부분의 밀레니얼 세대는 누군가 자신의 직업분야에 있는 사람에 대해 칭찬을 하면, 마치 자기자신이 칭찬을 받은 것같이 느끼고,[29] 같은 직업분야에 있는 사람들을 칭할 때 "그 사람들"이 아니라 "우리"[30]라고 이야기한다(다른 조직에 있다 하더라도).

즉, 많은 밀레니얼 세대에게 "소속감"이란 꼭 조직에 대한 것을 나타내는 것은 아니라는 의미이다. 만약 그들이 특정 조직을 떠난다 하더라도, 전문적 정체성에 기반하는 소속감은 계속해서 느끼고 있는 것이다. 따라서, 어떤 밀레니얼 세대에게 있어서 조직에 대한 "소속감"은 자신의 직업에 대해 가지고 있는 강한 소속감보다 약할 수도 있다.

밀레니얼 세대가 소속감을 느끼지 못하면, 부족함을 느끼는 것을 채우기 위해 무언가를 찾기 시작할 것이다. 이때의 소속감은 조직(또는 관리자)이 가지고 있는 가치관이 자신의 것과 비슷한가, 또는 동료와 상사들이 자신을 한 인간으로 존중하고 케어해주는가에 따라 영향을 받게 된다.

핵심사항

밀레니얼 세대는 자신의 삶을 더 좋은 수준으로 끌어올려줄 수 있는 새로운 직장을 찾으려 한다. 연봉수준, 일과 삶 간의 균형, 승진과 성장의 기회를 개선하고 싶어할 수도 있고, 커뮤니티에 대한 소속감 증진을 원할 수도 있을 것이다. 전략적으로 조직의 핵심인재 보유율을 높이기 위해, 조직은 "승진과 성장"을 원하는 구성원의 욕구와, 이들의 니즈를 채워줄 수 있는 대안들을 제공해야 한다.

결론 : 밀레니얼 세대가 조직을 떠나는 이유는 다른 곳에서 더 좋은 것을 얻을 수 있을 거라는 생각을 하기 때문이다

　연구결과를 보면 밀레니얼 세대가 현재 조직에 충성하는 모습을 보이면서도, 동시에 퇴사에 대한 생각을 하고 있다는 것을 알 수 있다. 하지만, 사람들은 가능성이 있어 보이는 기회를 갖지 않는 이상 바로 조직을 떠나지는 않는데, 이것은 밀레니얼 세대에게도 마찬가지이다. 경제적인 문제나 다른 이슈 때문에 퇴사가 어려운 상황이라면, 조직을 떠나지 않는다. 밀레니얼 세대의 37%는 현재의 직장에 머물러 있기로 한 선택에 영향을 준 것은 어려운 경제적 상황이었다고 대답했다. 하지만, 대부분의 밀레니얼 세대는 옮길 마음만 먹는다면 자신에게 새로운 일자리를 제안해줄 조직들을 여러 곳 알고 있다고 대답했다.

　밀레니얼 세대는 선택할 수 있는 조직들이 많이 있다고 믿는다. 왜냐하면, 헤드헌터들이 그들에게 자주 전화하고, 더 많은 연봉과 더 많은 성장과 승진 기회를 얻을 수 있다고 이야기해주기 때문이다. 많은 밀레니얼 세대들은 다른 직장으로 옮기게 되면(동일한 연봉과 권한이 있는), 업무 시간도 줄어들 거라고 생각한다. 하지만, 혹 이러한 생각이 "남의 떡이 더 커보인다"는 것이 아닌지에 대해 의심을 해볼 필요가 있는 것 같다. 더 많은 경험을 쌓게 되면 앞으로 어떤 일이 일어날지에 대해 더 명확하게 이해할 수 있을 것이기 때문이다.

　새로운 직장에서는 어느 정도 일을 하게 될지에 대해 기성세대의 생각을 물어본 조사 결과를 보면, 어느 정도 해석이 가능해보인다. 자신의 업무 시간이 감소할 것인가에 대해 기성세대는 밀레니얼 세대보다 덜 낙관적인 태도를 가지고 있었다(표 5.2 참조).

　기성세대 구성원들은 본인이 가지고 있는 다양한 경험을 기반으로 하여, 새로운 직장에서의 기회에 대해 조금 다른 생각을 가지고 있었다. 그들은 다른 직장에서의 삶이 반드시 더 좋을 거라고 생각하지는 않는 듯했다. 하지만, 밀레니얼 세대는 여기보다는 다른 곳이 더 나을 거라고 믿고 있었고, 그러기를 바라고 있었다. 그들은 높은 연봉, 흥미있는 일, 좋아하는 동료들, 일과 삶 간의 균형과

표 5.2　새로운 직장으로 옮기게 되면 몇 시간을 일하게 될 것 같은가?

총 시간	밀레니얼 세대	기성세대
훨씬 더 많이	2%	2%
약간 더	8%	10%
동일하게	34%	50%
약간 덜	33%	26%
매우 적게	23%	12%

같은 최적의 환경을 갖춘 곳에서 일하고 싶은 것이다. 어딘가에는 더 좋은 곳이 꼭 있을 거라고 믿기 때문에, 계속해서 다른 직장을 찾는 것으로 보여진다.

밀레니얼 세대가 조직에 대한 높은 충성도를 가지고 있으면서도, 지속적으로 더 좋은 곳이 있는지를 찾는 특성이 있다는 것을 기반으로 해서, 이제는 당신이 팀구성원으로서, 관리자로서, 리더로서 그들과 효율적으로 일하기 위해 필요한 행동들을 설명해보려고 한다.

밀레니얼 세대와 팀동료로서 일할 때의 제안

밀레니얼 세대는 자신의 일, 팀, 조직에 대한 충성도가 높다. 그들과 함께 일하는 동안은 말이다. 더 좋은 기회를 위해 조직을 떠나는 것을 고려한다고 해서, 함께 일하는 동안에도 충성도가 없다는 의미는 아니다.

그들은 맡은 일을 잘해내기 위해 긴 시간 동안 일하고, 필요한 행동을 할 마음의 준비가 되어 있기 때문이다.

밀레니얼 세대는 과연 얼마나 다른 것일까?

밀레니얼 세대와 마찬가지로, 기성세대들도 조직에 대한 충성도가 높다. 사실, 대부분의 사람들은 현재 근무하고 있는 조직에서 은퇴시기까지 머무르고 싶다고 생각한다.[31]

밀레니얼 세대같이 조직에 대한 충성도를 가지고 있으면서도, 이들 또한 다른 기회가 있는지에 대해 알아보고 있다. 밀레니얼 세대와 마찬가지로, 기성세대도 과도한 업무량에 시달리고 있고, 자신이 일을 통제하지 못한다고 느끼고 있으며, 연봉수준에 대해 불만을 가지고 있고, 일 때문에 개인적인 삶을 충분히 누리지 못한다고 생각한다. 대부분의 기성세대는 담당한 일들을 모두 다 완료하기가 매우 어렵다고 생각하고 있고,[32] 1/4 이상은[33] 업무량이 너무 많아서 일을 잘해낼 수가 없다고 믿고 있다. 밀레니얼 세대와 마찬가지로, 이렇게 느끼는 이유 중의 일부는 자신의 일에 대한 통제권한이 없기 때문인 경우가 많다. 자신의 업무에 대해 통제권을 가진다는 것은 매우, 또는 가장 중요한 것으로 느껴진다. 하지만, 자신의 업무 속도를 통제할 수 있다고 믿는 경우는 50% 정도밖에 되지 않았다. 이는 밀레니얼 세대의 응답률과 일치했다.

밀레니얼 세대와 마찬가지로, 기성세대도 보상을 매우 중요하게 생각하고, 대부분의 경우 불만을 느끼고 있다(그래프 5.2 참조). 거의 모든 기성세대(99.5%)는 보상이 자신에게 매우 중요하다고 이야기했지만, 현재 보상수준에 대해 만족하고 있다고 말한 사람은 36%밖에 되지 않았다. 유사하게, 기성세대의 3/4 정도는 작년에 헤드헌터로부터 최소한 한 통 정도의 연락을 받았다고 이야기했다. 밀레니얼 세대와 마찬가지로, 절반 이상이[34] 일 때문에 개인적인 삶을 충분히 누리지 못한다고 생각하고 있었다.

동시에 그들은 더 나은 기회를 찾아야 하는 책임을 가지고 있다고 믿는다. 개인적인 니즈를 조직이 모두 충족해줄 수가 없기 때문에, 개인적으로 노력해야 한다는 것이다. 이는 밀레니얼 세대와 함께 일하는 사람들에게도 혜택을 주는 태도이다 – 밀레니얼 세대는 성장과 승진을 위한 더 좋은 기회를 얻기 위해 지속적으로 배우고 좋은 성과를 내어야 한다고 믿는다.

이러한 태도는 동료들에게 이들과 마찬가지로 계속해서 열심히 배우고 더 많은 것을 성취해야 하겠다는 마음을 불러일으켜 준다.

밀레니얼 세대 동료는 당신의 경험에서 도움을 받을 수 있다. 그들은 팀동료들이 제공해주는 조언과 멘토링에 대해 높은 가치를 두기 때문에, 밀레니얼 세대들이 자신의 기회에 대해 더 현실적으로 이해하도록 해줄 수 있는 아이디어가 있다면 그들에게 공유해주기 바란다. 그들은 조직 내에서 승진할 수 있는 기회와, 다른 조직에서의 기회에 대해 당신이 이야기해주는 것에 대해 기꺼이 귀를 기울일 것이다. 동시에, 밀레니얼 세대의 꿈과 기대하는 커리어에 대해 관심을 가지고 들어주는 것도 중요하다. 사람마다 일로부터 얻고 싶어하는 것은 모두 다르다. 따라서, 당신의 시각에 대해 이야기할 때, 밀레니얼 세대가 원하는 것이 무엇인지에 대해 고려하는 것이 중요하다. 그들이 원하는 것은 가이드이지, 이래라 저래라 하는 지시가 아니라는 것을 기억하자. 당신의 경험을 공유하는 것은 가이드의 형태가 되어야 한다. 밀레니얼 세대의 연령대를 이미 살아보았다고 해서 어떤 것이 최선인지에 대해 당신이 알고 있다는 느낌을 주는 것은 바람직하지 않다.

밀레니얼 세대의 관리를 위한 제언

대부분의 사람들은 뭔가 문제가 있지 않고서는, 현재 자신의 일터를 떠나고 싶어하지 않는다. 어디에선가 정말 매력적인 제안을 받았다고 해도, 몇 년 동안 일해왔던 일터와 동료들을 떠나기란 쉬운 일이 아니다. 밀레니얼 세대는 현재 조직에 머무르고 기여하고 싶어한다. 흥미있는 일을 하고, 성장하며, 팀에서 인정받는 구성원이 될 수 있는 기회를 가질 수 있다면 말이다. 밀레니얼 세대는 일터에서 만든 친구관계와 커뮤니티에 대해 높은 가치를 부여한다. 그들은 조직에서 지금까지 구축해놓은 삶을 포기하지 않아도 되도록 현 조직에서 머무를 수 있기를 바란다. 하지만, 현재 마주하고 있는 도전과제에 대해 당신의 도움을 바랄 것이다. 밀레니얼 세대가 조직에 머무르겠다는 결정을 조금 더 쉽게 할 수 있도록 도와줄 수 있는 사람은 다른 사람이 아닌 바로 관리자이다.

1. 효과적인 관리를 해주고, 사내 정치에 휩쓸리지 않도록 도와주자.

구성원들이 조직에서 계속 일하면서 만족감을 느끼기를 바란다면, 관리와 리더십의 수준을 높일 수 있는 모든 방법을 다 시도해볼 필요가 있다.

이 방법들 중에는 사내 정치에 휩쓸리게 되는 상황을 최소화해주는 것도 포함된다. 자신의 역할모델이 비생산적인 행동을 하는 것에 몰두하고 나쁜 리더로 변화되어 가는 것을 보게 된다면, 어떤 구성원도 조직을 떠나고 싶은 마음이 들게 될 것이다.

사람들은 종종 부정적인 사건들을 더 잘 기억하고, 긍정적인 일들을 잊어버리곤 한다. 한번의 나쁜 사건은 여러번의 긍정적인 경험들보다 더 큰 영향력을 가진다. 당신이 중점적으로 해야 할 일은 조직을 일하기에 더 좋은 공간으로 만드는 것과, 사내 정치를 제거하는 것이다. 사내 정치를 통해 사람들은 매우 눈에 잘 띄는 방식으로 정상에서 벗어난 행동을 하게 되고, 그러한 상황에서 좋은 관리자가 되고자 하는 당신의 노력은 모두 효과가 없어지게 될테니 말이다. 리더십팀과 논의해서, 그렇게 사내정치를 하려고 하는 사람들에게 조용히 경고를 하는 것이 바람직하다. 왜냐하면, 이러한 사람들이 당신의 메시지를 듣고 행동을 변화시키도록 하는 가장 좋은 방법은, 반발심이 생기지 않도록 조용히 대화를 하는 것이기 때문이다. 하지만, 이러한 해결노력은 처음에 그러한 나쁜 행동을 보았던 사람들에게는 알려지지 않게 되는 경우가 많기 때문에, 역시 자신의 이익을 위해서는 어떤 행동이라도 하는 사람들이 혜택을 받게 된다고 오

해를 할 수 있다. 조직의 규모가 클수록 꼭 기억해야 하고, 좋은 방법을 찾아
내야 할 것은, 그 조직 내에서 수용될 수 있는 행동은 무엇이고, 수용되지 않
는 행동은 무엇인지, 그리고 수용될 수 없는 행동을 한 사람에 대해서는 어떤
대처를 할 것인가에 대해 명확히 하고, 이 메시지를 최대한 자주 구성원들에게
전달하는 일이다.

2. 밀레니얼 세대의 성장을 조력해주자.

학습과 전문성 개발은 거의 모든 구성원들(밀레니얼 세대를 포함해서)이 일터에
서 원하는 것들 중의 핵심적인 요소이다. 따라서, 그들에게 성장의 기회를 제공
해주는 것은 당연히 해야 할 일이다. 구성원들은 스킬 개발과정을 통해 도움을
받고, 앞으로는 배운 스킬을 일을 하는데에 적용하게 될 것이다. 만약에 당신이
구성원들의 스킬을 개발은 해주지만, 활용할 수 있는 기회를 제공하지 않는다
면, 성장조력과정이라는 것이 양날의 검이 되어버린다. 그들은 그 스킬을 잘 쓸
수 있는 다른 조직을 찾게 될 것이기 때문이다. 적절한 수준의 스킬을 가지고
있고, 조직문화에 잘 적응할 수 있는 사람을 새롭게 찾는다는 것은 매우 어려
운 일이므로, 현재 당신의 조직에 근무하고 있는 밀레니얼 구성원들의 역량을
잘 개발해서, 그들이 새롭게 익힌 스킬을 활용할 수 있는 방법을 제공하는 것이
투자대비 수익률을 높이는 최고의 방법 중 하나가 될 것이다.

당신의 부하직원에게 성장기회를 만들어주는 것에 초점을 맞추어보자. HR
부서는 커리어 계획을 세우는데 있어서 해야 할 역할을 가지고 있다. 하지만,
당신의 부하직원들이 지금 필요로 하는 성장 경험을 할 수 있도록 해주는 실제
적인 책임은 당신에게 있다. 그들이 일을 하는 과정에서 자신의 역량을 개발할
수 있는 기회를 찾도록 도와줄 수 있는 최적의 도우미는 바로 당신인 것이다.

가장 좋은 역량개발의 환경이 일터라는 것은 오래전부터 알려져 온 사실이
다. 교육기관에서 강의를 듣거나, 온라인으로 교육을 받는 것은 가장 영향력이
큰 배움이 일어나는 일터에서 추가적으로 이용할 수 있는 수단이다. 당신의 부
하직원들과 함께 어떤 환경에서 역량을 개발할 것인지, 그리고 어떻게 학습과

정을 진행할 것인지에 대해 알아보는 일은 모든 관리자들에게 있어서 가장 중요한 과제라고 할 수 있다. 당신이 적절한 도움을 주게 된다면, 이로 인해 생기는 좋은 성과는 두 배가 될 것이다. 구성원은 날이 갈수록 성장해서 새로운 일을 맡을만큼 역량을 키우게 될 것이고, 조직에 헌신하고, 기여하고자 하는 의지를 가진 핵심인재가 되어갈 것이다. 바로 당신이 그에게 성장할 수 있는 기회를 주었기 때문에 말이다.

3. 밀레니얼 세대가 회사에 계속 다니고 싶은 마음이 들 수 있도록, 승진, 역량개발, 충분한 보상, 커뮤니티, 좋은 상사와 같은 훌륭한 환경을 만들어주자.

당신은 구성원들이 기본적인 환경조건을 갖출 수 있도록 해줌으로써, 당신의 조직에 머무르고 싶은 마음을 매우 튼튼하게 강화시킬 수 있다. 그들에게 적절한 보상을 해주고, 승진할 수 있는 기회를 제공해주자. 구성원들이 좋은 사람들(동료 및 상사)과 함께 일할 수 있는 기회도 만들어주자. 이러한 환경을 조성해주었을 때, 구성원이 조직에 남아있을 가능성은 높아질 수밖에 없을 것이다.

가장 중요하게 기억해야 할 것은, 구성원이 계속 이 회사에 다녀야겠다고 생각하게 만드는 것은, 일의 한 부분 때문이 아니라 조직이 제공하는 전체적인 혜택 때문이라는 것이다. 그리고, 그 혜택 패키지를 만드는 작업을 도와줄 수 있는 사람이 바로 당신이라는 사실도 잊어서는 안된다. 대부분의 구성원들은 실제로 승진을 할 수 있기를 원하기도 하고, 앞으로 자신의 커리어를 발전시킬 수 있을 거라는 인정을 받고 싶어하기도 한다. 그들이 원하는 일터의 구성요소에는, 학습을 할 수 있는 기회, 배운 것을 일에 적용할 수 있는 상황, 상사와 동료로부터 인정받는 기회 등이 있다. 구성원들이 같이 생산적으로 일하고, 함께 일하는 것을 즐길 수 있는 긍정적 팀 문화가 만들어진다면, 다른 조직에 있는 사람들의 삶이 더 나아보이는 경우를 매우 많이 감소시킬 수 있다. 이 중에서 어떤 요소들을 갖추어야 최적의 일터 환경이 조성될지에 대해서는 개인별로 매우 다양한 기대가 있을 것이다. 따라서, 구성원들이 무엇을 원하고 있는지, 그리고 그들의 일터와 조직을 개선하기 위해서는 어떤 방법이 있을지에 대해 지속적으로 이야기를 해보는 것이 중요하다고 생각된다.

4. 과중한 일의 양과 일과 삶 간의 불균형을 감소시켜 주자. 이 두 가지 요소는 밀레니얼 세대를 조직 밖으로 내몰게 되는 핵심적인 이슈들이다.

소진은 현대 조직에서 매우 큰 문제로 대두되고 있다. 생산성을 강화하고 노동비용을 감소키기 위해 많은 조직들에서 지속적으로 노력한 결과, 대부분의 구성원들이 감당해야 할 업무의 양은 과거보다 많이 늘어난 것이 사실이다.

밀레니얼 세대는 조직 체계에서 가장 낮은 직급에 위치해 있고, 거부의 의사를 밝히기가 가장 어려운 상황이기 때문에, 과중한 일의 양에 노출될 가능성이 가장 많은 편이다.

관리자로서 일의 양과 스트레스에 대해 꼭 기억해야 할 중요한 사실이 두 가지 있다. 첫째, 지금의 위치에 오기까지 당신이 정말 열심히 일했다고 해서, 다른 사람들도 반드시 당신이 했던 바로 그 방법대로 해야 하는 것은 아니다. 어떤 사람들에게 있어서는, 엄청나게 많은 양의 일을 버겁게 받게 될 경우, 그렇지 않으면 매우 높은 생산성을 보일 수 있는 사람인데도 불구하고, 회사문을 박차고 나가버리게 만드는 이유가 될 수도 있다. 다음의 두 가지 중에서 어떤 것이 더 나쁠까? 업무량을 줄여주는 것과 퇴사를 한 사람 대신 대체인력을 받는 것. 그 자리에 딱 맞는 대체인력을 찾는다는 것은 정말 어렵다. 하지만, 당신의 조직 인력이 자꾸 빠져나가게 되면 아예 앞으로는 새로운 인력충원을 받지 못할 수도 있다. 이직률이 높아지게 되면 많은 손실이 생긴다. 원래 인원들이 함께 일할 때와 비교했을 때 그룹의 생산성이 떨어지게 될 것이고, 대체인력을 고용하고 훈련시키는 데에 비용이 발생할 것이며, 아예 조직크기가 줄어들게 되는 일도 생길 수 있다. 따라서, 이와 같이 이직에 의해 생기는 높은 손실을 메우기 위해 애쓰는 것보다는, 과중한 업무량을 감소시키고, 더 많은 사람들이 일을 나눠서 하게 하거나, 마감기한을 늘리는 것이 더 비용절감을 하는 방법일 수 있는 것이다.

둘째, 구성원에 대한 조직의 요구는 시간이 지남에 따라 더 늘어나고 있다. 조직들은 지속적으로 동일한 수의 인원을 통해 더 큰 성과를 만들어낼 수 있는 방법을 최대한 많이 찾으려 한다. 그 중에는 스마트 워킹도 포함된다(반대하는 사람이 하나도 없으며, 밀레니얼 세대 또한 기꺼이 수용하는). 하지만 실제 현실을 보면, 일을 많이 해야 하기 때문에 가정에서의 삶을 방해받아야 하는 상황은 계속해서 많아지고 있다. 일의 양이 어느 수준 이상으로 지나치게 많아지게 되면, 가장 생산적으로 일하는 사람에게도 버거워질 수밖에 없다. 이 조직에 대한 충성도가 높은 전문가들은 당신을 위해 정말 열심히 일하면서, 그 후에 그들은 회사를 떠나겠지만 말이다. 마지막 큰 프로젝트를 완벽하게 끝마쳐줄 것이다. 당신이 일과 삶의 불균형이 일어나는 현실과, 그로 인해 일어나는 문제들을 무시한다면 그러한 상황은 자주 일어나게 될 것이다. 당신이 일로 인해 받게 되는 스트레스를 감소시키는 데에 적극적으로 조력할수록, 밀레니얼 세대가(다른 세대 구성원들도) 회사를 떠날 가능성은 반드시 줄어들게 될 거라 확신한다.

5. 구성원들이 조직에 대한 소속감을 강하게 느끼고, 계속해서 일하고 싶은 마음이 많아지도록, 조직에서 성장할 수 있는 기회들을 제공해주자.

전문가로서의 발전은 구성원에게 주는 유인가 이상의 가치를 가진다. 구성원의 역량을 개발하는 것은 조직에게 유리한 경쟁력을 갖추는 일인 것이다.

사람들은 스킬과 전문가로서의 역량을 개발하고 발전시킬 수 있는 기회를 얻을 때, 조직에서 더 많은 기여를 하게 되고, 더 많은 충성도를 보이게 된다. 결국 조직에서는 핵심인재들을 많이 보유하게 되고, 이직률을 낮출 수 있게 되는 것이다.

관리자는 구성원의 역량개발에 있어서 핵심적인 역할을 해야 하는 사람들이다. 어떤 구성원들은 자신이 활용할 수 있는 성장기회가 어떤 것이 있는지 잘 알지 못한다. 또 어떤 구성원들은 좋은 아이디어는 가지고 있지만, 어떻게 실행해야 할지 구체적인 행동계획에 대한 조력이 필요하기도 하다. 또 다른 구성원들은 세부행동계획에 대해 잘 알고 있지만, 직접 행동으로 옮기는 것에 대해 아직 불편감을 느끼기도 한다. 아직 많은 사람들은 성장을 위한 기회를 활용할 수 있어야 한다는 것을 알고는 있지만, 어떤 행동을 해야 하는지, 그리고 자신이 성장 프로그램에 참여할 만한 후보군인지에 대해 현실적으로 잘 모르는 경우가 있다.

조직에서의 구성원 유지율을 높이는데 있어서 역량개발기회를 제공하는 것이 매우 중요하기는 하지만, 사실 핵심인재들에게 일 이외의 다른 일을 할 시간을 준다는 것은 다소 염려스러울 수 있다. 역량개발을 하느라, 원래 해야 할 일을 하는데 시간이 부족하지 않을까? 특별히 중요한 일을 하고 있는 중이라면, 그들이 역량개발을 하는 동안 누가 대신 일을 해줄 수 있을까? 핵심인재들이 조직 내의 다른 부서들에 대해서도 잘 알게 된다면, 우리 팀을 떠나서 다른 팀으로 가고 싶어하지 않을까? 모두 생각 가능한 걱정들이다. 하지만, 그 중의 어느 것도 구성원들이 필요로 하는 성장 기회를 주지 말아야 할 이유가 될 수는 없다. 그 기회들이 구성원 개인과 조직에게 있어서 의미가 있기만 하다면 말이다.

당신이 간절히 원한다 하더라도, 핵심인재 밀레니얼 세대 구성원을 영원히 당신의 조직에 붙잡아둘 수는 없다. 그들의 현재 상황을 유지하는 것만으로는, 앞으로 30년 동안 필요한 성장 기회를 충분히 제공하는 것이 불가능하기 때문에, 어딘가 다른 곳으로 가서 배울 수 있기를 원하게 되는 것이 자연스럽다. 밀레니얼 세대들을 무조건 조직에 머물러 있도록 하는 것보다는, 그들이 성장하고 다른 기회를 탐색할 수 있도록 돕는 것이 더 바람직하다. 당신은 구성원의 역량개발을 도움으로써, 조직의 성공에 기여할 수 있는 큰 과제들을 해결할 수 있게 될 것이다. 당신이 그들을 믿어주고 성장할 수 있는 기회를 주었기 때문에, 그들은 조직에 더 오래 머무를 것이고, 일에 대해 더 많이 몰입하게 될 것이다. 현재 맡고 있는 일을 계속하든지, 아니면 조직 내에서 이동을 해서도 마찬가지이다. 이렇게 구성원들을 지원해줌으로써, 그들이 좌절감에 휩싸여 회사문을 박차고 나가게 하는 것보다 훨씬 더 좋은 성과를 얻을 수 있는 것이다. 그렇다. 밀레니얼 세대는 당신의 팀을 떠나 조직 내 다른 팀으로 가고 싶어할 수도 있다. 하지만, 아예 그 구성원이 회사를 나가서 당신의 경쟁사로 들어가는 것보다는 훨씬 나은 것이 아닌가!

6. 구성원들이 자신의 발전과정에 대해 만족하지 못할 수도 있다는 것을 이해하자. 그렇다고 해서, 뭔가 정말 잘못되고 있다는 것은 아닐 수도 있으니 말이다.

어느 세대에 속하든지, 거의 모든 구성원들은 최대한 짧은 시간 내에 성장하기를 원한다. 따라서, 밀레니얼 세대가 최대한 빨리 발전하고 싶고 승진하고 싶다는 강한 욕구를 표현하는 것은 완벽하게 이해가능한 일이다. (어떤 면에서는 이러한 욕구를 나타내지 않는 구성원들에게, 야망이 없다는 평가가 나오기도 한다.) 그러나, 성장에 대한 구성원의 욕구와, 그들의 희망과 꿈을 충족시켜줄 수 있는 조직의 능력 간에는 커다란 차이가 존재한다.

관리자로서, 당신이 이 문제에 대해 너무 많이 걱정할 필요는 없다. 왜냐하면, 대부분의 구성원들은 조직이 그들을 위해 해줄 수 있는 것이 어느 수준인지에 대해 현실적인 파악을 하고 있기 때문이다. 물론 그러한 상황에 대해 100% 만족하지는 않더라도 말이다. 곧바로 자신에게 고급 집무실을 줄 것을 요구하는 사람들도 가끔 있을 수 있지만, 대부분의 경우에는 소액의 보너스를 받거나, 적절한 성장기회를 얻을 가능성이 높다고 생각한다. 승진과 성장기회에 대해 당신이 그들에게 해줄 수 있는 것과 없는 것을 명확하게 이야기하는 것은 절대 나쁜 일이 아니다. 하지만, 밀레니얼 세대의 니즈를 충족시켜 주지 못할 경우, 그들은 다른 곳을 찾을 수 있다는 사실만은 기억해야 한다. 더 빠르게 승진을 시켜 주거나 추가적인 학습 기회를 제공(승진의 기회를 높이기 위해)하는 비용과, 구성원이 승진을 위해 더 이상 기다리지 않고 퇴사를 하겠다고 결심했을 경우 대체인력을 찾는 비용은 어느 쪽이 더 클지에 대해 비교해볼 필요가 있겠다.

꼭 기억해야 할 5가지

1. 승진, 성장, 역량개발, 관계, 인정에 대한 니즈가 채워지지 않을 경우, 밀레니얼 세대는 회사를 떠날 가능성이 있다.
2. 밀레니얼 세대는 자신에게 중요한 의미가 있는 사람들과 어울려서 일을 하고 싶어한다. 함께 일하는 사람들이 자신을 존중받을 만한 인간으로서 케어해주기를 원한다.
3. 밀레니얼 세대에게 지나치게 과중한 업무부담을 주면 그들은 감당해 내지 못한다. 이것은 다른 세대 구성원에게도 마찬가지이다.
4. 학습과 성장은 밀레니얼 세대에게 매우 중요한 요소이다. 왜냐하면, 조직에서 고용하고 싶은 사람이 되려면, 끊임없이 자신의 스킬을 개발해야 한다는 사실을 그들은 알고 있기 때문이다.
5. 밀레니얼 세대는 회사를 떠날 가능성이 있다. 하지만, 모든 사람들이 어떠한 경우에도 그런 것은 아니다.

밀레니얼 세대의 특성과 그들이 원하는 것

밀레니얼 세대는 :
- 조직에 대한 충성도가 있다.
- 자신의 일을 좋아한다.
- 조직에서 일하면서 배우고 있다는 느낌을 갖는다.
- 성장을 원한다.
- 일터에서 친구를 사귄다.
- 함께 일하는 상사와, 자신이 소속된 조직을 좋아한다.
- 조직에서 장기적으로 커리어를 쌓아나갈수 있기를 희망한다.

- 자신의 니즈를 더 잘 충족시켜줄수 있는 곳이 나타난다면, 현재 조직을 떠날 수 있다.
- 다음과 같은 경우에는 퇴사 의지가 높아질 수 있다.
  - 일이 너무 많다고 느낄 때
  - 너무 지나친 사내 정치상황을 마주할 때
  - 좋은 상사가 주위에 없다고 생각할 때
  - 다른 곳에서는 더 좋은 수준의 연봉을 받을 수 있다고 생각할 때
  - 다른 곳에서는 일과 삶 간의 균형을 더 잘 잡을 수 있다고 생각할 때
  - 다른 곳에서는 더 좋은 성장과 승진 기회를 가질 수 있다고 생각할 때
  - 일터의 커뮤니티에 대해 소속감을 느끼지 못할 때

밀레니얼 세대가 원하는 것.
그리고, 기성세대 구성원들을 파산으로
몰고가거나, 분노하게 만들지 않으면서도,
밀레니얼 세대에게 원하는 것을 주는 방법

What millennials want, and how to give to them...
without going bankrupt or angering older
employees

제6장

밀레니얼 세대가 원하는 것. 그리고, 기성세대 구성원들을 파산으로 몰고가거나, 분노하게 만들지 않으면서도, 밀레니얼 세대에게 원하는 것을 주는 방법

What millennials want, and how to give to them...
without going bankrupt or angering older employees

밀레니얼 세대가 삶을 살아가는 세부적인 방법에 대해서는 나라마다 다양한 모습을 보이는 반면(그들은 말할 때 어떤 언어를 쓰는지, 그들이 먹는 음식은 얼마나 매운지, 그들이 운전을 할 때에는 어느쪽 도로로 달리는지, 부모와 같이 사는 경우는 어느 정도나 되는지), 밀레니얼 세대는 유난히 전세계적으로 공통점이 많은 편이다. 그들은 자신이 하고 있는 일과 소속된 조직을 좋아하고, 대부분의 경우 다음과 같은 것들을 원한다. 흥미있고 높은 연봉을 받을 수 있으며 안정적인 일자리, 좋아하고 신뢰하는 사람들과 함께 일하는 환경, 자신이 노력한 것에 대해 인정받을 수 있는 기회, 사회적인 책임감을 가지고 있고 구성원들의 가치를 인정해서 그들에게 유연한 업무환경과 성장 및 승진의 기회를 충분히 제공하는 조직.

우리가 일하고 있는 조직은 밀레니얼 세대를 위한 인재관리 전략에 있어서 세

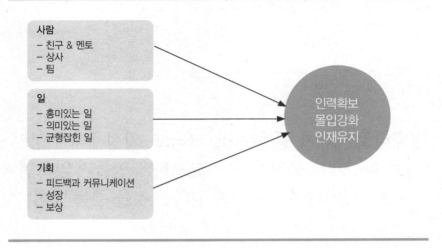

가지 핵심적인목표를 가지고 있다. 인력확보(attraction), 몰입강화(engagement), 인재유지(retention). 그들은 해당 자리에 꼭 맞는 밀레니얼 세대를 데려와서, 조직에서 몰입하고 기여할 수 있게 만들고 싶어한다. 당신이 이 목표들을 달성하는 것을 도와줄 수 있는 3가지 요소는 다음과 같다(모델 6.1 참조).

- 사람(친구와 멘토, 팀구성원, 상사)
- 일(흥미있고, 의미있으며, 개인삶과의 균형이 잘 맞는)
- 기회(피드백과 커뮤니케이션, 성장, 보상)

당신이 인력확보와 몰입강화, 또는 인재유지에 특히 관심이 있는 사람이라면, 이 중에서 다른 요소보다 더 중요한 것이 있을까 궁금할 것이다. 학문적인 대답을 해보자면, "상황에 따라 다르다"이다. 하지만, 실용적인 제안점은 간단하다. 밀레니얼 세대를 데려와서 몰입해서 일을 열심히 하도록 만들려면 이 모든 요소들이 중요하다는 것이다. 세 가지 요소들은 상호성이 높으며, 다른 요소들을 강화시켜줄 수 있다. 이제부터는 당신이 시도해볼 행동에 대해 제안하면서, 한 가지씩 차례로 살펴보도록 하겠다.

조직충성도가 아니라 실천의지 (commitment, not loyalty)

실천의지(commitment)는 건강한 고용관계의 기반이다. 사람들은 자주 조직충성도에 대해 이야기를 하지만, "구성원의 조직충성도는 도대체 어떻게 된거지? 어디로 가버린거야?"라고 말할 때에만 주로 그 단어를 사용한다.

구성원의 조직충성도는 조직구성원이 조직에 대해 모든 것을 바치고, 매우 길고 안정적인 커리어(항상 좋은 보상을 받았던 것은 아닐수도 있지만)를 얻을 수 있었던 과거에나 의미가 있는 것이었다. 최소한 30년 전부터 대부분의 나라에서는 조직충성도라는 것이 의미가 없어지기 시작했다. 오늘날 사람들은 조직이 자신에게 제공해주는 만큼, 충성도를 가져야 한다고 믿고 있다. 그리고 대부분의 경우, 사람들은 조직이 구성원들에게 충성도를 가지고 있다고 생각하지 않는다.

따라서, 실천의지에 대해 이야기를 하는 것은 더 생산적인 일이 될 수 있다. 왜냐하면, 실천의지는 구성원의 생산성에 있어서 매우 핵심적인 요소이지만, 구성원 자신의 개인적 니즈보다 조직의 니즈를 더 중요시한 것이 아니기 때문이다.

밀레니얼 세대가 자신을 고용한 조직에서 일할 때 높은 수준의 실천의지를 보이고 있다는 것은 좋은 소식이다. 그들은 자신이 소속된 조직에 대해 기여하고 싶은 마음을 강하게 가지고 있으며, 실제로 그 조직을 좋아하는 모습을 보인다. 밀레니얼 세대는 옳은 방향으로 열심히 일을 함으로써, 조직의 성공을 돕기위해 필요한 일을 기꺼이 실천할 준비가 되어 있다.

밀레니얼 세대가 새롭게 꾸밀 수 있는 작업환경을 제공하는 조직은 열심히 일하고자 하고, 오랫동안 조직에 머무르고 싶어하는 이들의 특성 때문에 좋은 성과를 얻게 될 것이다. '자신이 근무하는 조직이 어떤 곳이든지 상관없이 일이 있다는 것만으로 만족하던' 전통적인 조직충성도와는 거리가 있을 수 있지만, 대부분의 밀레니얼 세대는 오랫동안 한 회사에 다니는 것을 선호한다. 좋은 조건이 충족된다면, 자신의 전체 커리어 중 대부분을(또는 전부를) 한 회사에서 보내는 것에 대해 행복하게 계획해볼 것이다. 어떻게 하면 이들이 다른 회사로 떠나지 않고, 당신의 회사에서 계속해서 일을 하도록 만들 수 있을까? 답을 찾고 싶다면, 계속해서 이 책을 읽어보길 바란다.

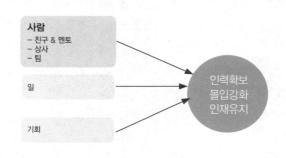

사람 : 친구, 멘토, 팀, 그리고 상사

밀레니얼 세대가 일터에서 만나게 되는 커뮤니티는 그들의 일터 경험에 있어서 매우 핵심적인 위치를 차지한다. 일터에 그들이 관심을 가지고 있는 사람과, 자신을 케어해주는 사람이 없다고 느낀다면, 그와 같은 좋은 관계를 만들 수 있는 어딘가 다른 곳으로 가고 싶을 가능성이 높아질 것이기 때문이다. 대부분의 전문가, 관리자, 임원들은 주중의 깨어 있는 시간을 집에서 보내기보다는, 일을 하면서(출퇴근 시간을 포함해서) 보내는 경우가 훨씬 더 많을 것이다. 이것은 하루에 "8시간만" 일하는 보조업무자들에게도 마찬가지이다. 그렇다고 해서, 밀레니얼 세대가 일터에서의 관계를 가족구성원과의 관계보다 더 중요하다고 생각하는 것은 아니다. 하지만, 함께 일하는 사람들과 시간을 많이 보내야 하는 상황이라면, 당연히 그 업무관계를 중요하게 여기게 될 것이다. 따라서, 조직들은 일터환경을 구조화해서, 밀레니얼 세대들이 동료들과 친구관계를 구축하고, 멘토, 팀구성원, 상사와 긍정적인 관계를 강화할 수 있도록 도울 필요가 있다.

일터에서의 친구

밀레니얼 세대에게 있어서, 일터에서의 친구는 매우 중요한 존재가 될 수 있다. 조직에서 얻을 수 있는 혜택에는 다양한 것들이 있지만, 그 중에서도 일터에서 좋은 친구를 사귄다는 것은 끓어오르는 분노를 처리하지 못해서 힘들 때, 스트레스를 감소시킬 수 있는 훌륭한 창구를 가지게 된다는 것을 의미한다. 또한, 함께 일하는 동료와 진정한 관계를 맺을 수 있게 되면, 조직 내의 더 큰 커뮤니티에서도 소속감을 느끼게 될 가능성이 높아진다. 일터에서 친구를 사귈 수 있는 기회를 가지게 되고, 매일 만나서 함께 일하는 동료들을 넘어서서 조직 내의 커뮤니티에 속해 있다는 느낌을 가지게 된다면, 밀레니얼 세대는 긍정적인 방향으로 응답할 것이다.

제안 행동

- 친구관계를 강화할 수 있는 환경을 만들어주자. 그렇다고 해서, 사람들로 하여금 일터에서 친구를 사귀라고 강요할 수는 없다. 당신이 할수 있는 일이라고는, 친화적인 환경을 제공해주는 것뿐이다. 꽃을 가꾸는 일과 비슷하다고 생각하면 좋겠다. 꽃을 심을 수 있고, 꽃에게 필요하다고 생각되는 것들을 줄 수는 있다(토양 산성도, 물, 빛, 비료 등). 하지만, 그렇다고 해서 식물이 꼭 잘 자란다는 보장을 할 수는 없는 것이고, 그 이유에 대해서도 언제나 알 수 있는 것은 아니다. 모든 조직들이 할 수 있는 일은, 사람들이

서로를 만나고, 알아가고, 같이 어울릴 수 있는 활동을 할 수 있는 기회를 제공하는 것뿐이다. 예를 들어, 스포츠팀, 동호회, 클럽 등은 유사한 흥미를 가진 사람들이 서로를 알아가고, 그 중에서 친구를 사귈 가능성도 얻을 수 있는 기회가 될 것이다. 사람들이 자신의 본모습을 편안하게 드러낼 수 있는 환경을 만드는 데에 초점을 맞춰준다면(구성원들이 맡은 일을 다 잘하는 한, 일터에서 인간관계를 구축하는 것에 대해 어떠한 비난도 받지 않는 환경), 사람들은 회사에 오는 것을 보다 더 편안하게 느끼고 즐거워할 수 있다. 그렇게 된다면, 사람들은 친구관계 구축을 위한 환경을 경험하게 되고, 잘 맞는 사람들끼리 어울릴 수 있게 될 것이다. 이 부분은 정말 중요한 핵심이지만, 당신이 통제할 수 없는 부분이다.

• 일터에서 커뮤니티를 만들 수 있도록 지원해주자. 일터에서 커뮤니티를 만들 수 있도록 조력해주자. 그리고, 커뮤니티를 구축하기 위한 설계과정과 구축과정에 밀레니얼 세대를 참여시키는 거다. 예를 들어, 우리가 알고 있는 어떤 회사에서는 젊은 구성원들과 나이든 구성원들의 대표들이 골고루 참여한 위원회를 구성하였다. 그 위원회에서는 일과 사회적 문제에 관련된 문제들을 논의 주제로 상정하고, 토론을 진행하였다. 예를 들어, 일터에서의 갈등을 해결하기 위한 방법이나 중요한 문제에 대한 조언을 받고 싶을 경우 어디로 가야 할지에 대한 이슈 말이다. 또한, 그 위원회는 일터에서의 커뮤니티를 강화하기 위한 활동들을 설계하고 운영하는 책임을 맡았다(예 : 구성원과 가족의 모임, 명절과 일터에서의 중요한 행사에 대한 축하, 퇴근 후의 친목모임 등).

멘토

밀레니얼 세대는 멘토를 원하고, 대부분의 경우에는 멘토와 대화할 수 있는 기회를 얻게 되었을 때 기뻐하는 편이다. 이상적으로 보면, 멘토는 밀레니얼 세대를 케어해주고, 일터나 커리어에 관련해서 실수를 저지르지 않도록 도와주는 확장가족구성원과 유사한 존재이다. 따라서, 밀레니얼 세대는 멘토와의 특별한 관계와, 그가 제공해주는 통찰의 가치를 인정하고, 멘토가 건설적인 태도를 취하는 한 그들의 조력을 환영하는 편이다.

제안 행동

- 공식적인 멘토링 프로그램을 만들어주자. 멘토와의 관계는 밀레니얼 세대에게 매우 중요한 것이 될 수 있지만, 그렇다고 해서 그들 모두가 혼자 알아서 멘토를 찾을 수 있는 것은 아니다. 공식적인 멘토링 프로그램은 일부 멘토링 관계가 가지고 있는 자연스러운 즉흥성과 비공식성은 좀 부족할 수 있겠지만, 그러한 멘토 관계도 없는 것보다는 당연히 훨씬 낫다. 밀레니얼 세대 스스로 적절한 멘토를 찾기 전까지는, 다양한 멘토들을 만날 수 있는 기회를 제공해주도록 하자.
- 공식적인 프로그램 외에도 멘티(mentee)를 만들어보도록 격려하자. 공식적인 프로그램에서 만나는 멘티 외에도, 당신의 리더들이 다양한 멘티를 만나고, 누구에게도 조언을 받지 못하는 구성원들이 있는지를 살펴보도록 강조하자.
- 관리자들이 다양성을 촉진하고, 자신과 다른 멘티를 수용할 수 있도록 교육해주자. 사람들은 자신과 유사한 사람을 만나서, 일터에서의 멘토링 관계를 맺는 것이 가장 이상적이라고 생각하는 경우가 많다. 따라서 더 높은 직급과 더 많은 경험을 가지고 있는 선배들과, 더 낮은 직급에 있는 밀레니얼 세대 간에는 인구학적으로 다양한 차이점이 존재하며, 그러한 차이점 때문에 누군가는 멘토를 얻게 되고, 누군가는 멘토를 찾지 못하는 상황이 벌어질 수 있는 것이다. 예를 들어, 남성이 대부분의 관리직을 맡고 있는 조직에서는, 대부분의 여성들은 멘토를 찾기가 쉽지 않다. 동일한 어려움은 관리직에서는 잘 찾아보기 어려운 민족이나 인종집단에게서도 존재한다. 이와 같이 멘토를 찾는데 있어서 어려움을 겪기 쉬운 사람들에게, 공식적인 멘토 프로그램은 그들이 필요한 멘토를 제공해주는 창구가 될 수 있다. 하지만, 그만큼 중요한 것은, 관리자들에게 다양성 강화의 중요성에

대해 교육하는 것이고, 그들의 역할은 자신과 다른 특성을 가지고 있는 사람들에게 다가가서 그들의 역량을 개발하는 가정을 돕는 것이라는 사실을 알려주는 것이다.

팀

밀레니얼 세대가 함께 일하는 팀은 그들에게 정말 많이 중요하다. 이들은 가장 가까이에 있는 커뮤니티에 소속되어 있는 사람들이고, 가장 많은 시간을 함께 보내는 사람들이다.

팀구성원들은 그 누구보다 더 밀레니얼 세대가 맡은 일을 잘 해낼 수 있도록 역량을 강화시켜 줄 수도 있고, 오히려 역량수준을 감소시킬 수도 있는 중요한 사람들이다.

많은 조직에 있어서, 팀은 가장 기본적인 업무 단위이며 대부분의 조직성과를 책임지는 곳인 반면, HR 시스템과 성과관리 과정은 팀보다는 구성원 개인에게 보상을 하는 경우가 많다. 이러한 상황은 밀레니얼 세대에게 이중 메시지를 전달할 수 있다. 조직은 팀의 성과가 우수하기를 바라지만, 팀보다는 구성원에게 더 많은 관심을 가지고 있다는 메시지 말이다.

밀레니얼 세대가 팀에서 사람들과 함께 일하기를 선호한다는 것은 좋은 소식으로 받아들일 수 있겠다. 그들은 팀구성원들과의 연대감 구축을 원하고, 팀구성원들을 돕기 위해 자발적으로 나서며, 마감기한에 가까워졌을 때 모든 사람들이 열심히 맡은 일에 임하기를 바란다. 밀레니얼 세대는 "우리 모두는 이 일을 함께 하고 있어요"라는 접근법을 쓰기를 원하며, 팀동료, 상사, 전체 조직이 같은 생각을 하기를 기대한다.

제안행동

• **활동할 수 있는 무대를 만들어주고, 옆에서 지켜봐주자.** 효율적인 팀들을 보면 대부분의 경우 자기주도적으로 운영되고 있다. 그렇다고 해서 팀 외부에서의 수퍼비전이 전혀 없어야 한다는 것을 의미하는 것은 아니다. 리

더는 팀이 성공할 수 있고, 필요한 단계를 차근차근 재구성해나가고, 최대한 구성원들이 자신의 힘으로 문제를 풀고 갈등을 해결해나갈 수 있도록 한발자국 떨어져서 옆에서 지켜볼 수 있는 환경을 구축해준다는 것을 의미한다. 독립성과 적절한 지도를 동시에 원하는 밀레니얼 세대는 이러한 환경에서 일할 준비가 잘 되어 있다.

- 팀구성원들의 방향성을 일치시키자. 효율적인 팀을 위한 중요한 요소들 중의 하나는, 팀구성원들의 방향성 일치이다. 그들은 팀의 목표와, 목표를 달성하기 위한 방법에 대해 동일한 생각을 하고 있는가? 명확한 이해를 하고 있다면, 목표와 업무과정을 명료화하기 위해 끝없는 시간들을 낭비하지 않아도 될 것이다. 방향성 일치를 할 때 많이 쓰이는 방법으로는, 프로젝트의 초반이나 새로운 구성원이 왔을 때 모든 팀구성원들을 모아서 이야기를 하는 것이 있다. 이 자리에서는 모든 사람들이 서로를 알고, 팀의 목표와 달성 계획에 대해 이해하도록 하는 작업이 이루어진다.

  지리적으로 떨어져서 일을 하고 있는 팀에게는 직접 만나서 이야기를 하도록 하는 것이 실용적이지 않을 수 있다. 따라서, 구성원들은 회의용 전화, 웹 세미나, 화상회의 등의 가상공간을 통해 만남을 이어갈 수 있을 것이다.

- 팀 내부의 신뢰도와 지지도를 강화하자. 팀구성원들 간의 신뢰는 효율적인 팀에서의 핵심적인 요소이다. 억지로 존재하지 않는 신뢰를 만들어낼 수는 없지만, 신뢰가 노력을 통해 강화할 수 있는 것임은 분명한 사실이다. 밀레니얼 세대와 팀동료들은 팀에 속해 있는 모든 사람들이 일을 진행하는데 있어서 신뢰할 만한 사람이라고 생각하는가? 그들은 업무의 마감기한을 맞추기 위해 자발적으로 개입하여 도움의 손길을 제공하는가? 팀리더와 구성원들은 집단의 역동에서 비생산적인 부분이 어떤 것이 있는지에 대해 민감하게 알아채야 하고, 그러한 작은 삐걱거림이 날로 커져서 팀 자체를 역기능적으로 만들게 되기 전에 문제를 해결해야만 한다. 이슈에 따라, 해결책은 구석에서 팀구성원에게 조용히 이야기를 하는 것으로부터, 갈등관계에 있는 당사자들을 모아서 이슈에 대해 논의를 하는 것, 그리고 전체 구

성원들이 함께 모여서 문제해결을 위해 머리를 모으는 것까지 매우 다양할 수 있다. 팀내에서 신뢰롭고 지지적인 행동들이 일어나지 않는다면, 어디에서 기대하는 대로 일이 잘 안되고 있는지를 팀구성원들이 알아낼 수 있도록 돕고, 그 상황을 개선하기 위한 대안들을 제시할 필요가 있을 것이다.

- 팀이 성공을 거둘수 있도록 필요한 자원들을 제공해주자. 자원이 부족한 팀은 그들이 가진 역량을 최대한 발휘하기가 어렵다. 팀의 성과에 대한 부정적인 영향력에 대해 명확한 평가를 하지 않은 채 예산만 깎게 되면, 단기적으로는 좋을지 모르겠지만 장기적으로 보았을 때에는 더 많은 손해를 입게 될 것이다. 밀레니얼 세대는 조직과 경영진들이 옳은 행동을 할 거라고 언제나 믿는 것은 아니라는 사실을 기억해보자. 그리고, 그들은 적절한 자원을 제공해주는 조직에 소속되고 싶어한다는 것도 말이다. 자신의 관리자가 팀이 필요로 하는 자원을 보장해주는 것을 보게 되었을 때, 밀레니얼 세대는 팀 구성원으로서의 일에 대한 가치를 더 높게 생각하게 될 것이다.

- 팀구성원들이 개인적으로, 그리고 전체적으로도 결과에 대한 책임을 지도록 하자. 팀구성원들은 팀원 성과에 대해 전체적인 책임을 질 필요가 있다. 전통적인 성과관리 전략에서는 개인의 기여도에 대해서만 초점을 맞추어 왔다. 개인의 기여가 실제로 팀의 성과를 높이는 데에 도움이 되었는지에 대해서는 자세히 탐색하지 않은 채 말이다. 하지만, 팀기반의 평가와 보상은 중요한 최종 성과에 대해 개인에 대한 성과에 더하여 고려되어야 하는 중요한 요소이다. 즉, 보상은 각 개인에게도 주어져야 하지만, 팀기반으로도 주어질 필요가 있다. 팀의 성과에 대한 보상액이 그다지 크지 않다고 해도, 그룹의 성과가 평가와 보상에 있어서 중요하다는 것을 보여주는 것은 필요한 일이다.

상사

관리자들은 밀레니얼 세대의 일터에 큰 영향을 미칠 수 있는 사람들이다. 사람들은 조직을 떠나는 것이 아니라, 상사를 떠나는 것이라는 이야기가 있을 정도이니 말이다. X세대 및 베이비붐세대와 마찬가지로, 오늘날의 밀레니얼 세대에게도 이 말은 적용된다. 그리고, 뉴욕과 뉴델리에서도 동일한 상황이 존재한다.

관리자는 조직구성원이 가지는 대부분의 경험에 있어서 매우 핵심적인 역할을 하는 사람이기 때문에, 자신이 부하직원에게 미치는 강한 영향력에 대해 항상 기억을 하고 있어야 한다. 예를 들어, 어떤 역량개발 기회(예 : 고객과 함께 특별 과제를 수행하는 프로젝트)가 생겼고, 모든 구성원들이 다 지원할 수 있는 상황이라고 가정해보자. 관리자는 부하직원들 중 한 명이 그 특별 과제를 맡게 되기를 바라지 않는다. 왜냐하면, 그는 부하직원이 새로운 프로젝트에 참여하게 된다면, 지금 자신의 팀에서 하고 있는 일을 제대로 마칠 수 있을지가 걱정이 되고, 다른 부서의 일을 경험하게 되면 자신의 팀을 떠나게 해달라고 하지 않을까가 두렵기 때문이다. 이와 같은 상사의 염려를 직접적으로 표현하지 않더라도, 부하직원은 상사의 부정적인 태도를 직감적으로 느끼고, 새로운 프로젝트에 참여하지 않겠다고 이야기를 하게 될 것이다. 괜히 상사의 심기를 거슬렸다가 성과평가와 승진의 기회에 대해 부정적인 영향을 미치게 될까봐 걱정이 되니까 말이다. 상사가 뭔가 명확하게 부정적인 말을 하지 않았다고 해도, 이러한 상황은 자연스럽게 벌어진다. 상사는 자신이 어떤 비언어적인 메시지를 보내고 있는지 잘 모르고, 부하직원도 어떻게 반응하고 있는지 인식하지 못한다(그리고, 부하직원은 절대 상사에게 아무 말도 못한다. 왜냐하면, 그는 상사가 의도적으로 그러한 메시지를 보낸다고 생각하기 때문이다).

밀레니얼 세대는 누구나 자신의 관리자와 좋은 관계를 가질 수 있기를 원한다. 그들은 일을 통해 성공을 거둘 수 있도록 지도를 받을 수 있기를 기대하고, 그 지도를 해주는 핵심적인 사람이 관리자가 되기를 바란다. 관리자는 밀레니얼 세대를 코칭해주는 중요한 역할을 하는 사람이다. 그들의 실수에 대해 일러주는 것을 넘어서서, 어떻게 하면 더 발전할 수 있을지를 보여줄 수 있다.

밀레니얼 세대에게 당신이 그들을 신뢰하고 있음을 보여주게 되면, 그들의 자신감이 강화될 것이고, 당신과 조직에 대한 충성도도 높아질 것이다. 당신 자신이 신뢰로운 사람이라는 것을 보여주는 것도 중요하고, 그들이 당신에게 바라는 행동을 해주는 것도 마찬가지로 중요하다는 것을 기억할 필요가 있다.

제안행동

- 우선 말을 줄이자. 부하직원의 말을 경청하고, 관찰하며, 밀레니얼 세대에게 자신들이 인정받고 있음에 대해 확신을 가질수 있도록 해주자. 관리자가 된다는 것은 정말 어려운 일이다. 관리자가 해야 할 일이 얼마나 많은지를 보면, 사실 그 모든 일들을 잘해내기란 거의 불가능한 것 같기도 하다. 관리자로서 정말 잘해내야 할 중요한 일들 중의 하나는, 당신과 함께 일하는 사람들에게 감사를 표하고 인정을 해주는 일이다. 물론 관리자들이 좋은 의도를 가지고, 구성원들의 훌륭한 성과에 대해 감사와 인정을 표현하기 위해 노력을 한다고 하지만, 우리가 관찰해본 바에 의하면 현재보다는 구성원들이 조금 더 자주 인정에 대한 메시지를 듣기를 원하는 것으로 나타났다.

- 구성원들을 신뢰하고, 본인 또한 신뢰로운 사람이 되자. 밀레니얼 세대는 함께 일하는 사람들을 신뢰할 수 있기를 바라고, 그들에게 편안하게 의지할 수 있기를 기대한다. 신뢰를 얻기 위해 관리자들이 해야 할 일은, 구성원들이 성공경험을 할 수 있는 환경을 조성해주고, 그들이 자유롭게 다양한 시도를 해볼 수 있게 해주는 것이다. 또한, 관리자들은 앞으로 할 일에 대해 이야기한 대로 행동하고, 솔직한 태도를 보이며, 자신의 도움이 필요하다고 생각될 때 적극적으로 개입하는 행동을 보이면서 신뢰할 만한 사람이라는 것을 알려줄 필요가 있다. 밀레니얼 세대로 구성된 팀이 성공하기 위해 필요한 지원을 제공해주는 일은, 바로 그들이 관리자를 신뢰할 수 있는 강한 기반을 만들어 주는 일인 것이다.

- 목표를 수립하고, 밀레니얼 세대에게 일을 맡겨주자. 목표수립은 밀레니얼 세대와 기성세대 모두에게 행동으로 옮기고자 하는 욕구를 불러일으키는 중요한 과정이다. 야망이 넘치지만 지나치게 공격적이지는 않은 목표를 구

축해놓으면, 그 목표를 달성해보고자 하는 동기를 통해 높은 성과가 도출되게 되기 때문이다. 지나치게 공격적인 목표를 만들어 놓게 되면, 처음 시작할 때부터 달성이 불가능할 거라고 생각되기 때문에 오히려 동기수준이 떨어질 수밖에 없다. 성공할 수 있는 기회를 공평하게 제공해주고 성과를 낼 수 있도록 일을 맡겨주게 되면, 자신이 노력하게 될 경우에는 다른 기성세대 동료들과 동일하게 보상을 받을 수 있다는 메시지를 밀레니얼 세대에게 전달할 수 있게 될 것이다.

- 멘토링과 지원을 제공해주자. 사람들은 멘토링과 지원을 통해 더 빨리 성장하면서, 무엇을 해야 할지에 대해 알게 되고, 그 일을 할 수 있는 기회를 얻을 수 있다. 멘토링은 특히 밀레니얼 세대의 초기 커리어 단계에서 중요한데, 이를 통해 그들은 자신에게 어떤 종류의 일이 잘 맞는지를 알아낼 수 있기 때문이다.

- 진정성 있는 태도를 보이자. 진정성 있는 메시지를 전달하는 것은, 밀레니얼 세대가 자신의 관리자를 신뢰하는 데에 있어서 중요한 요소가 된다. 무언가 진실이 아닌 것을 숨기려 하거나, 민감한 문제를 얼버무리려 하는 관리자는 절대 솔직하고 신뢰로운 사람으로 보일 수가 없다. 결코 쉬운 일은 아니겠지만, 민감한 문제에 대해 모든 사람에게 완벽하게 솔직할 수가 없는 상황일 때 최적의 반응은 잠시 입을 닫는 것이 될 것이다. 사람들이 당신을 신뢰해주기를 원한다면, 차라리 거짓말을 하는 것보다는 그것이 낫다. 아니면 어떤 문제가 존재하기는 하지만, 세부적인 내용에 대해서는 적절한 시기에 이야기를 하겠다고 솔직하게 말하는 것이 바람직하다. 어떤 방법을 선택하든지 간에 진정성 있고 솔직한 메시지를 전달할수록, 사람들은 당신을 더 좋게 평가할 것이고, 더 많은 밀레니얼 세대들은 당신을 신뢰하게 될 것이다.

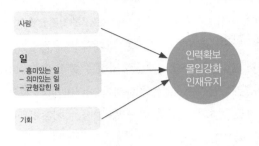

일 : 흥미있고, 의미있으며, 균형잡힌 일

밀레니얼 세대에게 있어서, 그들이 하는 일과 일을 하는 방법은 모두 일터에서의 경험에서 핵심적인 요소이다. 밀레니얼 세대 인력을 확보하고 유지하고자 하는 조직들은 최대한 일을 구조화시켜서, 그들이 흥미를 느끼고 의미를 찾아서 균형잡힌 삶을 즐길 수 있도록 해줄 필요가 있다.

흥미있고 자극이 되는 일

지루한 일을 좋아하는 사람은 아무도 없다. 밀레니얼 세대도 예외가 아니다. 그들은 좋은 일을 하고자 하는 동기수준이 매우 높지만, 그때의 일은 흥미로운 일이어야 한다. 물론, 모든 일이 흥미로울 수는 없다. 하지만, 지루한 일의 부분을 최소화시키게 되면, 밀레니얼 세대가 업무 프로세스를 개선하기 위해 노력할 수 있는 기회를 가질 수 있게 된다. 예를 들어, 밀레니얼 세대를 업무 설계에 대한 브레인스토밍과 의사결정 과정에 참여할 수 있게 한다면, 그들은 반복적인 일을 할 수밖에 없는 상황을 이해하고 수용하면서, 지루한 일을 최대한 효과적으로 처리할 수 있게 될 것이다. 성과에 있어서도 당신을 깜짝 놀라게 할 수 있을 것이다. 그들은 모든 사람들의 일이 더 흥미롭고 효율적으로 진행될 수 있도록 하는 프로세스 개선을 할 수 있을테니 말이다.

제안행동

- 밀레니얼 세대에게 흥미로운 일을 할 수 있는 기회를 제공하자. 흥미로운 일을 대신할 수 있는 것은 사실 별로 없다. 일 자체가 흥미롭다면 관리자가 구성원들을 많이 설득하거나, 효과적인 관리도구를 만들 필요성이 없기 때문이다. 따라서, 가장 효율적인 접근방법은, 밀레니얼 세대에게 실제로 흥미로운 일을 주고, 그 일을 통해 배우고 성장해서 조직을 위해 더 많은 기여를 할 수 있도록 해주는 일이다. 하지만, 사실 이러한 상황이 항상 가능한 것은 아니기 때문에, 다른 방법도 생각해보았다.

- 밀레니얼 세대에게 지루한 과제를 해야 하는 사업적 근거에 대해 설명해주자. 그리고, 그 일을 통해 조직의 목표에 대해 어떻게 기여할 수 있는지에 대해서도 보여주도록 하자. 밀레니얼 세대는 반복적이고 단조로운 일을 하는 데에 대부분의 시간을 보내는 경우가 많기 때문에, 그러한 설명은 특히 중요하다. 예를 들어, 고객의 계약서 세부 내용을 검토하는 것은 지루하게 보일 수 있지만, 계약이 성공적으로 진행되도록 하기 위해서는 매우 핵심적인 일인 것이다. 또한, 지루하고 단조로운 일을 담당하고 있는 구성원에게 감사와 인정을 표현하는 것은 일에서 오는 부정적인 영향력을 감소시키는 데에 효과적이다.

- 아웃소싱을 활용하자. 아웃소싱은 밀레니얼 세대가 반복적이고 단조로운 업무 과제가 너무 많다고 불평할 때, 고려해볼만한 대안이다. 물론, 모든 경우에 들어맞는 만능 해결책은 아닐 수 있다. 어떤 과제는 외부에서 해결할 수 없는 것이고, 어떤 과제들은 구성원에게 가치있는 학습 기회를 제공해줄수 있기 때문에 내부에서 진행하기를 당신이 기대하는 것이기도 할테니 말이다. 반복적이고 단조로운 일들 중의 일부를 들어내어 그러한 일을 전문으로 하는 외부 인력에게 맡길 수 있다면, 당신의 핵심 구성원에게는 더 다양하고 흥미로운 과제를 하도록 할 수 있을 것이다.

- 밀레니얼 세대가 업무 프로세스를 개선할 수 있는 아이디어를 내도록 촉진해

주자. 업무 진행 방법을 개선해볼 수 있는 기회를 가지고 있는 사람들은 주인의식이 더 높고, 일에 대한 몰입도가 더 큰 경우가 많다. 밀레니얼 세대를 직무설계과정에 포함시키게 되면, 혼자 권력을 독점하려고 하는 리더에게 견제세력이 될 수 있고, 현장의 목소리가 문제해결과정에서 효과적으로 활용될 수 있다. 관행적인 권력체계에 자극을 주고, 다양한 직급에 있는 구성원들의 의견이 명확하게 전달되고, 판단과정에 포함될 수도 있다. 이 때 수집되는 아이디어는 소소하게 작은 변화부터, 직무를 전체적으로 재설계하는 큰 변화까지 다양할 것이다.

커다란 변화 아이디어에 대한 실례에는, 조직 내에서의 업무 진행 방법에 대한 전체적인 프로세스 재설계, 대규모의 첨단기술 실행을 위한 업체 선정, 팀 구성원들에게 성과급을 어떻게 배분할 것인지를 구성원들에게 직접 결정하도록 하기 등이 있을 수 있다. 작은 변화 아이디어에는 리더의 선호도보다는 구성원들이 선호하는 대로 미팅 일정 잡기, 조금 더 자유로운 드레스 코드, 특정한 고객 미팅을 누가 갈 것인지에 대해 구성원들이 직접 결정하도록 하기 등이 있겠다. 작은 변화가 가져올 수 있는 이득에 대해 무시하지 말기 바란다. 리더들에게는 별 의미가 없는 것으로 보여질 수도 있겠지만, 그러한 작은 노력을 통해 지루함과 좌절을 느낄 수 있는 상황을 감소시키게 되면, 업무 몰입도와 직무 만족도의 상승으로 인해 얻을 수 있는 효과는 매우 커지게 될 것이기 때문이다.

• 밀레니얼 세대에게 외부 세계와 상호작용할 수 있는 기회를 제공하자. 밀레니얼 세대가 일에 몰입할 수 있도록 해주는 핵심 요소는 성장이라고 말할 수 있다. 즉, 그들에게 새롭고 다양한 종류의 업무 경험을 제공해주는 것을 의미한다. 밀레니얼 세대에게 있어서 다른 지역에서 진행되는 과제에 참가하면서(가능하다면 외국에서 진행되는 프로젝트), 외부 세계(고객과 이해관계자들)와 상호작용할 수 있는 기회를 제공해주자. 조직의 다양한 고객들을 만날 수 있게 해주는 과제, 커뮤니티, 직무를 경험시켜 주는 거다.

이러한 기회들은 다양한 방법으로 구성원의 스킬을 강화시켜 주는 이득

외에도, 흥미로운 일을 하고자 하는 밀레니얼 세대의 욕구를 만족시켜 줄
수 있는 좋은 점이 있다.

　최대한 많은 팀구성원들에게 기회를 제공해주자. 일을 잘하는 사람들만
항상 혜택을 받게 하는 것이 아니라, 계획을 잘 짜서 사람들이 돌아가면서
기회를 얻도록 해주는 것이 좋다. 단기적으로 직무 전환을 시키는 데에는
비용이 들 수도 있겠지만, 장기적으로 보았을 때에는 더 많은 사람들이 업
무에 몰입하게 되는 이득이 생길 것이다. 그 결과, 누군가 갑자기 회사를
떠나게 되는 것 같은 어려운 상황에서도, 그 역할을 대체할 수 있는 사람
들의 수가 늘게 될 수도 있다.

• 최신 기술을 활용하고 싶은 밀레니얼 세대의 욕구를 조율해주자. 당신의
IT 전략에 밀레니얼 세대가 사용하고 싶어하는 최신 기술을 모두 포함해
줄 필요는 없지만, 그렇다고 해서 최근 개발된 기술을 무시하게 되면 오히
려 큰 위험부담을 갖게 될 가능성이 생길 것이다. 모든 새로운 세대들은
기성세대보다 새로운 기술에 대해 친숙함을 느끼는 것이 당연하며, 밀레니
얼 세대도 예외는 아니다.

　최근 일터에서 스마트폰을 어떻게 활용하게 되었는지를 생각해보자. 스
마트폰의 초기 단계 때, 아이폰이 갓 출시되었을 때 말이다. 대부분의 조
직 IT 부서에서는 구성원들이 개인 스마트폰을 일터에서 사용하지 못하게
했다. 조직내부의 자료에 대한 보안이 깨질 것에 대한 염려 때문이었다. 하
지만, 일단 아이폰과 조직의 네트워크가 연결된 후부터, 구성원들은 행복
하게 개인 스마트 기기를 사용해서 일터 생산성을 증가시키기 시작했다.
태블릿 PC는 밀레니얼 세대가 활용한 첨단 기술이 비즈니스 도구로서 점
점 더 활용영역이 넓어진 실례로 이야기할 수 있을 것이다. 많은 조직들은
오래된 도구들을 태블릿 PC로 대체하여, 사업기능을 더 강화하는 동시
에, 밀레니얼 세대 인력을 확보하고 유지시키는 핵심 요소로도 활용하고
있다. 당신의 밀레니얼 세대 구성원들은 업무 프로세스를 효율화하고 생
산성을 강화할 수 있는 차세대 도구를 실험해보고 활용하는 작업을 행복

하게 도와줄 것이다.

의미있는 일

밀레니얼 세대라고 해서 모든 사람들이 똑같은 특성을 가지고 있지는 않다. 누군가는 그렇겠지만(모든 젊은 세대의 일부가 그렇듯이), 모든 사람들이 세상을 변화시키고 싶은 것은 아니다. 일반적으로 이야기했을 때, 밀레니얼 세대는 좋은 조직 시민이라고 믿는 조직에서 의미있다고 느껴지는 일에 몰입하고 싶어한다. 밀레니얼 세대 개인마다 가지고 있는 의미에 대한 정의는 다르겠지만, 전반적인 그들의 니즈를 충족시킬 수 있는 전략을 고안해내는 것은 가능하며, 구성원과 조직 모두에게 이득이 되는 방법을 찾아낼 수 있을 거라 믿는다.

제안행동

- 밀레니얼 세대가 긍정적인 사회적 성과를 낼 수 있는 일과 연계시켜 주자. 밀레니얼 세대의 일이 조직의 목표 및 미션과 관련될 수 있도록 노력한다는 것은, 그들의 일로 인해 생기는 성과가 크고 작은 방법으로 사회에 긍정적인 영향을 미칠 수 있다는 것을 알려주는 일이다. 예를 들어, 회계사는 고객의 재산을 관리하는 일을 조력한다. 컨설턴트는 구성원들이 보다 효율적으로 일할 수 있도록 해서, 구성원들이 좀더 빨리 집에 가서 가족들과 어울릴 수 있도록 한다. 적절한 가격으로 훌륭한 품질의 제품을 판매하는 회사는, 가격 문제 때문에 그렇게 우수한 상품을 쓸 수 없었던 가정들에게 좋은 기회를 주는 것이다. 전기제품은 사람들이 생활을 잘 할 수 있도록 삶에 도움이 되는 에너지를 제공한다. 그 회사의 미션이 무엇이든지 간에, 관리자는 개인이 담당하고 있는 일과 더 큰 목표를 연결시킬 수 있어야 하며, 더 큰 목표 자체는 사회에 대해 긍정적인 영향을 미치는 것이어야 한다.
- 조직이 후원하는 자원봉사 프로그램을 운영하자. 조직이 후원하는 자원봉사 이벤트는 비교적 시작하기 쉬운 편이고, 그다지 많은 예산이나 시간을 쓸 필요가 없다. 예를 들어, 안 입는 옷과 안 쓰는 목욕용품들을 모아서

노숙자 쉼터에 기부하는 일은 충분히 조직 내에서 진행할 수 있다. 구성원들로 하여금 조직이 후원하는 자원봉사 프로그램에 참여할 수 있는 기회를 만든다면, 그들은 근무 시간 외에도 개인시간을 내어서 참가하는 경우가 종종 있다. 어떤 활동들은 커뮤니티를 지원한다는 조직의 진정성을 보여주기 위해 근무시간 내에 이루어져야 하지만, 모든 자원봉사 활동들을 그렇게 진행해야 하는 것은 아니다.

자원봉사의 목적에 대해 열정을 가지고 있고, 조직을 홍보하기 위함이 아니라 진정으로 상대방을 돕고자 하는 사람들로 하여금 봉사 이벤트를 주최하도록 하는 것이 좋다. 물론 어느 정도는 조직 홍보를 하는 것이 나쁠 리가 없다. 다만, 조직이 자원봉사를 하는 핵심 이유는 홍보 때문이라고 생각할 만큼 하지만 않으면 될 것이다.

• 같은 산업분야의 다른 조직들보다, 당신의 조직이 사회에 기여하는 바에 대해 더 잘 설명해주자. 이 일은 좀 어려울 수 있다. 하지만, 당신의 조직이 할 수 있는 일 중의 하나는, 어느 산업분야에 속해 있는지 간에, 당신의 조직이 커뮤니티의 생활수준 증진을 위해 어떻게 기여하고 있는지를 평가해보는 일이다. 물론, 당신의 조직이 사회에 직접적으로 기여하는 데에는 한계가 있다는 것을 인정한다. 전체 사업구조가 좋은 일을 하기 위해 만들어져 있는 다른 산업분야의 조직들(매일매일 사람의 생명을 구하고 있는 응급실 의사나, 불타고 있는 건물에서 사람들을 구하는 소방관)과 당신의 조직을 비교할 수는 없으니까 말이다.

하지만, 당신의 산업분야에 있는 조직들에 대해 현실적으로 기대하는 수준이 어느 정도인지에 대해서는 생각해봐야 한다. 특히, 당신의 경쟁사들에 비교해보았을 때에 말이다. 예를 들어, 어떤 자동차 회사들은 투자대비 수익률이 그다지 좋지 않음에도 불구하고 에너지 사용량을 감소시키기 위해 보다 적극적인 접근을 하는 반면, 다른 회사들은 기존에 사용하던 전략들을 별 생각없이 이어가고만 있다. 우리는 의미있는 일을 중시하는 밀레니얼 세대에게 더 매력적인 회사는 전자의 회사가 될 것이라고 생각한다. 또한, 당신은 커뮤니티에 상품과 서비스를 기부하여, 밀레니얼 세대에게 사회에 대해 친화적인 접근을 하는 조직으로의 이미지를 강화할 수도 있을 것이다.

일과 삶의 균형

밀레니얼 세대는 일을 하는 것 만큼 개인적인 삶도 잘 꾸려가고 싶어한다. 당신이 밀레니얼 세대의 어깨에 너무 많은 일을 올려놓아서, 자신의 삶을 살 수 있는 개인적인 시간이 없다고 느끼게 된다면, 그들은 그 무거운 짐을 벗어놓을 수 있는 방법을 찾기 위해 무슨 일이든 할 것이다. 이것은 당신의 다른 구성원들도 마찬가지이다.

따라서, 조직과 관리자들은 일과 삶 간의 균형을 촉진하기 위한 대안들을 다양하게 마련해야만 한다. 우선, 밀레니얼 세대는 자신의 일에 대해 최대한 많은 통제권을 가지고 싶어한다.

이때 '통제'의 의미가 '자신이 하고 싶은 일을 무엇이든 하는 것'이라면, 이들에게 일의 통제권을 맡기는 것은 큰 문제가 될 수 있다. 하지만, 가장 요구가 많은 밀레니얼 세대라 하더라도(사실, 거의 모두 그렇지만), 합리적인 수준을 기대하는 것이라는 말을 한다.

이 상황에서 합리적인 것이란, 당신이 기대하는 수준보다 훨씬 더 아래를 의미하는 경우가 많다. 합리적인 밀레니얼 세대는(우리가 전세계에서 만나본 사람들은 거의 그랬다) 자신의 개인적인 선호도를 맞추기 위해 전체 조직을 재설계할 수는 없다는 사실을 잘 알고 있다. 하지만 그렇다고 해서 버섯과 같은 대우를 받기를 원하지는 않는다(어두운 방 안에 넣고 거름만 주면 되는). 밀레니얼 세대는 자신이 왜 이 일을 해야 하는지에 대해 이해하고 싶어하고, 언제 그리고 어디에서 일을 해야 하는지에 대해 선택할 수 있기를 기대하며, 업무설계를 결정하는데 있어서 영향력을 미칠수 있거나 직접 판단을 내릴 수 있기를 바란다.

과중한 업무량은 밀레니얼 세대가 회사에서 나가고 싶은 마음을 가지게 할 수 있다. 일의 양을 줄이는 것은 매우 어려운 것이라고 생각되기 쉽지만, 이 문

딜버트(Dilbert) ⓒ 2006 스코트 아담스(Scott Adams).
유니버설 유 클릭(Universal U Click)의허가 하에 게재됨. 저작권 보유.

제는 유연성의 문제만큼 중요하고, 때로는 그 이상으로 중요한 것이다. 어떻게 하면 전체적인 업무량을 줄일 수 있을지, 그리고 일상적인 야근시간을 줄이는 것을 고민하게 되면, 근무유연성을 강화하는 것보다 더 좋은 성과를 얻을 수 있게 된다. 인원수 관리나, 컨설턴트와 아웃소싱 서비스에 대해 예산을 낭비하지 않고, 퇴직률을 낮추며, 효율성을 강화하고, 핵심인재들의 유지율을 더 높일 수 있게 될 것이다.

제안행동

- 별 근거 없이 직접 만나서 일을 해야만 한다고 요구하지 말자. 밀레니얼 세대는 기존에 그렇게 해왔다고 해서, 꼭 직접 얼굴을 보고 만나서 일을 해야 한다는 것에 대해 강한 거부감을 가지고 있다. 상사가 언제 부를지 모르기 때문에 직원들이 항상 주위에 대기하고 있어야 한다고 생각하는 것은 그들이 받아들이기 힘든 이야기이다. 머리로는 이해할 수 있을지 모르겠지만, 사람들이 짜증스러워할 수밖에 없는 상황이기 때문이다.

  팀구성원들이 빠듯한 마감기한에 시달리고 있고, 상사는 저녁에 보고서를 점검할 수 있도록 도와줄 사람들이 있었으면 좋겠다고 한다면, 구성원들이 집에 갔다가 다시 돌아올 수 있도록 한다거나, 집에서 화상전화나 이메일로 이야기를 할 수 있을지에 대해 의논하는 것과 같이 대안을 찾아보도록 하자.

- 재택근무를 효과적으로 할 수 있도록 시스템을 구축하자. 무조건 직접 만나서 같이 일을 해야 하는 문화에서 벗어나는 것은, 기존의 방식에 익숙한 관리자들에게는 두려운 일일 수 있다. 이 상황에 대한 성공적인 해결책의 핵심은 업무의 요구와 구성원의 선호도 사이에서 적절한 균형을 잡는 것이다.

　많은 연구결과들과 조직에서 수십년 동안 축적된 경험적 자료들은 동일한 시간에 동일한 장소에서 일하는 것에 대한 이득이 있음에 대해 명확하게 보여주고 있다. 하지만 그 연구와 경험적 자료들은 집과 같은 다른 장소에서 일하는 것도 사무실에서 일하는 것만큼 생산적일 수 있다고 말한다. 적절한 조건이 갖춰지기만 한다면 말이다. 예를 들어보면, 한 개인이 집중해서 문서를 작성하거나 수치를 계산해야 하는 경우, 적절한 기술사용이 가능하기만 하다면 사무실을 벗어나서 일하는 것도, 사무실에서 일하는 만큼 효율성을 보장할 수 있는 때가 종종 있다.

　핵심은 어떤 일이 사무실을 벗어나서 이루어질 수 있는가를 파악하고, 마감기한과 최종성과물의 내역에 대해 모든 사람들이 잘 이해할 수 있도록 하며, (두 사람이 물리적으로 떨어져서 일해야 할 때) 업무관계가 효과적으로 구축될 수 있도록 하는 것이다. 이러한 기반작업을 제대로 하기 위해서는 시간과 노력이 필요하다. 하지만, 일단 제대로 해놓기만 한다면 조금조금씩 몇 달, 몇 년에 걸쳐 투자하는 것보다 훨씬 더 좋은 성과를 얻을 수 있다. 관리자들은 구성원들이 사무실을 벗어나서 일을 잘 할 수 있도록 돕는 방법에 대해 교육을 받아야 한다. 동시에, 밀레니얼 세대는 직접 만나는 상호작용을 통해 관계를 강화하는 것, 필요한 경우 사무실에 남아있는 것, 재택근무를 하기로 결정했을 때 확실하게 연락이 잘되도록 하는 것에 대해 교육을 받을 필요가 있다.

- 유연하게 커리어 관리를 할 수 있도록 조력하자. 유연한 커리어는 밀레니얼 세대의 성공적인 일과 삶 간의 균형 전략에 있어서 또 다른 핵심적인 요

소이다. 사람들은 삶을 살아가는데 있어서 여러 가지 단계들을 경험한다.

커리어 발달단계의 어느 시점에서는 긴 시간 동안 힘들게 일하는 것을 기꺼이 받아들였던 사람들도, 그 다음 단계에서는 더 적은 시간 동안 일하고 커리어 발전속도를 조금 더 천천히 진행하는 것을 선호하게 되기도 한다.

커리어에 대한 오래된 시각에는 흑백논리가 담겨 있는 경우가 많다. 빠른 커리어 개발을 하거나 그렇지 않거나, 한번 커리어 트랙에서 내려버리면 다시 돌아갈 수 없다거나. 즉, 위로 올라가지 않으면, 아예 그 트랙에서 나갈 수밖에 없는 것이다. 하지만, 오늘날에는 더 많은 조직들에서 핵심인재를 오랫동안 유지하는 것만이 가장 효율적인 접근이 아님을 인식하고 있다. 구성원들에게 커리어를 개발하는 중에 잠시 쉬어갈 수 있는 기회를 주게 되면 오히려 더 좋은 성과가 나온다는 것을 알아낸 것이다. 중간의 휴식이 필요한 이유는, 아이를 낳았다거나, 가족 구성원들 중에서 환자가 생기거나 돌봐야 할 노인이 있는 경우, 또는 별 이유 없이 조금 천천히 가면서 휴식을 갖고 싶은 경우 등이 있을 수 있다.

개인적 동기가 무엇이든지 간에, 유연하게 커리어 관리를 할 수 있게 해준다면, 당신이 조직에서 오랫동안 함께 일하기를 기대하는 밀레니얼 세대는 조직에 대해 긍정적인 이미지를 가질 수 있게 될 것이다.

• 업무량에 있어서의 어려움을 조율해주자. 일터에서는 대부분의 경우 일년에 걸쳐 예측이 가능한 패턴으로 일의 성수기와 비수기가 발생한다. 명절 쇼핑과 같은 고객패턴이나, 덥고 추운 날씨에 맞는 계절상품에 따라 일의 양이 달라지기도 한다. 또 다른 일의 양의 변화는 연례 미팅, 분기별 재무보고 등과 같은 핵심 행사에 관련된다. 조직은 이와 같은 변화를 미리 예측하지 않고, 한꺼번에 일이 밀려버리는 상황을 종종 만들곤 한다.

많은 노력을 들여서, 매일매일 늦게까지 일을 해야 하는 기간이 길어지고, 초치기를 하면서 보고서나 발표, 상품배달의 마감기한을 겨우겨우 맞춰나가는 것이 영웅과 같은 행동을 하는 것처럼 느껴질 수도 있지만, 이와 같은 패턴을 지속시키게 되면 구성원들에게 많은 피해를 입히게 된다. 아드

레날린 중독자(adrenaline junkie)가 이끄는 팀이라면, 관리자는 동료들 간의 엄청나게 끈끈한 연대감과 겉으로 보기에는 불가능해보이는 일을 성취하는 스릴을 자주 맛보고 싶어한다. 하지만, 그런 식으로 일을 하는 관리자는 미리미리 준비해서 일을 할 필요성을 무시하기 일쑤이기 때문에, 팀 구성원들이 안해도 될 일을 한꺼번에 해야 하는 상황을 자주 만들어 버린다. 바로 그것이 핵심적인 문제인 것이다.

핵심적인 마감기한을 맞추기 위해 시간과 노력을 엄청나게 투자해야 하는 것이 예측된다면, 더욱 더 적극적이고 신중한 접근법이 필요하다. 최대한 많은 일들을 미리미리 시작하는 것이 좋다(캘린더의 "업무 일정을 조금씩 앞으로 당겨놓기"). 물론 모든 일을 다 미리 해놓을 수는 없다. 하지만, 이와 같은 전략을 쓰는 데에는 두 가지 긍정적인 이득이 있다. (1) 당신은 팀구성원들의 스트레스에 대해 신경을 많이 쓰고 있고, 적극적으로 그 스트레스를 감소시키기 위해 노력하고 있다는 메시지를 강하게 보낼 수 있음 (2) 최고로 힘든 기간의 업무량을 감소시키기(이 부분에 대해서는 구성원들이 정말 큰 감사를 표할 것이다). 힘든 기간 동안에는 55시간을 일하던 것에서 50시간으로 감소한 정도밖에 안될 수도 있지만, 스트레스를 많이 받아서 퇴사를 생각하고 있는 사람들에게는 작은 업무시간의 감소도 큰 변화로 느껴지게 될 것이다.

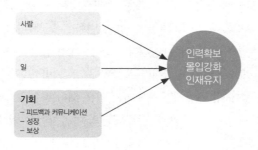

기회 : 피드백과 커뮤니케이션, 성장, 그리고 보상

밀레니얼 세대에게 있어서, 피드백과 커뮤니케이션, 성장, 보상은 일터 경험에서 모두 중요한 요소이다. 충분한 피드백을 받지 못한다면, 현재 자신이 어떻게 일하고 있는지를 알지 못할 것이고, 자신의 좋은 성과에 대해 아는 사람이 아무도 없다는 걱정을 하기 시작할 것이다. 기대하는 만큼 성장을 하지 못한다면, 현재 상태에서 정체되고 있는 것인가, 인력시장에서의 경쟁력을 갖추지 못한 것인가에 대해 걱정하기 시작할 것이다(이 부분은 구성원들이 항상 염려하는 것이다). 충분한 보상을 받지 못한다면, 당장 지불해야 할 고지서와 대출금에 대해 걱정하기 시작할 것이고, 현재의 연봉 수준이 장기적인 커리어에 대해 영향을 미치지 않을까에 대해 염려하게 될 것이다. 역량수준이 높은 밀레니얼 세대 인력을 확보하고 유지하고자 하는 조직은 그들에게 충분한 피드백, 성장의 기회, 보상을 제공해서, 동일한 조직에 있으면서도 지속적으로 발전하고 있다는 느낌을 가질 수 있도록 해주어야 한다.

피드백과 커뮤니케이션

밀레니얼 세대는 성공하기 위해 자신이 해야 할 일이 무엇인지에 대해 알고 싶어한다. 동시에, 그들은 상사로부터의 간섭을 받고 싶어하지 않는다(누구는 그렇겠는가?). 따라서, 밀레니얼 세대에게 접근할 때 기억해야 할 일은, 이들이 원하는 것은 지시와 통제가 아니라, 지도와 코칭이라는 사실이다.

밀레니얼 세대는 자신의 의견을 매우 솔직하게 이야기하는 사람들이며, 조직 위계상 자신의 위에 있는 사람들에게도 스스로의 생각을 적극적으로 표현하는 경우가 많다. 이러한 태도를 부정적으로만 볼 것이 아니라, 그들의 의견을 통해 당신의 조직이 얻을 수 있는 이득이 있다고 생각하고 수용해주도록 하자. 조직에 기여하고 싶어하는 사람들이 구성원이라는 것은 좋은 일이다. 그들의 행동을 적절하게 조율할 필요가 있을 뿐이다.

좋은 소식은 밀레니얼 세대가 자신의 의견이 적절한 방식으로 받아들여지기를 원한다는 사실이다. 그들은 명확한 명령체계가 존재해야 한다고 믿고 있다. 그들이 항상 의사결정권자들을 신뢰하는 것은 아니지만, 기꺼이 따를 준비는 되어 있다. 하지만, 자신의 의견과 제안들이 진지하게 받아들여지고 있다는 것을 확신할 수 있게 적절한 표현 창구를 필요로 한다. 적극적으로 의견을 제시하고자 하는 그들의 적극성에 감사를 표하고, 조직에 기여하고자 하는 그들의 욕구를 촉진시켜 주자.

제안행동

- 코칭과 지도를 해주자. 의견을 무시하고 지시만 내리는 태도는 지양하자. 밀레니얼 세대는(그리고 일반적으로 모든 사람들은) 부정적인 피드백보다는 건설적인 비판을 더 잘 수용한다는 사실을 꼭 기억하자. 하지만, 관리자들은 종종 지나치게 비판적인 태도만 보이고, 어떻게 개선을 해야 할지에 대해 유용한 조언은 제공하지 않는 경우가 많다. 건설적인 비판을 제공해서 구성원들이 어떻게 행동해야 할지에 대해 알 수 있도록 해주는 것은 지나친 간섭에 대해 민감하고 비건설적인 방식으로 지시를 받는 것에 대해 싫어하는 밀레니얼 세대에게 있어서 특히 중요하다. 대부분의 경우, 사람들은 의도적으로 일을 못하지 않는다. 그보다는 상사가 원하는 것과 그들이 만든 성과 간의 차이를 잘 모른다고 이야기하는 것이 정확할 것 같다.

  일의 성과가 기대수준에 못 미치고, 무엇인가 더 잘 될 수 있는 때에 피드백을 하는 것은 중요하지만, 이때 밀레니얼 세대에게 코칭해줄 것은 어떻게 하면 더 나아질 수 있는가의 문제이다. 관리자가 해야 할 일들 중의 일부는, 구성원들이 기대수준과 현재성과 간의 차이를 이해하고, 더 높은 수준의 일을 할 수 있게 돕는 것이다.

- 연례 행사로서가 아니라, 업무과정의 자연스러운 한 요소로서 피드백을 제공하자. 공식적인 성과관리 프로세스에서는, 상사가 피드백을 최소한 1년에 1회 정도 제공하도록 정하고 있다. 그렇다고 해서, 피드백을 1년에 한 번만 주어서는 안된다. 밀레니얼 세대가 성장하는 것을 돕기 위해서는 지나

치게 적은 횟수이기 때문이다. 피드백은 다양한 방법을 통해 최소한 주 1회나, 일이 진행되는 동안 최대한 자주 제공되어야 한다. 구성원에게 긍정적인 영향을 미칠 수 있는 피드백은(형식적인 피드백이 아니라), 일 자체에 기반을 두어야 하고, 현재 자신이 어떻게 하고 있는지, 그리고 어떻게 하면 더 나아질 수 있는지에 대한 정보를 얻고 싶은 각 개인의 니즈를 고려하여 이루어져야 한다. 이는 관리자가 시간과 에너지를 투자해야 할 가장 중요한 활동들 중의 하나이지만, 특히 밀레니얼 세대에게는 충분히 주어지지 않는 것이 대부분이다.

- 듣는 사람은 듣기만 하고, 말하는 사람은 말만 한다. 쌍방향 대화를 하는 것은 매우 중요한 일이다. 하지만 낮은 직급에 있는 사람들은 상사들에 대해, 항상 자신의 이야기를 하기만 하고 절대 듣지 않는다고 느낄 때가 많다. 관리자들은 "내 사무실의 문은 언제나 활짝 열려 있어요." 또는 "이야기를 하고 싶으면 언제든지 찾아오세요"고 이야기하면서, 이 정도면 구성원들에게 열려 있는 대화를 하고자 하는 모습을 충분히 보여주었다고 생각한다. 안타깝게도 그 정도로는 절대 충분하지 않다. 커뮤니케이션에 대해 더 많은 신경을 쓸 필요가 있다. 자신의 메시지가 어떻게 표현되고 어떻게 이해되었는지에 대해 점검해보자. 밀레니얼 세대에게(그리고 모든 사람들에게) 있어서, 조직 내 모든 직급에 있는 사람들은 자신의 의견을 이야기할 기회를 가지고 있으며, 자신의 이야기뿐 아니라 그 누가 이야기를 하더라도 상대방으로부터 경청받을 수 있다고 생각되는 조직문화는 매우 중요한 것이다. 상사가 부하직원에게 이야기를 할 때, 그 대화에는 전략과 비전이 포함되어 있어야 하며, 적절한 방법으로 핵심적인 정보가 제공되어야 한다. 관리자들에게 있어서 경청이란 낮은 직급의 구성원들에게 제안을 할 수 있는 기회를 제공하고, 그에 대한 자신의 시각을 제시하는 것을 의미한다. 그리고 동시에 현장 구성원들이 이야기하는 것을 잘 들어주고 그에 대해 반응을 보이는 것도 포함한다.

- 밀레니얼 세대가 자신의 의견을 건설적으로 표현할 수 있는 방법을 배울 수 있도록 조력하자. 쌍방향 대화에 밀접하게 관련되어 있는 것은 밀레니얼 세대가 자신의 생각을 이야기할 수 있는 권한이 있다고 느낄 수 있게 돕는 일이다.

밀레니얼 세대가 자신의 의견에 대한 경청이 이루어지지 않는다고 느끼거나, 자신의 의견이 무시된다고 생각된다면, 자신의 의견을 트위터에 올리거나 다른 소셜 미디어 사이트에서 공유하는 것과 같이 다른 방법을 찾게 될 것이다. 이와 같은 표현 방법은 조직에게 큰 손해를 입히게 될 수도 있고, 밀레니얼 세대의 커리어 관리에도 좋지 않은 영향을 미칠 수 있다.

밀레니얼 세대에게 의미있는 방식으로 조직에 기여할 수 있는 효과적인 창구들을 제공해준다면, 그들을 일에 몰입하도록 해줄 수 있고, '의사결정 권자들을 존중하지 않는 태도로 도전하는 버릇없는 친구들'이라는 오명을 씻을 수 있도록 생산적인 커뮤니케이션이 이루어질 수 있게 될 것이다. 예를 들어, 일의 성과를 개선할 수 있는 방법에 대해 생각하고 있을 때라면, 밀레니얼 세대(와 기성세대 동료들)을 초대해서 어떤 것들을 더 좋게 만들 수 있을지에 대해 제안을 해보도록 하고, 그들이 제안한 것들 중에서 합리적이고 가치있는 것을 골라서 변화를 시도하는 모습을 보여주는 것이 좋다. 구성원의 아이디어를 수용하거나 시도해볼 수 없는 상황이라면, 그 이유에 대해 설명을 하거나 논의를 하는 것이 바람직하겠다.

하지만, 꼭 기억해야 할 것은 조직이 변화할 준비와 의지를 가지고 있는 업무의 부분에 대해 구성원들과 함께 고려해야 한다는 것이다. 지금 상황에서 절대 변경할 수 없는 업무에 대해서는 이러한 대화과정에 아예 포함을 시키지 말아야 하고, 왜 변화를 할 수 없는가에 대해서도 설명을 해주어야 한다.

- 밀레니얼 세대와 1대1로 중요한 커리어에 관련된 대화를 해보자. 소셜 네트워킹 사이트를 이용해서 친목활동을 하고, 일에 관련된 이야기를 약간 하는 것은 나쁘지 않지만, 밀레니얼 세대의 중요한 커리어에 관련된 이야기를

하는 것은 반드시 1대1 대화를 통해 이루어져야 한다. 물론 출장 예산이 넉넉하지 않은 상황에서, 다른 지역에서 근무하고 있는 밀레니얼 세대의 관리자가 모든 중요한 대화를 대면으로 진행하기란 어려울 수 있다. 하지만, 그러한 경우에도 관리자는 최대한 가능한 대로 중요한 대화를 1대1로 하면서, 좋은 동료관계를 강화시키기 위해 할 수 있는 모든 노력을 해야 한다.

- 다른 사람들이 중요하게 생각하는 이슈에 대해 밀레니얼 세대가 1대1 대화를 하는 방법을 배울 수 있도록 조력하자.   밀레니얼 세대는 자신에게 중요하다고 여겨지는 이슈에 대해서는 대화하기를 원하는 반면, 다른 사람들이 중요하다고 생각하는 이슈에 대해 어떻게 정보를 전달할지에 대해서는 똑같이 우선순위로 생각하지 않는 경향이 있다.

관리자는 다른 사람들에게 중요한 정보에 대해 (자신에게 가장 편리한 방법을 사용하는 것이 아니라) 대면 대화를 할 수 있는 방법을 밀레니얼 세대가 배울 수 있도록 도울 필요가 있다. 출장 예산의 제약과, 멀리 있는 사람을 직접 만나기가 불편한 상황을 고려할 때, 대부분의 비즈니스 대화에서 대면대화 외의 방법을 자주 사용하게 되는 것은 자연스러운 일이다. 따라서, 밀레니얼 세대는 이메일, 전화, 대면 대화 중에서 적절한 균형을 잡을 수 있도록, 특정한 상황에서 어떤 대화 방법을 선택할지에 대해 지도를 받을 필요가 있다. 자신이 가장 선호하는 방법이 무엇인지를 생각하는 것이 아니라, 소통의 상대방의 니즈를 최적으로 충족시킬 수 있는 방법이 무엇인지를 고려하는 방법에 대해서 말이다.

커리어 개발

밀레니얼 세대는 조직 내에서 역량을 개발하고 승진할 수 있기를 바란다. 학습과 성장은 이들에게 매우 중요한 것이다. 왜냐하면, 조직에서 고용하고 싶은 대상으로서의 역량을 유지하려면 계속해서 더 많은 스킬을 개발해야 한다는 사실을 알고 있기 때문이다. 그러나, 성장이라는 것은 고용가능성을 높이고 승진 기회를 강화한다는 것 이상의 의미를 가진다. 학습을 통해 일은 더 재미있어진다. 세심하게 계획된 개발계획에 의해 배움을 얻든, 새로운 업무 경험에 노출되면서 배움을 얻든 상관없이 말이다. 그리고, 일이 더욱 재미있어질수록 밀레니얼 세대에게 있어서 그 직업은 더욱 매력적인 것이 될 것이다.

밀레니얼 세대에게 좋은 성장 기회를 직접 제공해주거나, 회사 외의 다른 곳에서 개발기회를 찾을 수 있도록 준비시켜 주자. 조직 내에서 배울 수 있고, 역량을 개발할 수 있고, 승진하고 싶은 욕구를 가지도록 격려해주자. 밀레니얼 세대가 성장하게 되면 그 주위의 모든 사람들(밀레니얼 세대 사진, 관리자, 조직)이 혜택을 얻게 된다는 사실을 잊지 말고, 그들의 성장을 조력해주도록 하자.

제안행동

- 일을 통해 많이 배울 수 있다는 사실을 밀레니얼 세대가 인식하도록 도와주자. 일단 일을 시작하게 되면, 가장 많은 성장은 일을 통해 이루어진다. 교실에 앉아서 강의를 듣거나, 비디오를 보거나, 온라인 강좌를 듣는 것보다 말이다. 최근에 학교를 졸업한 사람들은(대부분의 밀레니얼 세대가 그렇다) 테스트를 통해 자신의 성과를 보여주어서, 주위에서 자신이 뭔가를 배웠다는 것을 알 수 있도록 해야 하고, 뭔가를 배우려면 교실에 앉아 있어야 한다고 믿는 경향이 있다. 그들이 배운 것은 커리어를 개발하기 위해서이고, 그들이 앞으로 치르게 될 유일한 테스트는 매일매일의 성과수행일 것이라는 사실을 이해하도록 도와주자. 즉, 그들이 배울 필요가 있는 것이 무엇인지 알아내는 일과, 그들이 충분히 배웠는지를 평가하는 일의 책임은 자신에게 있다. 결국, 모든 사람들이 관찰할 수 있는 것은 성과 그 자체인 것이다.
- 밀레니얼 세대를 일터에서 성장시키기 위한 계획을 수립하자. 밀레니얼 세대가 공식적인 개발 계획을 통해 적절한 커리어 목표를 수립하도록 돕는 것은 첫 번째로 해야 할 일이다. 그리고 두 번째로 할 일은 이 계획을 실행에 옮겨서, 밀레니얼 세대와 상사, 조직의 협조를 얻는 것이다.

관리자로서, 당신은 구성원들이 자신의 커리어 개발에 대한 책임은 스스로 질 수 있기를 바랄 것이다. 하지만, 당신에게 보고를 하는 사람들 중에는 성장기회를 가지지 못한 경우도 있다. 또한, 자신과 조직에게 이득이 될 만한 기회를 선택하지 못하는 사람들도 있다. 이들에게 필요한 것은 자신에게 잘 맞는 성장 기회를 파악할 수 있게 해주는 당신의 도움인 것이다. 구성원들이 별 표현을 안한다고 해서 성장에 대한 관심이나 욕구가 없다고 오해하지 않길 바란다. 어떤 사람들은 자기자신을 위한 이야기에 대해 주장하기를 꺼리는 경우도 있다. 자기주장을 잘하는 동료들과 공평하게, 그들이 필요한 관심을 얻을 수 있게 해주자. 성장 방안과 커리어 방향성에 대한 대화장면을 적극적으로 만들어서, 밀레니얼 세대를 참여시키도록 하자.

- 보통 구성원들을 무시하지 말자. 우리 친구들 중에 어떤 전문가는 조직들이 핵심인재(A Player)에게만 시간을 너무 많이 쓰느라고, 보통 구성원(B player)을 무시하는 경우가 가끔씩 있다는 이야기를 하였다. 이 정확한 관찰 결과는 앞으로는 변화되어야 할 한 가지 상황을 강조해준다. 대부분의 조직들은 너무나 많은 시간을 핵심인재에 대해 걱정하느라 보내고, 아직 스타가 되지 못한 – 또는 앞으로도 되지 못할 – 인재에 대해서는 충분한 시간을 쓰지 않는다. 핵심인재가 제공해주는 가치에 비교해본다면, 보통의 구성원이 주는 가치는 작을지 모른다. 고성과자들은 업무의 대부분을 담당하고, 조직이 잘 운영되도록 하며 고객에게 만족도를 높여준다. 많은 경우, 보통 구성원들은 조직의 관심을 받지 못하기 때문에, 많은 사람들이 탐내는 일이나 빠른 승진이 보장된 진로경로에 대해 접근이 어려워서 좌절감에 빠져 있곤 한다. 하지만 밀레니얼 세대는 아직 커리어 개발과정의 초기 단계에 있어서, 대부분의 경우 보통 구성원 그룹에 속해 있는 경우가 많다. 그들이 더 많은 관심을 받을 수 있도록 하고, 역량을 개발시켜 주기 위해 다양한 노력을 하게 되면, 밀레니얼 세대를 유지시키는 데에도 직접적인 도움이 될 것이다.

- 역량개발이란 다음 단계로의 승진도 포함되지만, 현재 단계에서의 성장도 의미한다는 사실을 명확히 설명해주자. 많은 밀레니얼 세대들이 배움을 위한 배움을 좋아하기는 하지만, 어떤 사람들은 커리어에서 동료들보다 더

앞서나가는 데에만 초점을 맞추기도 한다. 이들에게는 조금 더 천천히 생각하면서, 현재의 단계에서 최대한 많은 것을 배우는 데에 초점을 맞추는 일에 대해 이야기해줄 필요가 있다.

어떤 밀레니얼 세대가 스스로 생각하기에 너무 쉬운 과제에 배정되었다고 생각한다면, 그 과제에서 얼마나 좋은 성과를 낼 수 있는지, 그리고 그 과정을 통해 얼마나 많은 것을 배울 수 있을지에 대해 이해할 수 있도록 도움을 받을 필요가 있겠다. 이 기회를 통해 자신이 처리할 수 있는 과제의 난이도를 높이는 연습을 하고, 더 높은 수준의 성과를 낼 수 있는 시도를 해보도록 하는 것이다. 가장 큰 도전은, 자신이 얼마나 잘해낼 수 있는 것인가의 문제이다.

새롭고 더 높은 직급에 지원할 수 있는 가장 최선의 방법은, 현재의 역할에서 최고의 성과를 내는 것이라는 사실을 알려줄 필요가 있다. 그들이 더 좋은 성과를 낼수록, 승진할 수 있는 가능성은 더 커지게 될 수밖에 없다. 자신만큼 성과를 잘 내지 못하는 동료들에게 코치와 멘토가 되어주도록 격려해주자. 현재 맡고 있는 역할에서 보여주는 성과와 기여도를 높일 수 있는 구성원들이 더 많이 존재한다.

• 안식년 휴가를 제공하자. 당신의 밀레니얼 세대 구성원에게 성장 기회를 제공하는 방법들 중 하나는, 안식년 휴가를 통해 조직 외에서 역량개발을 할 수 있도록 하는 것이 있다. 많은 조직들은 안식년 휴가를 통해 구성원들이 반복되는 일상을 벗어나서 에너지를 재충전할 수 있도록 하고, 완전히 새로운 활동을 통해 배움과 경험을 확장할 수 있게 한다.

안식년 휴가는 유급일 수도 있고 무급일 수도 있으며, 몇 주부터 몇 달까지 다양한 형태가 있다. 어떤 경우에는, 안식년 휴가 때 교육을 받거나 자선단체에서 일하는 활동만 하는 것으로 제한하기도 하고, 다른 경우에는 아무런 제약조건을 두지 않기도 한다.

안식년 휴가를 얻기 위해서는 최소한의 근속년수를 채워야 하는 경우가 대부분이지만, 아직 근무년수가 짧은 밀레니얼 세대에게도 안식년 휴가는 매력적인 것이다. 성장을 위해 조직에서 제공하는 혜택을 활용하고 싶은 밀레니얼 세대를 유지시키는 데에 안식년 휴가는 도움이 되는 요소이기도 하다. 전형적인 안식년 휴가는 (2개월 정도의) 짧은 기간이지만, 일을 하는 데 있어서의 정체감을 많이 느끼는 고성과자에게 무급 안식년 휴가를 연장시켜주거나 일부만 유급으로 연장 휴가를 갈 수 있도록 해줄 수 있다(6개월이나 그 이상). 안식년 휴가는 밀레니얼 세대가 장기간 동안 학습을 하고, 다른 장소에서 기여를 하는 경험을 해본 후 돌아와서 더욱 몰입도 있게 일할 수 있도록 하는 데에 도움이 될 수 있을 것이다.

보상

오늘날, 보상체계는 이전의 그 어떤 시대보다 더 투명하게 운영되고 있다. 과거에 조직들은 보상정보를 대외비로 숨겼었고, 대부분의 경우 그러한 시도는 성공적으로 이루어졌었다. 구성원들은 복도에서, 친구와 가족들과만 수군대며 보상에 대해 이야기를 하곤 했다. 그러한 시대는 지나가버렸다. 컴퓨터나 스마트폰을 가지고 있는 사람이라면 누구나 몇 번의 클릭이나 자판 두들김만으로 자신과 같은 직업을 가진 사람들의 연봉에 대해 공식적으로 게시된 자료를 찾아볼 수 있고, 동일한 조직에서 일하는 사람들의 연봉이 어느 정도인지에 대해서도 알아보는 것이 가능하다. 문제는 밀레니얼 세대가 비전통적인 창구를 통해 연봉에 대한 정보를 찾아보는가에 대한 것이 아니다. 정말 중요한 것은 그렇게 얻은 정보가 얼마나 정확한가에 대한 문제이다. 당신이 조직에서의 보상체계에 대해 쉽고 명확하게 알 수 있는 상황이 가장 바람직한 것이다.

밀레니얼 세대는 일을 열심히 하고 싶어하며, 그에 대해 적절한 보상을 받을 수 있기를 기대한다. 조직이 커뮤니티에 기여를 해야 하기 때문에 연봉을 삭감해야 한다는 말을 믿지 않는다. 그들이 하는 일의 가치에 맞는 보상을 해주고, 보상정보에 대해 쓸데없이 구성원들을 속이지 말도록 하자.

밀레니얼 세대는 실제적인 경제적 니즈를 가지고 있다. 이들은 무조건 돈을 더 많이 벌기를 원하는 버르장머리 없는 녀석들이 아니다. 공과금을 내야 하고,

대출금을 갚아야 하며, 은퇴 후 생활을 위해 저축을 해야 하는 걱정거리를 가지고 있다. 경제적 이슈에 대한 걱정거리는 그들의 일과 커리어 선택에 영향을 미친다. 따라서, 얼마 안되는 돈을 아끼기 위해 그들을 괴롭히게 되었을 때, 조직은 곧바로 더 큰 손해를 입게 될 것이다.

궁극적으로, 밀레니얼 세대가 자신의 연봉에 대해 가지는 만족도는 담당하게 되는 업무와 떼어서 생각할 수가 없는 것이다. 일에 대한 요구가 합리적이고 연봉수준이 적절하다면, 일에 대한 만족도는 높을 수밖에 없다. 그런데, 일에 대한 요구가 보통 수준보다 훨씬 높다면, 연봉도 그만큼 더 높아야 한다. 그리고 이러한 경우, 높은 연봉만으로는 충분치 않다. 성과수준이 매우 높기 때문에 높은 연봉을 받는다고 해도, 조직에 대한 평가는 다양한 시각에서 이루어지고, 이러한 작업은 매우 중요한 의미를 갖는다. 조직은 장기적으로 자신과 함께 일하는 미래를 꿈꾸고 있는가? 이 곳에서 승진 기회를 가질 수 있는가? 자신의 엄청난 노력에 대해 조직은 감사를 표하는가? 팀구성원과 상사는 좋아할 만한 사람인가? 일은 재미있고 의미있는가? 이러한 모든 요소들을 종합하여 밀레니얼 세대는 보상과 일에 대한 시각을 가지게 되는 것이다.

제안행동

- 현실적인 경제적 문제를 해결해줄 수 있을만한 보상체계를 매우 중요하게 생각하는 밀레니얼 세대의 시각을 이해하자. 밀레니얼 세대는 어려운 경제적 상황에 대처해나가야 하는 경우가 종종 있어서, 연봉을 어느 정도 받을 수 있을지에 대한 문제는 그들에게 있어서 매우 현실적으로 중요하다. 그들의 경제적 어려움이 그들의 통제범위를 넘어선 환경 때문인지, 아니면 그들 자신의 선택 때문인지는 문제가 되지 않는다. 그들이 당면한 현실은 그대로 인정해주어야 한다. 학자금 대출을 갚을 만큼, 공과금을 낼 수 있을 만큼, 미래를 위해 저축을 할 수 있을만큼 충분히 벌지 못한다면, 그들은 좌절하게 될 것이고, 일에 몰입하기를 어려워하게 될 것이며, 더 많은 연봉액을 제시하는 다른 곳을 찾아 떠나가게 될 것이다. 물론 당장 퇴사를 하

지는 않겠지만, 그들이 퇴사할 가능성은 적절한 보수를 받는 경우보다 커지게 될 것은 당연하다.

• 보상체계는 자기존재에 대한 가치를 평가하는 기준이 됨을 이해하자.   아마 당신은 밀레니얼 세대와 유사한 나이 때에, 현재의 그들보다 더 낮은 연봉을 받았을 것이다. 물론, 더 많이 벌었을 수도 있다.

어쨌든, 조직 내에서 더 많은 근속년수와 경험을 가진 동료들과 비교해 보거나, 다른 직장과 비교해보았을 때 요새 밀레니얼 세대는 좋은 수준의 연봉을 받고 있다고 생각하는 경우가 많은 듯하다. 하지만, 밀레니얼 세대에게 있어서 중요한 문제는 그들 자신이 연봉수준에 대해 어떻게 느끼느냐이지, 경영진이 그들의 연봉수준은 적절하다고 생각하느냐가 아니다.

보상체계는 조직이 밀레니얼 세대에 대해 어떻게 생각하고 있는지를 매우 명확하게 보여주는 신호이며, 밀레니얼 세대가 스스로에 대해 내리는 평가에 대해 영향을 미친다. 자기자신이 정말 형편없는 대우를 받고 있다고 생각될 때 스스로에 대해 어떤 느낌이 드는지 생각해보자. 연봉수준은 자존감에 영향을 미칠 수밖에 없는데, 밀레니얼 세대도 절대 예외는 아니다.

• 당신은 구성원들에게 낮은 연봉을 주거나, 너무 많은 일을 시킬 수 있다. 하지만 두 가지를 동시에 할 수는 없다.   당신은 일을 열심히 안하는 사람들에게 낮은 연봉을 줄 수 있고, 높은 연봉을 주는 사람들에게 많은 일을 시킬 수 있다. 하지만, 오랫동안 낮은 연봉을 주면서 일을 많이 시키게 되면, 그들은 어딘가 다른 회사로 떠나갈 결심을 하게 될 것이다. 밀레니얼 세대는 열심히 일하고자 하는 의지를 가지고 있지만, 동시에 적절한 수준의 보상에 대한 기대도 크다. 자신이 정말 열심히 일하고 있다면, 중상 수준의 연봉을 받는다 해도 (다른 조건이 좋지 않은 경우) 가치절하되었다는 느낌을 갖기 쉽다. 왜냐하면, 보상체계란 연봉을 포함한 전체적인 대우 패키지를 의미하는 것이기 때문이다.

• 인터넷이라는 익명공간에서 보상체계에 대해 이루어지는 뒷담화를 관리하자.   투명하게 보상체계를 관리해야 하는 필요성은 온라인에서 정보를 얻

는 것이 원활해지면서 더욱 강화되었으나, 그 정보의 질이 매우 낮다는 것이 문제가 되고 있다. 당신이 직접 보상체계에 대한 정보를 제공하지 않는다면, 밀레니얼 세대가 얻게 되는 정보는 온라인에서 찾은 자료와, 자신의 연봉에 대해 친구들에게 들은 그들의 의견뿐인 상황이 된다. 당신이 세부적인 정보를 제공해줄수록, 그들이 당신의 말을 더욱 신뢰하게 될 것이고, (정확도가 떨어지는) 온라인 자료에 의존하는 정도는 낮아지게 될 것이다. 보상체계에 대한 정보를 줄 때에는 솔직한 태도를 보여야 한다. 구성원들은 자신이 들은 정보에 대해 온라인 자료들과 비교해볼 것이고, 차이가 있다면 금새 알아채게 될테니 말이다.

• 보상은 연봉액수만을 가리키는 것이 아니라, 전체적인 대우 패키지를 의미하는 것이다.　밀레니얼 세대에게 있어서, 보상이란 2주나 4주마다 자신의 통장에 얼마 정도의 금액이 입금되느냐만을 가리키는 것은 아니다. 보상체계는 구성원들의 성장을 위한 조력이 어느 정도인지, 비금전적인 대우를 통해 자신이 얼마나 인정받고 있는지를 느끼는지, 얼마나 많은 시간 동안 일하기를 조직으로부터 요구받는지, 얼마나 많은 근무유연성을 가질 수 있는지, 시간이 지나면서 빚을 많이 갚을 수 있을지 등의 다양한 이슈를 포함한 것이다. 업무량, 스트레스, 장기적인 성과, 연봉을 모두 포함한 전체적인 보상체계 패키지는 밀레니얼 세대에게 합리적인 것으로 평가되어야 한다. 그렇지 않으면, 더 좋은 조건을 제시하는 다른 곳을 찾고 싶어지는 마음이 들게 될 것이다.

통합 정리

이 장에서는 사람과 일, 기회의 영역에서 밀레니얼 세대를 어떻게 관리할 것인가에 대해 세부적인 대안들을 제시하였다. 이 제안들을 모두 시행해볼 수 있다면 그 누가 기대하는 것보다 밀레니얼 세대와 성공적으로 함께 일할 수 있을 것이다. 하지만, 아마도 이 모든 것을 다 해보기란 어려울 수 있다. 그렇다면, 당신의 조직 상황에 맞게 우선순위를 정해보고, 가장 큰 성과로 돌아올 수 있는 요소에 대해 변화를 시도해보았으면 좋겠다. 이 이야기를 기억하길 바라며, 여러 가지 대안들 중에서 어떻게 우선순위를 정하고 그에 대해 초점을 맞출 것인지를 도와줄만한 핵심포인트를 몇 가지 제시하도록 하겠다.

1. 밀레니얼 세대의 니즈가 충족되지 않으면, 그들은 회사를 떠날 것이다.

조직은 밀레니얼 세대의 전문적, 개인적 니즈를 충족시켜 줄 수 있는 전체 패키지를 제공해야 함을 기억해야 한다. 이 때의 대우 패키지에는 승진, 성장, 업무량, 발전, 커뮤니티, 인정, 연봉이 모두 포함된다. 패키지의 내용이 충실할수록, 핵심인재 인력을 확보하고 유지시킬 확률이 높아질 것이고, 그들이 일에 몰입하고 조직에 기여할 가능성 또한 강화될 것이다.

"동료, 근무시간, 일, 연봉, 스트레스, 편두통을 제외하면,
지금까지 해봤던 그 어떤 일보다 지금 하는 일이 최고야"

@ 랜디 글래스버겐(Randy Glasbergen), glasbergen.com

2. 밀레니얼 세대는 회사를 떠날 가능성이 있다. 하지만, 어느 상황에서나 그런 것
   은 아니다.

뭔가 좋지 않은 상황에 처해 있는 것이 아니라면, 대부분의 밀레니얼 세대는 다른 곳에 가고 싶다는 마음 한 가지만으로는 퇴사를 생각하지 않는다. 나쁜 상황으로부터 탈출하고 싶을 때, 또는 확실히 더 좋은 조건을 제안받았을 때에만 회사를 떠날 뿐이다. 밀레니얼 세대도 다른 세대와 마찬가지로 변화를 어려워하며, 문제들이 잘 해결되어 현재 회사에 머물 수 있기를 기대한다.

3. 밀레니얼 세대의 가치관(흥미있는 일과 사회에 좋은 영향을 줄 수 있는 일을 하
   면서 적절한 보상을 받고 싶음)을 이해하자.

좋은 조직 시민이 되자. 하지만, 그렇다고 해서 개인구성원에게 제공하는 보상이나 기회가 부족한 것이 이해받을 거라고 생각해서는 안된다. 밀레니얼 세대는 적절한 비즈니스 모델을 가지고 사회에 대해 긍정적인 기여를 하는 조직의 일원이 되고 싶어한다. 이는 "두 가지를 병행해야 하는" 상황이다. 밀레니얼 세대는 자신이 소속된 조직이 사회에 긍정적인 기여를 하기를 바라지만, 그렇다고 해서 자신의 보상체계와 커리어에 있어서 당연히 받아야 하는 것을 희생할 수 있다고 생각하지는 않는다.

4. 밀레니얼 세대가 현재 경험하고 있는 경제적 압박을 이해하고, 좋은 대안들을
   제공함으로써 그들이 문제를 잘 해결할 수 있도록 조력하자.

밀레니얼 세대가 겪고 있는 어려운 상황을 인식하고, 그들이 경제적 문제를 잘 관리할 수 있는 대안들을 제공하게 되면, 구성원들이 조직을 위해 기여할 가능성이나 조직의 성공을 돕기 위해 열심히 일할 가능성은 더욱 커지게 된다. 대부분의 밀레니얼 세대는 학자금 대출, 주택구입 대출, 막연한 미래를 위한 연금, 실직 후의 불안한 노후 준비 등의 강한 경제적 압박에 시달리고 있다.
기성세대의 경제적 상황은 개인들마다 매우 차이가 많다. 바로 옆자리에서

같은 일을 하더라도 말이다. 하지만, 밀레니얼 세대의 경제적 상황은 그다지 큰 차이가 없다.

후기

당신이 이 장을 다 읽었다면, 아마 이런 혼잣말을 하고 있을지 모르겠다. "당신이 제시한 아이디어와 대안들은 밀레니얼 세대를 대상으로 한 연구를 기반으로 한 거지. 보상투명성, 피드백, 기회, 커뮤니티에 대해서 말야. 하지만 이것들은 어느 세대의 구성원에게도 해당되는 거잖아." 당신의 말이 맞다. 어느 연령대의 구성원들에게도, 관리자와 조직이 우리가 논의했던 대안들을 제공해준다면 큰 도움이 될 것이다.

미래에 대한 준비

Looking to the future

제7장

미래에 대한 준비
Looking to the future

우리와 마찬가지로 밀레니얼 세대도 나이를 먹는다. 새롭게 만나게 되는 삶의 단계에서 나이가 들어가면서, 앞으로 40년 동안 밀레니얼 세대가 하게 될 선택과, 그들을 고용할 조직에서는 다양한 변화가 일어나게 될 것이다.

미래를 정확하게 예측할 수 있는 사람은 없다. 하지만, 현재까지 이루어진 연구와 다른 세대의 과거 경험을 기반으로 해서 볼 때, 미래의 밀레니얼 세대를 위해 조직이 어떤 것을 생각하고 계획해야 할지에 대해서는 제안할 수 있을 것 같다. 우리의 결론과 제안점은 다양한 연구들에 의해 증명되어 온 인간행동패턴과, 현재의 사회 트렌드에 대해 알고 있는 것을 기반으로 하여 만들어졌다.

우리의 예측이 실제로 맞을지의 여부는 기술, 정치, 글로벌 경제 분야에서 일어나게 될 사건들에 따라 달라지게 될 것이다. 예를 들어, 1950년대 사람들은

2000년이 되면 모든 사람들이 개인 자가용—비행기를 타고 출퇴근을 할 거라고 생각했지만 그런 일은 일어나지 않았다. 반면 1940년대의 딕트레이시(Dick Tracy)라는 만화에서는 쌍방향 라디오(손목착용)가 출연했고, 1960년대의 텔레비전 만화 '우주가족 젯슨(The Jetsons)'에서는 화상통화가 나왔으며, TV쇼 '스타트렉(Star Trek)'에서는 전세계 사람들과 이야기할 수 있는 휴대용 통화장치가 소개되었었다. 하지만 손목에 착용하거나 휴대할 수 있는 전화기와, 전세계 사람들과 화상통화를 할 수 있는 장치가 실제로 사용될 거라고 예측한 사람은 아무도 없었다.

앞으로는 태양열 에너지의 단가가 10배 이하로 떨어지게 될까, 아니면 융합 에너지의 꿈이 실행될 수 있을까? 지구온난화는 세계의 바다수위를 15피트 이상으로 올라가게 만들 것인가? (스타트렉에 나온) 분자수송기(transporter)는 실제로 개발이 되어 운송업계에서 획기적인 변화를 일으킬 것인가?

앞으로도 마찬가지로, 사람들은 어려운 문제들을 풀어가고, 상황을 변화시키기 위해 최대한의 노력을 할 것이다. 이러한 가정을 기반으로 하여, (우리가 생각할 때) 가까운 미래에 조직들이 특히 중요하게 신경을 써야 할 몇 가지 분야를 제시해보려고 한다.

장기적으로 밀레니얼 세대에게 영향을 미칠 트렌드

경기침체 시기에 커리어를 시작한 세대는 전체적인 수입수준이 그다지 높지 않을 것이다

사람들이 많이 논의하고는 있으나 잘 이해하지는 못하고 있는 경제적인 현상은 젊은 사람들이 경험하고 있는 노동시장환경의 장기적인 효과이다. 밀레니얼 세대의 대부분은 매우 어려운 두 가지 경제환경이 조성되었을 때 사회인이 되었다. 2000년대 초반의 미약한 성장과, 2007년의 대침체(Great Recession). 이 두 가지 사건은 그 뒤로도 많은 영향을 미쳤다.

경제적 상황이 좋지 않을 때 직장생활을 시작한 경우의 장기적 영향에 대한 연구를 보면, 10년 전 경제가 좋았을 때 사회인이 된 사람들보다 수입이 적은 것으로 나타났다.[1] 그 이유는 무엇일까? 어려운 경제상황에서는 선택할 만한 좋은 직업이 줄어들기 마련이다. 따라서 갓 사회인이 된 사람들이 찾을 수 있는 직업은 제대로 보상을 해주거나, 성장경제시에 가능했던 직업들과 같이 발전 기회를 많이 주기도 어려운 상황이 된다. 따라서, 그들은 그다지 마음에 들지 않는 직업을 가지고 낮은 연봉을 받으면서 시작하게 되고, 이때의 시작환경은 남은 커리어 과정에 대해서도 영향을 미치게 된다.

대공황(Great Depression / 역주 : 1929~1939년에 전세계 산업지역에서 광범위하게 진행된 경기침체) 기간을 살아온 기성세대들이 남은 삶의 기간 동안에도 적용할 수 있는 경제적인 교훈을 얻었던 것과 같이, 우리는 대침체가 밀레니얼 세대의 경제적 대안과 판단에 미친 교훈적인 영향이 앞으로도 지속될 수 있기를 기대한다.[2] 동시에, 그들이 갓 사회인이 되었을 때의 경험의 영향을 받아, 개인적인 삶과 커리어를 구성하게 될 거라는 것도 예측이 된다.

예를 들어, 미국, 영국, 유럽의 나이 많은 밀레니얼 세대(1980–1982년 출생자)들은 경제적 팽창을 하던 2000년대 중반 시기에 대학을 졸업했었다.

이 나라들에서 대침체 현상이 일어났을 때, 이들 중 많은 사람들은 이미 커리어를 시작했었고, 2000년대 후반에 팽배했던 구조조정에서 살아남을 수 있었다. 하지만, 2007년에서 2010년, 그리고 그 이후에 대학을 졸업한 더 밀레니얼 세대의 중간세대들은 이들보다 훨씬 더 힘든 시간을 겪었다. 그리고, 가장 어린 밀레니얼 세대(1995–2000년 출생자)는 아직 대학을 졸업하지도 못했고(우리는 이들을 이번의 연구에는 포함시키지 않았다), 노동시장에서 그들을 기다리고 있는 대단히 독특한 환경을 만나게 될 것이다.[3]

가장 중요한 것은, 경제 대침체가 대부분의 밀레니얼 세대들의 미래에 지속적인 영향을 미칠 것이라는 사실이다. 하지만, 그 암흑 시기에 커리어를 시작한 밀레니얼 세대에게 특히 중점적인 영향을 미치고 있으며, 나이가 많거나 어린 밀레니얼 세대에게는 그 영향력이 크지는 않다고 보여진다.

밀레니얼 세대의 수명은 길어질 것이고, 은퇴 후 경제적 안정 수준은 좋지 않을 것이다

밀레니얼 세대는 은퇴 후 안정적으로 살 수 있을지에 대해 걱정을 많이 한다. 왜냐하면, 65세 이후에도 오랫동안 살게 될 것 같고, 은퇴 후에 연금을 받을 수 있을지에 대해서는 모호한 상황이 예측되기 때문이다.

사람들의 수명은 점점 길어지고 있기 때문에, 은퇴 연령에 대한 전통적인 기준이 흔들리고 있다. 정부주도의 국가 연금 프로그램이 수십 년 전에 만들어졌지만, 그때에는 현재보다 기대수명이 훨씬 짧았었다. 1940년, 65세의 남성은 12.7년을 더 살 거라고 예측되었었고(77.7세까지), 여성은 14.7년을 더 살 거라고 생각되었었다(77.7세까지).[4] 즉, 대부분의 사람들은 13년에서 15년 정도 국가연금을 받을 수 있을 거라고 기대했었다는 것이다. 오늘날 미국에서 남성과 여성에 대한 기대수명은 남성의 경우 84.3세, 여성의 경우 86.6세로 늘어났다.[5] 사람의 수명은 늘어났는데 동일한 연령대에 은퇴를 하고 있는 이 현상은 국가 및 민간 연금 프로그램이 처음 만들어졌을 때 예측했던 것보다 더 오랫동안 연금을 지급해야 하는 상황을 발생시켰다. 현재 논란이 되고 있는 문제는 은퇴 후 연금 지급에 대한 것인데, 기존의 연금 프로그램이 장기적으로 보았을 때 과연 언제까지 유지될 수 있을 것인가에 대한 걱정이 많기 때문이다.[6,7]

미국에서는 확정급여형 연금(defined benefit / 역주 : 근로자가 퇴직시 받을 연금 급여액을 미리 정해놓은 연금지급방식)이라는 오래된 전통으로부터, 확정기여형 연금(defined contribution retirement plans / 역주 : 회사의 기여금 수준이 사전에 결정되고, 근로자가 받을 연금 급여액은 적립금 운용 실적에 따라 변동되는 연금제도)으로 변해가고 있다. 즉, 은퇴를 위해 저축을 하는 과정에서 생기는 위험부담이 조직으로부터 개인으로 옮겨간 것이다. 이와 같은 상황이 생긴 이유 중에는, 사람들이 오늘의 행복을 잠시 미뤄서 내일의 행복을 준비하는 것을 별로 좋아하지 않고, 은퇴 후를 위해 충분한 저축을 하지 않는 것도 포함된다. 밀레니얼 세대는

"신입사원이 왔어요.
회사의 연금 프로그램이 어떤 것인지 알고 싶어하는데요"

이와 같은 트렌드와는 정반대이지만,[8] 은퇴를 위해 저축을 하는 것은 그들에게
도 큰 걱정거리로 남아 있다.

민간회사가 관리하는 은퇴연금의 또 다른 문제는 경기순환(business cycle)이
가지는 위험부담이다. 시간이 지나면서 은퇴 포트폴리오가 최대의 수익을 올리
려면 주식시장을 거칠 수밖에 없다. 하지만, 당신이 은퇴하기 직전에 주식시장
이 붕괴된다면 어떤 일이 일어나게 될까? 투자손실을 막기 위한 대비책을 마련
해놓지 않았다면, 은퇴 후 삶의 수준을 더 낮춰야 하거나, 저축액을 더 늘리기
전까지는 은퇴를 미뤄야 하는 상황이 생긴다. 우리는 대침체 시기에 수백만명의
미국 베이비붐 세대들이 계획했던 대로 은퇴를 하지 못하는 것을 볼 수 있었다.
주식 시장이 폭락하면서 은퇴연금액이 심각하게 줄어들었기 때문이었다. 부모
세대의 은퇴에 주식시장의 침체가 미치는 영향을 목격했던 밀레니얼 세대는 앞
으로 자신에게도 일어날 수 있는 일이라는 것을 잘 알고 있다.

이러한 기억은 매우 오랫동안 없어지지 않을 것이고, 그들이 자신의 은퇴 계

획을 세우는데 있어서도 영향을 미치게 될 것이다.

밀레니얼 세대가 은퇴 후의 생활에 대해 걱정을 많이 한다 해도, 그들에게 남아있는 문제는 기존의 어떤 세대에서도 예측하지 못했던 기나긴 수명연장이 있다. 수명은 길어지고, 건강은 날로 좋아지고 있다. 따라서, 그들은 최대한 오랜 기간 동안 일을 하면서, 전통적인 은퇴 연령이 지나서도 지속해서 일을 할 수 있는 숙련된 전문가가 되고 싶어한다. 우리는 밀레니얼 세대가 기성세대가 오랜 시간 동안 가지고 있었던 기준에 도전할 수 있기를 기대한다. 많은 베이비붐 세대들이 전통적인 은퇴 연령대가 되었지만 아직 은퇴하지 않은 것과 같이 새로운 트렌드가 생겨나고 있듯이 말이다.

대부분의 밀레니얼 세대에게 있어서, 커리어 무지개의 끝에는 황금단지가 없을 가능성이 높다

지난 40년 동안 전세계적 빈곤이 줄어들었음에도 불구하고, 미국과 영국, 그리고 다른 산업화된 사회에서는 집단내 불평등이 날로 늘어가고만 있다.[9] 즉, 유사한 교육배경을 가지고 있거나 동일한 산업분야에서 일을 하는 직업을 가진 사람들 사이에서, 승자와 (상대적인) 패자 간의 차이가 계속 커져가고 있다는 것이다. 대학졸업자들의 임금 또한 인터넷의 확산과 빠른 속도로 이루어지는 커뮤니케이션에 의해 영향을 받고 있고, 한 나라 안에서만 머무르는 것으로 여겨지던 지식산업도 그다지 높지 않은 비용을 써서 전세계인들의 활용이 가능한 것으로 변화되고 있다. 전통적으로 안전하다고 여겨졌던 지식산업 분야, 법, 회계, 건축, 실험기술에 관련된 직업들은 임금과 일자리에 있어서 점점 더 압박을 받고 있다. 50년 전과 비교해보았을 때, 대학 졸업자들의 연봉이 더 낮아지고, 경제적 안정성에 대해서도 보장이 안되는 상황이다(우리의 밀레니얼 세대가 바로 여기에 포함된다).

그렇다면, 밀레니얼 세대는 자신이 기대하는 커리어를 개발해나갈 수 있으리라는 희망을 완전히 버려야만 하는 것일까? 그렇지 않다. 하지만, 커리어 무지개의 끝에는 꼭 황금 단지가 묻혀져 있을 거라는 기대를 하는 것은 바람직하지 않을 듯하다. 물론, 정말 좋은 대우를 받을 수 있는 사람들은 소수 있을 것이다. 하지만, 중요한 것은 그게 아니다. 소수의 밀레니얼 세대는 현실에서도 커리어를 통해 경제적인 성공을 거둘 수 있을 것이다. 하지만, 현재의 상황과 정책들을 고려해볼 때, 대부분의 밀레니얼 세대들은 어느 정도의 경제적 불안함이 있지만 기본적인 생활을 유지할 수 있는 정도에서 만족해야 하지 않을까 싶다.

높은 교육비는 선택의 폭을 오히려 좁히게 될 것이다

교육비에 대한 투자와 학자금 대출은 많은 밀레니얼 세대와 그들의 가족들이 경험하고 있는 현실적인 문제이다. 미국에서, 대학 학비는 물가상승률보다 더 빠른 속도로 늘어나고만 있다.[10] 그 결과, 과거의 그 어느 때보다 밀레니얼 세대는 갚아야 할 학자금 대출을 많이 가지고 졸업을 하고 있고, 이러한 트렌드는 결코 긍정적으로 보여지지 않는다. 자신의 교육선택과 커리어 도전과제로 얻은 대출은 밀레니얼 세대가 부모가 되어도 겪게 되는 스트레스를 상승시킬 것이다. 이때에는 이들이 자신의 아이에 대해 최고의 기회를 제공하고 싶을 때인데도 말이다.

밀레니얼 세대 중에는 학자금 대출을 은퇴할 때까지도 완전히 갚지 못하는 경우가 있을 거라 예상된다. 현재, 학자금 대출금이 아직 많이 남아있는 은퇴자들이 2백만명이 넘고, 2010년에 50~64세였던 가정의 11%는 평균 교육비 대출로 갚아야 할 돈이 28,000달러가 남아 있었다.[11,12] 밀레니얼 세대의 학자금 대출 금액은 기성세대보다 훨씬 더 크기 때문에, 갑자기 큰 돈을 벌 수 있는 극적인 변화가 일어나지 않는 이상(현재의 트렌드가 계속된다면 불가능한 일로 생각된다), 은퇴 후에도 과거의 어느 때보다 학자금 대출이 많이 남아있는 세대가 될 가능성이 높다.

그렇다면 이와 같은 상황을 일반적인 경제 트렌드에 맞춰 생각해보도록 하자. 밀레니얼 세대는 교육비에 많은 돈을 투자했던 만큼 갚아야 할 학자금 대출이 많지만, 노동시장에서 과거에 기대했던만큼 높은 수입을 올릴 수 있는 일자리를 찾을 가능성은 그다지 높지 않은 상황이다. 따라서, 밀레니얼 세대는 가정을 꾸려나가고 커리어 개발 과정 중반에 새로운 직업을 찾는데 있어서 부담감을 많이 느낄 거라 예상된다.

결론 : 경제적 이슈

오늘날의 글로벌 경제에서 안정적인 조직이나 일자리는 존재하지 않는다. 그리고, 그 어떤 사람도 자신이 커리어에서 성공을 거둘 거라고 확신할 수는 없다. 그들이 일하고 싶어하는 특정 일자리나 조직, 또는 그들이 벌고 싶어하는 연봉의 액수(앞에서 논의했었다) 모두 성취가능성이 불투명한 것이다.

경제 침체 시기에 갚아야 할 대출금을 가지고 커리어를 시작한 많은 밀레니얼 세대들은, 좋지 않은 경제상황에 의해 지속적으로 영향을 받고 있다.

그러나, 밀레니얼 세대는 이 세상은 뭔가 다른 것이 있을 것이라는 환상을 가지지 않고 성장했다. 기성 세대들은 보다 안정적인 은퇴생활을 할 수 있었을 때 (베이비붐 세대), 또 다른 시스템으로 변화가능했던 때(X세대)를 경험했었다. 하지만 밀레니얼 세대는 은퇴 후 생활에 대해서는 믿을 것이 자기자신밖에 없다는 생각을 가지고 사회인이 된 첫 세대이다. 자신의 경제적인 웰빙을 보장하려면 노동시장에서 항상 경쟁력있는 존재로 남아있어야 한다는 것을 잘 알고 있다. 이것이 아마도 밀레니얼 세대가 학습과 전문가로서의 성장에 대해 강하게 강조하게 된 주요 이유일 것이다. 그들은 생존하기 위해 스킬을 개발해야 한다는 사실을 잘 알고 있다.

장기적으로 밀레니얼 세대와 조직, 사회에 영향을 미칠 건강 트렌드

밀레니얼 세대는 여러 세대들 중에서 가장 체중이 많이 나가는 세대이다. 이러한 사실은 그들의 건강에 장기적으로 크게 영향을 미칠 것이다

2012년, 미국 10대의 비만율은 1980년의 수치보다 4배 높은 것으로 나타났다.[13] 2007년, 미국 중학생의 2/3는 신체적인 운동을 하지 않고 있었으며, 3/4은 좋지 못한 식사 습관을 가지고 있었다(과일과 채소 섭취량이 낮았으며, 탄산음료를 너무 많이 마시고 있었다).[14]

우리는 아동기 행동에 대해 이야기를 해보려고 한다. 왜냐하면, 아동기에 생긴 비만은 성인기까지 영향을 주기 때문이다. 비만 아동은 심장병과 고혈압 질환을 앓을 가능성이 높다.[15] 비만인 사람들은 당뇨병에 걸릴 확률도 크다.[16] 이는 선진국에서만 가지고 있는 걱정거리가 아니다. 개발도상국에서도 아동비만이 날이 갈수록 많아지는 추세이며,[17] 전세계적으로 당뇨병 환자가 늘어나는 것에 대해 염려하는 목소리가 높아지고 있다.[18]

조직들은 과거보다 비만 구성원들의 수가 많아지고 있다는 현상에 주목할 필요가 있다.

과체중인 구성원들의 의료비가 더 많이 지출된다는 연구자료는 매우 많이 존재한다.[19] 의료보험비가 많이 나가는 것에 더하여, 비만은 결근율을 높이고 임금수준을 낮추는 데에 영향력을 미친다.[20,21] 즉, 비만인구가 많아지게 되면 개인과 조직, 사회가 더 많은 비용을 써야 하는 것이다. 비만과 관련된 건강문제는 개인과 조직, 사회에게 경제적으로 부정적인 영향을 미쳐서, 추가 비용을 발생하게 하거나 건강보험에서도 추가지원을 필요로 하는 상황을 만들게 된다.

이것은 부유한 선진국의 문제만이 아니라는 자료가 있다. 국제비만학술지(International Journal of Obesity)에 실린 논문에서는 과거의 트렌드를 기반으로 하여 2030년의 상황을 다음과 같이 예측하였다.[22]

- 중국인구 중 60%는 과체중이 될 것이고, 13%는 비만이 될 가능성이 높다.
- 인도인구 중 29%는 과체중이 될 것이고, 5%는 비만이 될 가능성이 높다.
- 아시아의 다른 나라들과 섬에 살고 있는 사람들 중 50%는 과체중이 될 것이고, 14%는 비만이 될 가능성이 높다.
- 라틴아메리카와 카리브해지역에 살고 있는 사람들의 44%는 과체중이 될 것이고, 38%는 비만이 될 가능성이 높다.
- 사하라사막 이남의 아프리카에 살고 있는 사람들 중 29%는 과체중이 될 것이고, 17%는 비만이 될 가능성이 높다.
- 중동 초승달 지역에 살고 있는 사람들 중 23%는 과체중이 될 것이고, 24%는 비만이 될 가능성이 높다.

즉, 이 자료는 전세계에 있는 조직과 사회들이 과거의 그 어느 때보다 비만에 의해 영향을 받을 것이라는 사실을 보여준다. 따라서 이 이슈를 어떻게 풀어나갈지를 고민하지 않는다면, 계속해서 추가 비용을 지불해야 할 수밖에 없다.

이 자료들을 기반으로 생각해볼 때, 이러한 트렌드는 밀레니얼 세대에게도 지속될 거라고 보여진다. 다시 말해서, 조직들은 비만 문제에 대한 대안을 마련하기 시작해야 하고, 동시에 불편한 미래에 도달하지 않기 위해 지속적으로 노력해야 한다는 것을 의미한다.

비만문제는 기본적으로 개인적인 선택으로 인해 생긴 거라고 모든 사람들이 생각하고 있지만, 조직은 각 개인들이 건강한 선택을 조금 더 쉽게 할 수 있게 도와줄 수 있는 능력을 가지고 있다. 예를 들어, 어떤 조직에서는 구성원들에게 사내 체육관에서 운동을 할 수 있게 해주거나, 외부 피트니스 센터의 멤버가 될 수 있도록 지원해준다. 사내 카페테리아의 메뉴를 건강식으로 구성하고, 특정한 운동을 할 수 있는 환경을 조성해주며, 건강한 라이프 스타일을 보일 때 인센티브를 제공하기도 한다. 또 다른 조직에서는 행동형성(shaping behavior)

기법을 연구해서, 건강에 해로운 간식을 보다 건강에 좋은 간식 뒤에 숨기거나, 설탕이 든 간식은 찾기 힘들게 하면서 물을 전면에 배치해놓는다거나, 음식종류보다는 음식의 양으로 고를 수 있도록 카페테리아 메뉴를 구성한다거나, 보다 건강한 음식을 먹을 때에는 할인을 더 많이 받을 수 있는 등의 세부 전략을 실행해보고 있다.

밀레니얼 세대는 깨어 있는 시간의 대부분을 일터에서 보내고 있다. 따라서, 일터는 그들이 건강한 선택을 쉽게 할 수 있는 곳이어야 한다. 이와 같은 조력을 제공한다면 밀레니얼 세대는 훨씬 더 건강해질 것이고, 의료비 지출이 감소할 것이며, 조직이 보여준 관심에 대해 감사하게 될 것이기 때문에, 조직은 이득을 얻을 수 있게 될 것이다.

주로 앉아서 하는 일을 하기 때문에, 건강 문제가 생긴다

가까운 미래에 예상되는 또 다른 건강 문제는 신체적 활동의 감소이다. 많은 사람들은 신체적인 활동이 최소화된 세상에서 살고 있다. 조직에서 전문가의 위치에 있는 밀레니얼 세대(기성세대도 마찬가지)는 하루 중 대부분의 시간을 앉아서 보낸다. 컴퓨터 앞에 앉아 있고, 앉아서 미팅을 하고, 앉아서 점심을 먹는다.

사람들은 이 문제를 해결하기 위해 운동을 하러 간다. 어떤 사람들은 신체적 건강을 강화하기 위해 직접 몸에 부착하는 기기를 달고 움직이기도 한다. 하지만 운동을 한다고 해서 모든 것이 해결되지는 않는다. 정기적으로 운동을 한다 해도, 너무 많이 앉아 있는 것은 건강에 좋지 않다.[23] 대부분의 일이 컴퓨터 앞이나 책상 앞에 앉아서 해야 하는 것인 한, 밀레니얼 세대와 그들을 고용한 조직은 이 문제에 대해 고려를 해보아야 한다.

그러면 어떻게 하면 좋을까? 의자에서 조금 더 자주 일어날 필요가 있다. 복도를 걸어다녀보고, 누군가와 이야기를 할 일이 있으면 이메일이나 메시지를 보내거나 전화를 하지 말고 직접 그 사람이 있는 층으로 가자. 사무실에 혼자 있을 때 전화 회의를 해야 하는 상황이라면, 자리에서 일어나서 걸어다녀보자. 혹시 가능하다면 런닝머신이나 다른 운동기구를 사용하면서 전화를 하는 것도 좋겠다. 하루종일 한 곳에 오래 앉아 있지 않고 자주 일어날 수 있도록 알람을 설정해놓자. 당신이 매우 활동적인 사람이 아니라 해도, 자리에서 일어나서 주위를 걷는 것만으로도 건강은 좋아질 수 있다.

조직은 이와 같은 활동들을 촉진할 필요가 있고, 어떻게 하면 조금 더 활동적으로 움직일 수 있도록 일을 조직화할 수 있을지에 대해 고민해야 한다. 어떤 조직에서는 소규모 그룹일 때, 걸으면서 미팅을 하곤 한다. 또 다른 조직에서는 사무실 내에 런닝머신을 설치해서, 사람들이 일과 걷기를 동시에 할 수 있도록 하는 경우도 있다. 어떤 조직에서는 서서 이야기를 하기에 편한 테이블을 설치해 주고, 개인 책상에서도 앉거나 일어서서 일이 가능하도록 환경을 조성해주었다. 어떤 전략을 쓰는 것이 좋을지를 판단하려면, 구성원들의 건강과 조직에서의 업무 흐름을 동시에 최적화하기 위해 어떤 것이 필요할지에 대해 명확하게 파악을 하는 것이 필요할 것이다. 어떤 세부 계획을 세우든지 간에, 우리가 기대하는 성과는 동일하다. 구성원들이 지금 움직이는 정도보다 하루종일 더 많이 움직이기를 바라는 것이다. 기성세대보다 더 과체중 구성원들이 많은 밀레니얼 세대에게는 특별히 더 신경써야 할 문제로 보인다.

스트레스는 신체적 건강과 심리적 건강에 모두 해를 미친다

스트레스는 전세계의 어느 나라에서도 중요한 문제로 인식되고 있다.[24] 거의 모든 사람들은 스트레스를 받고 있다고 이야기를 하며, 그 스트레스의 대부분은 일에 대한 것이다.

미국에서 최근 몇 년간 진행된 연구들을 보면, 밀레니얼 세대의 스트레스 수준은 기성세대만큼 높은 것으로 나타났다.[25,26] 미국심리학회가 발표한 연구결과에서는, 밀레니얼 세대 중 1/3이 고독감을 느끼고 있었고, 거의 모든 연구참가자들이 자신의 스트레스는 신체적, 심리적 건강에 영향을 준다고 대답했다.[27] 밀레니얼 세대들은 특별한 스트레스 관리 기술을 가지고 있지 않더라도, 자신을 안정시키는 행동을 선택하는 경향을 보였다(예 : 인터넷 서핑, 텔레비전이나 영화 보기, 낮잠, 먹기). 문제는, 이러한 행동이 보다 활동적인 사람들이 하는 것만큼 건강한 라이프스타일에 도움이 되는 것은 아니라는 점이었다.[28]

이 연구보고서에서는 자녀가 없는 사람들보다 자녀가 있는 부모가 더 많은 스트레스를 느끼고 있다고 주장하였다.[29] 대부분의 밀레니얼 세대가 아직 부모가 아니라는 것을 고려할 때, 이는 심각하게 생각해봐야 할 점이다. 아직 부모가 아닌데도 스트레스 수준이 이렇게 높다면, 부모가 된 다음에는 스트레스를 얼마나 더 받게 된다는 것인가? 아니면 어느 수준에 도달하면 스트레스가 감소하게 되는 것일까? 확실하게 말할 수는 없겠지만, 조직이 유의해서 보아야 할 사항임에는 분명하다.

아직 명확하게 이야기하기는 어렵지만, 밀레니얼 세대가 현재 경험하고 있는 경제적인 압박과 가족을 가지게 되면서 갖게 되는 경제적인 스트레스(은퇴 후 생활에 대한 걱정까지 포함해서)를 고려해보면, 이들의 스트레스 수준은 날이 갈수록 높아지게 될 것이다. 그리고, 너무 많은 스트레스는 어디에서 기인했든지에 상관없이, 건강과 근태, 생산성에 부정적인 영향을 미치게 될 것이 분명하다.

스트레스를 감소시키기 위해 실용적이고 건강한 일터 환경 조성을 해주게 되면(예 : 체육관 멤버십, 운동시간, 팀스포츠), 구성원들은 자신의 건강을 강화하고 스트레스 수준을 감소시켜서 생산성을 높일 수 있게 될 것이다.

결론 : 건강

밀레니얼 세대의 장기적인 건강 변화추이를 예상해보면 안타깝게도 그다지 긍정적으로 보여지지 않는다. 하지만, 다행히도 구성원들이 건강한 선택을 하고 실제적인 건강을 강화하는 것을 돕는 데에 초점을 맞춘 조직의 전략을 통해, 조금 더 긍정적인 방향으로 변화할 수 있는 시간은 아직 남아 있다.

사회적 변화

사회는 여러 곳에서 다양한 변화를 만들어내고 있다. 밀레니얼 세대는 결혼을 늦게 하고, 아이를 늦게 낳는 경향성을 보인다. 많은 밀레니얼 세대들이 미혼으로 남아 있다. 아이를 낳은 후에도 많은 여성들이 직장에 다니고 있고, 더 많은 남성들이 육아에 동참하고 있다. 이와 같은 모든 트렌드는 조직에 영향을 주게 된다. 사람들의 가정에서의 삶은 업무적인 삶에 영향을 주게 되고, 그 반대의 방향도 가능하기 때문이다.

밀레니얼 세대는 늦게 가정을 꾸리는 편인데, 이러한 트렌드가 커리어 유연성의 시기에 영향을 미친다

세계적으로 요새 젊은이들은 결혼을 늦게 하는 쪽으로 변한 것 같다.[30] 미국의 밀레니얼 세대는 결혼을 늦게 하고, 집도 늦게 사며, 아이도 늦게 낳는 편이다.[31] 이와 같은 경향성은 이들의 초기 커리어에 있어서 유연성을 높여주게 된다. 더 많은 위험부담을 가져보게 되고, 더 오랜 시간 동안 일하게 되고, 일이 마음에 들지 않으면 직업을 바꿔보기도 하고, 해외 근무의 기회가 있다면 적극적으로 잡는 것처럼 말이다. 이와 같은 밀레니얼 세대의 연장된 유연성은 조직에게 좋은 소식으로 해석될 수 있다. 초기 커리어 단계에 있는 밀레니얼 세대는 다른 지역으로의 발령을 자연스럽게 받아들일 수 있고, 배우자나 아이의 삶에 대한 걱정을 하지 않고도 다른 일을 시도해볼 수 있게 되기 때문이다.

하지만, 커리어 초반에 밀레니얼 세대의 유연성이 높아진다고 해서, 커리어 후반에 유연성이 감소되는 것은 아니다. 적극적인 미혼의 20대(그리고 30대 초반) 밀레니얼 세대는 30대 후반이나 40대가 되면 아이와 더 많은 시간을 보내기를 원할 거고, 동시에 조직내에서도 더 많은 업무기대와 책임을 갖게 될 것이기 때문이다. 역량이 높고 똑똑한 밀레니얼 세대를 유지하기를 원하는 조직이라면, 구성원의 커리어 니즈에 있어서 유연성을 제공할 준비가 되어 있어야 한다. 중간관리자와 임원의 위치에 있는 밀레니얼 세대와 일할 때에도, 모든 개인가정생활을 포기할 것을 기대해서는 안될 것이다.

미혼자의 증가 현상은 일부 조직구성원의 커리어 유연성을 강화할 것이다

과거 기성세대와 비교해보았을 때 결혼을 선택하는 밀레니얼 세대의 수는 적은 편이다. 그리고, 결혼을 한 사람들 중에서도 많은 수가 이혼을 하고 있다. 이는 배우자에 대한 책임을 지지 않아도 되는 조직구성원들이 꽤 있을 거라는 사실을 의미한다. 조직은 이러한 사실에 대해 유의깊게 살펴보아야 하는데, 왜냐하면 밀레니얼 세대가 나이들어가면서 이 사실이 업무시간, 커리어에 있어서의 지역이동가능성, 일터에서의 커뮤니티가 가지는 중요성에 영향을 미칠 수 있기 때문이다.

조직에게 좋은 소식일 수 있는 것은 직계가족이 없는 조직구성원과 관리자들은 자신의 모든 생활을 일에 투자할 준비가 되어 있을 수 있고, 또는 가정에 대한 책임이 있는 동료들보다 조금 더 많은 업무 유연성을 가지고 있을 가능성이 있다는 것이다. 그러나, 조직은 두 가지 이유에서 이 역동을 조심스럽게 관리해야 한다. 첫째, 공평성 부분에서, 미혼 구성원에게 이득이 되는 승진정책은 무례하고 둔감한 것으로 보일 수 있고, 소송을 유발하는 요인이 될 수도 있다. 대부분의 경우, 조직에서는 가정친화적인 대안들을 많이 만들고 있기 때문이다. 예를 들어, 업무완료에 대한 마감기한과 업무장소에 대해 더욱 유연한 대안을 제공하고, 구성원들이 가족과 더 많은 시간을 보낼 수 있도록 커리어 개발의 속도를 잠시 늦출 수 있게 해주는 것(커리어 개발에서 잠시 쉼 버튼을 누르기) 등이 있겠다.

둘째, 미혼인 밀레니얼 세대는 가족이 있는 동료들이 일 외에도 가정에서의 책임이 있다는 이유로, 자신이 대신 일을 더 많이 해야 한다는 것에 대해 분개할 수 있다. 미혼 구성원도 일터 이외에 하고 싶은 일이 더 있을 수 있다는 것을 이해해야 한다. 따라서, 가정이 있는 동료들을 지나치게 지원해주다가 미혼 구성원들의 퇴사 의지를 상승시키지 않도록, 그들의 개인적인 생활을 존중해주는 것이 중요하다. 당신이 시간과 노력을 들여서 조직과 모든 밀레니얼 세대(기혼이거나 미혼이거나)를 위한 대안들을 설계하고 실행할 수 있다면, 매우 좋은 성과를 얻을 수 있을 것이다.

한부모 가정과 맞벌이 가정의 증가는 구성원의 니즈에 대해 조직이 민감하게 반응을 보여야 하는 상황을 만들었다

많은 개발도상국에서는 한부모 가정이 늘어가고 있는 것이 전세계적인 트렌드이다.[32] 이혼의 결과이거나, 혼자 아이를 갖기로 한 결정이거나, 배우자의 죽음 때문이든지 간에, 한부모 가정은 20년 전과 비교했을 때 훨씬 더 흔한 현상이 되었다. 또한 맞벌이 가정도 예전보다 훨씬 더 늘어났는데, 출산을 하고 난 다음에도 직장으로 돌아오는 여성의 수가 많아졌다. 어떤 경우는 개인적인 욕구 때문이고, 어떤 경우는 경제적인 필요성 때문이기도 했다.

한부모 가정이나 맞벌이 가정이거나, 조직이 고려해야 할 이슈들은 매우 유사하다. 조직은 자녀를 둔 부모로서의 구성원이 어떤 책임감을 지고 있는지에 대해 잘 알고 있어야 하고, 그들이 일터와 가정에서의 책임을 잘 관리할 수 있도록 돕는 방법을 창출해내야 한다. 더 좋은 복지제도를 마련하고, 업무시간과 장소를 선택하는데 있어서 더 큰 권한을 주는 것 등이 있겠다. 조직의 정책은 특정 그룹에게 유리한 것이 아니라, 전체적인 구성원들에게 혜택을 줄 수 있는 것이어야 한다. 육아와 근무유연제는 특정 그룹을 대상으로 고안되는 경우가 많은데, 그럴 경우에는 전체 구성원의 지지를 받을 수 없게 된다. 무관심("나한테는 해당되지 않는 정책인데, 내가 왜 신경을 써야 하지?")이나 강한 반감("왜 저 그룹만 특별 대우를 받고, 나는 아무것도 받지 못하는 거지?")과 같은 반응이 나오게 될 뿐이다. 어떤 반응이 나오든지, 최대한 많은 사람들에게 적용 가능한 정책이 항상 더 좋은 성과를 거둘 수 있게 될 것이다.

밀레니얼 세대 여성

밀레니얼 세대의 가정에서는 맞벌이를 하는 경우가 많은 반면, 일을 하면서 동시에 아이를 돌보기가 점점 어려워지는 상황이 되고 있다. 하버드 비즈니스 스쿨과[33] 퓨 연구 센터의[34] 연구에 따르면, 밀레니얼 세대 여성은 가정에서의 책임을 다하기 위해 직장에서 휴가를 내는 경우가 X세대 여성보다 더 많은 것으로 나타났다. 밀레니얼 세대 여성은 자신이 원하는 커리어를 유지하면서, 가족에 대한 책임을 다하는 것이 불가능하다고 생각하고 있었다. 그래서, 어떤 여성들은 몇 년 동안 커리어 개발과정에서 뒤로 물러섰다가, 다시 돌아오는 것을 택하기도 한다. 여성들이 계속해서 커리어를 개발하거나, 잠시 쉬었다가 다시 돌아올 수 있는 것이 원활하게 이루어지도록 조력하는 정책을 시행하는 조직이라면 몰입도가 높고 동기수준이 높은 핵심인재를 얻을 수 있을 것이다.

개인적인 네트워크와의 연락을 편리하게 할 수 있기 때문에, 조직구성원들은 일로 인한 지역이동이 더 많아질 수 있다

밀레니얼 세대는 기성세대보다 훨씬 더 다양한 지역에서 일을 하게 될 가능성이 크다. 사람들과 지속적으로 연락을 할 수 있는 첨단기술이 발전됨에 따라, 다른 도시, 국가, 대륙으로 옮겨가서도 친구 및 가족들과의 관계를 유지할 수 있게 되었기 때문이다.

밀레니얼 세대는 사랑하는 사람들과 직접 만나지 못하더라도, 계속해서 관계를 이어가는 일을 특히 잘하는 세대이다. 어디로 가게 되든지 온라인공간에서 친구와 가족들을 만날 수 있기 때문에, 지역이동성에 대한 유연성이 커지게 된 것이다. 밀레니얼 세대가 전세계 어느 곳에서 일을 하게 되든지, 물리적으로 떨어져 있는 동료들과 가상공간에서 협업하면서 잘 적응할 수 있다는 사실은 조직에게 매우 좋은 소식이다.

결론 : 사회적 변화

자녀가 있고, 누군가 집에서 지속적으로 양육을 도와주는 사람이 없는 경우, 부모에게는 일상생활을 관리하는 데 있어서 스트레스가 클 수밖에 없다.

학교 등하교시키기, 학교 휴일에 아이 돌보기, 학교 행사에 참여하기, 아이가 아플 때 돌보기와 같은 일들은 주중에도 생길 수 있고, 조직에서 구성원이 연장근무를 해야 할 때 어려움을 겪게 된다. 전세계의 학교들은 대부분의 경우, 바쁜 전문가의 주중 스케줄에 맞춰 학교시간표를 만들지 않는다. 학교의 방학은 조직의 휴가 스케줄에 정확하게 맞아들어 가지 않고, 부모가 참석해야 하는 학교 행사는 근무시간 중에 치러지는 경우가 많다. 아이가 아프면, 누군가는 아이를 돌봐야 한다. 어떤 가정에서는 한쪽 부모가 집에 늘 있거나, 양육전문가나 친척, 친구의 도움을 받기도 하지만, 모든 맞벌이 가정에서 항상 가능한 일은 아니다.

한부모 가정과, 자녀가 있는 맞벌이 가정이 늘어나는 상황에서 생기는 도전과제들은 없어지지 않을 것이기 때문에, 조직은 구성원들이 삶을 잘 꾸려갈 수 있는 방법을 신속하게 알아내야 한다. 자녀가 아프거나 가족들 중의 누군가에게 일이 생겼을 때, 구성원 외에도 문제를 처리할 사람이 있겠지 하고 조직이 무조건 방관할 시기는 지난 것 같다. 대부분의 경우, 집에 가야 하는 사람은 구성원 자신이기 때문이다. 많은 조직들에서는 구성원이 가정에서 일을 처리해야 할 때 재택근무를 할 수 있도록 유연성 프로그램을 제공하고 있다.

"도대체 새로운게 뭐야?
나는 지금까지 서른 살이 넘은 사람,
서른 살이 안된 사람,
서른 살인 사람은 아무도 믿어본 적이 없어."

휘트니 다로우 주니어(Whitney Darrow, Jr)/뉴요커 컬렉션/카툰 뱅크(The Cartoon Bank)

후기 : 그렇다면, 2000년 이후 출생한 다음 세대는 어떤 특성을 가지고 있을까?

사람들은 종종 우리에게 질문을 한다. 다음 세대는 어떤 특성을 가지고 있을지, 그리고 조직은 그들을 맞기 위해 어떤 대비를 해야 하느냐고 말이다. (저자들 중에는 2008년에 태어난 아들이 있는 사람이 있기 때문에, 이 문제에 대해 관심이 많다.) 우리가 할 수 있는 대답은 '아직 확실히 모르겠다'이다. 그 누가 예측할 수 있겠는가. 이 세대에서 가장 나이 많은 젊은이는 현재 16세이고, 대부분 10세 이하의 아이들이다. 이들이 마주하게 될 경제적 환경은 어떨지, 사회적 기준은 어떻게 바뀌게 될지, 그들이 사용하게 될 첨단기술은 어떤 것일지 알 수가 없다. 심지어 이 세대를 뭐라고 불러야 할지도 잘 모르겠다. 어떤 사람들은 Z세대라고 부르기도 하고, I세대, 포스트 밀레니얼 세대 같은 이름으로 부르기도 한다. 최종적으로는 어떤 이름으로 불리게 될지 모르겠다. 몇 가지 아이디어가 있기는 하지만 지금 여기에서 이야기할 것은 아닌 것 같다.

세대에 대해 연구한 자료에 기반해서 우리가 알고 있는 것은, 그들이 일터에 발을 들일 때쯤 되면 함께 일하는 사람이 누구인지, 즐길 수 있고 의미있는 일을 하게 되는지, 자신이 기대하는 삶을 살 수 있는 기회와 보상이 충분히 주어지는지에 대해 관심을 가질 것이라는 사실이다.

희망하건대, 다음 세대가 사회인이 되었을 때에는, 조직들이 그들이 원하는 바를 최대한 많이 들어줄 수 있도록 큰 변화를 하였으면 좋겠다. 어떤 일이 일어나든지 간에, 우리는 이들을 열심히 관찰할 것이다. 그래서 다음 세대가 원하고 필요로 하는 것, 조직이 그들을 관리하고 이끌기 위해 필요로 하는 것을 잘 파악하게 될 때 당신에게 다시 돌아와서 보고하도록 하겠다.

그때까지는, 현재 일터에서 함께 근무하는 모든 세대들을 잘 관리할 수 있는 최대의 행운이 당신에게 함께 하기를 기대한다. 다양한 세대 구성원들과 조직에게 모두 효과적인 해결책들을 많이 찾아낼수록, 당신을 포함한 모든 사람들은 더 만족스러운 생활을 할 수 있을 것이라는 사실을 꼭 기억하기 바란다!

감사의 글

Acknowledgments

이 책을 쓰는 작업을 직접적으로, 간접적으로 도와주신 모든 분들께 감사를 드리고 싶습니다. 많은 동료와 친구, 가족들은 기꺼이 시간을 내어서 책내용을 읽어주었고, 피드백을 주었으며, 자신의 사례를 공유해주었습니다. 인터뷰와 포커스 그룹에 참여했던 전세계의 많은 밀레니얼 세대와 기성세대들은 생생한 삶의 이야기를 전해주었습니다. 그리고, 더 많은 분들은 다양한 설문조사에 참여해서 자료 수집에 도움을 주었습니다. 이 책을 쓸 수 있었던 기반이 된 설문조사와 자료수집 과정에 직접적으로 도움을 준 효율적 조직개발센터(Center for Effective Organizations)와 창의적 리더십센터(Center for Creative Leadership) 동료들에게 진심으로 감사를 드립니다. 그리고, 맥그로-힐(McGraw-Hill) 출판사 구성원들은 절대 지치지 않고 책을 만드는 작업을 완료해주었습니다. 진심으로 감사드립니다. 특히, 케이시 에브로(Casey Ebro), 앤 프라이어(Ann Pryor), 데이나 페니카스(Daina Penikas)와 이쉬타 바트나가(Ishita Bhatnagar)에게 감사를 드리고 싶습니다.

이 책의 집필 작업에 대해 정말 많은 지원을 해준 PwC에게 커다란 감사의 마음을 표하고 싶습니다. PwC의 글로벌 리더십 팀은 전세계의 밀레니얼 세대가 원하고 바라는 것에 대해 정확하게 이해할 수 있도록 우리를 도와주었고, 고민을 함께 해주는 파트너가 되어 주었습니다. 앤 도노반(Anne Donovan), 비앙카 마르토렐라(Bianca Martorella), 노라 우(Nora Wu), 줄리 고든(Julie Gordon), 데니스 핀(Dennis Finn)에게 특별한 감사를 드립니다.

우리는 다음과 같은 분들에게 큰 감사를 표하고 싶습니다. 이 책을 만드는 데에 많은 도움을 주신 분들입니다. (특별한 순서는 없습니다.) 노라 힐튼(Nora Hilton), 애론 그리피스(Aaron Griffith), 앨리스 마크(Alice Mark), 로렐레이 팔락팍(Lorelei Palacpac), 조지 벤슨(George Benson), 마리짜 살라자(Maritza Salazar), 수 모만(Sue Mohrman), 토드 웨버(Todd Weber), 크리스틴 컬렌(Kristin Cullen), 데이비드 버크(David Berke), 마우라 스티븐슨(Maura Stevenson), 필립 코에케모어(Philip Koekemoer), 진 레슬리(Jene Leslie), 데이비드 알트만(David Altman), 제니퍼 마르티노(Jennifer Martineau), 에밀리 훌(Emily Hoole), 피트 시스코(Pete Scisco), 데이비드 포웰(David Powell), 스테판 마틴(Stephen Martin), 포르티아 마운트(Portia Mount), 케빈 오고만(Kevin O'Gorman), 제레미 히쉬버그(Jeremy Hirshberg), 킴 웜비어(Kim Warmbier), 린다 데이비드(Linda David), 앤 피던(Anne Fithern), 발 크뢴케(Val Kroenke), 웬디 호킨스(Wendy Hawkins), 데이비드 호킨스(David Hawkins), 나탈리 호킨스(Natalie Hawkins), 마지 바이트캄프(Margie Weitkamp), 개리 바이트캄프(Gary Weitkamp), 스테파니 트로바스(Stephanie Trovas), 에릭 스트롬버그(Eric Stromberg), 수잔 타다니코(Susan Tardanico), 베키 라운더(Becky Launder), 제니퍼 하빅(Jennifer Habig), 줄리 민 샤엣(Julie Min Chayet), 에밀리 페트론(Emily Petrone), 알리슨 구르가너스(Alison Gurganus), 캐서린 뉴만(Katharine Newman), 캐서린 위즈(Katherine Wisz), 칼리 패터슨(Kali Patterson), 커스틴 포엘만 쿵(Kirsten Poehlmann Kung), 바바라 트로핀(Barbara Troupin), 안드레아 파파나스타시우(Andrea Papanastassiou), 알렉스 파파나스타시우(Alex Papanastassiou), 테리 파파나스타시우(Teri Papanastassiou), 디미트리 파파나스타시우(Dimitri Papanastassiou), 데이비드 딕터(David Dickter), 크리스틴 보일(Kristen Boyle), 스티브 헌트(Steve

Hunt), 안젤라 프랫(Angela Pratt), 아론 램(Aaron Lamb), 제니퍼 무엘라(Jennifer Mueller), 데이브 화이트헤드(David Whitehead).

안내문에서 이야기했듯이, 이 책은 위에서 언급한 모두의 지원과 도움이 없었다면 완성되지 못했을 겁니다. 여기에 더하여, 모두의 이름을 이야기하지는 못하겠지만 수백명의 사람들이 우리를 도와주었습니다. 그분들이 준 작은 도움은 우리에게 정말 중요한 의미가 있었음을 말하고 싶습니다. 여러분 모두에게 감사드립니다. 이 책의 내용이 마음에 드셨다면, 그것은 모든 사람들이 많은 도움을 주었기 때문에 가능한 일이었음을 기억해주십시오. 하지만 책 내용이 마음에 들지 않았다면, 우리 저자들에게 비판을 해주시기 바랍니다!

부 록

밀레니얼 세대의 조직내 직급(국가별)

국가	행정직/ 비전문직	전문직	초급 관리자	중간 관리자	본부장 / 임원
브라질	8%	52%	25%	14%	1%
캐나다	6%	29%	40%	21%	4%
중국(홍콩과 마카오 포함)	9%	44%	33%	13%	2%
프랑스	2%	24%	51%	21%	1%
독일	7%	66%	20%	6%	1%
인도	4%	54%	32%	9%	2%
이탈리아	8%	56%	29%	7%	0.2%
일본	2%	55%	37%	6%	1%
한국	1%	47%	46%	6%	0.3%
멕시코	3%	36%	50%	11%	1%
네덜란드	8%	32%	46%	14%	0.4%
러시아	9%	36%	33%	15%	7%
싱가포르	1%	39%	41%	19%	1%
남아프리카	3%	43%	34%	14%	7%
스페인	4%	41%	46%	9%	1%
스위스(리히텐 슈타인 포함)	18%	41%	24%	16%	2%
대만	4%	51%	34%	10%	1%
영국	3%	38%	35%	19%	5%
미국	1%	48%	32%	16%	3%

부록 I.2

연구대상인 밀레니얼 세대의 성별(국가별)

국가	남성	여성
브라질	53%	47%
캐나다	42%	58%
중국(홍콩과 마카오 포함)	34%	66%
프랑스	48%	52%
독일	55%	45%
인도	68%	32%
이탈리아	53%	47%
일본	77%	23%
한국	67%	33%
멕시코	56%	44%
네덜란드	62%	38%
러시아	39%	61%
싱가포르	37%	63%
남아프리카	47%	53%
스페인	60%	40%
스위스(리히텐슈타인 포함)	51%	49%
대만	28%	72%
영국	51%	49%
미국	%50	50%

밀레니얼 세대의 결혼 상태와 자녀유무(국가별)

국가	기혼자	자녀가 있음
브라질	18%	9%
캐나다	25%	8%
중국(홍콩과 마카오 포함)	25%	8%
프랑스	21%	12%
독일	14%	5%
인도	36%	12%
이탈리아	8%	3%
일본	31%	10%
한국	23%	9%
멕시코	16%	11%
네덜란드	16%	10%
러시아	37%	18%
싱가포르	17%	4%
남아프리카	30%	15%
스페인	14%	4%
스위스(리히텐슈타인 포함)	17%	3%
대만	9%	3%
영국	21%	7%
미국	31%	13%

부록 1.1

성과평가결과가 자신의 기대에 미치지 못했을 때,
상사와 이에 대해 의논하는 밀레니얼 세대와 기성세대 구성원의 수(백분율)

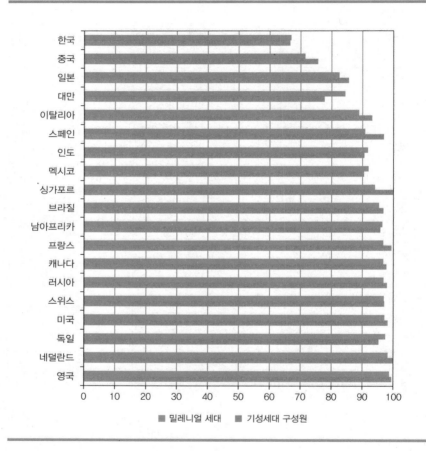

■ 밀레니얼 세대　■ 기성세대 구성원

부록 1.2

상사에 대해 비판을 하는 것을 수용할 수 있다고 이야기한 밀레니얼 세대와 기성세대 구성원의 수(백분율)

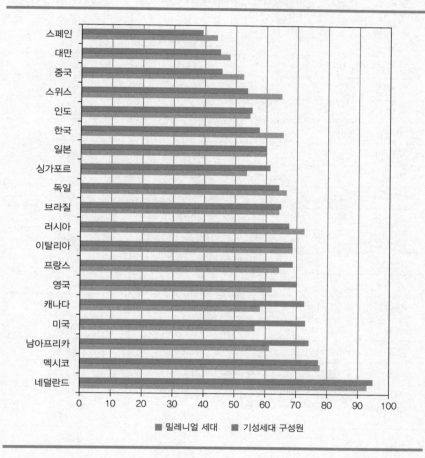

■ 밀레니얼 세대   ■ 기성세대 구성원

부록 3.1

동료와 자신의 연봉에 대해 이야기한다는 사람의 수(백분율 / 국가별)

국가	밀레니얼 세대	기성세대 구성원
브라질	58%	30%
캐나다	44%	15%
중국(홍콩과 마카오 포함)	44%	21%
프랑스	75%	54%
독일	32%	18%
인도	18%	15%
이탈리아	59%	38%
일본	46%	22%
한국	39%	29%
멕시코	44%	32%
네덜란드	54%	47%
러시아	38%	17%
싱가포르	34%	23%
남아프리카	36%	15%
스페인	55%	33%
스위스(리히텐슈타인 포함)	41%	29%
대만	21%	4%
영국	41%	18%
미국	29%	9%

부록 4.1

좋은 관리자/리더의 특성에 대한 밀레니얼 세대의 생각

- 좋은 리더는 사려깊고 친절하다 : 80%
- 좋은 리더는 자신의 시간을 투자하여 다른 사람들을 돕는다 : 83%
- 좋은 리더는 다른 사람들의 니즈와 감정에 관심을 갖는다 : 78%
- 관리자에게 있어서 동료들을 잘 이해하는 중요한 일이어야 한다 : 89%
- 관리자에게 있어서 동료들과 친밀한 관계를 맺기 위해 노력하는 것은 중요한 일이어야 한다 : 80%
- 관리자에게 있어서 동료들과의 관계를 형성하는 것은 중요한 일이어야 한다 : 88%
- 업무에 있어서 해야 할 일이 많아졌을 때, 직속 상사는 적극적으로 팀구성원을 도와주어야 한다 : 84%
- 좋은 리더는 팀구성원간의 갈등을 건설적인 방법으로 해결한다 : 89%
- 좋은 리더는 팀구성원들이 협업을 잘 하도록 조력한다 : 90%
- 좋은 리더는 몰입을 촉진하는 방향으로 열정을 표현한다 : 91%
- 좋은 리더는 다른 사람들에게 영감을 불러일으켜주고 동기부여를 해준다 : 90%
- 좋은 리더는 탁월함을 위해 노력할 수 있도록 다른 사람들에게 동기부여를 한다 : 89%
- 좋은 리더는 다른 사람들이 수용할 수 있는 비전에 대해 이야기를 한다 : 89%

부록 5.1

사내 정치에 대한 밀레니얼 세대의 생각

- 우리 회사 구성원들은 다른 사람들을 이기기 위해 뜻이 맞는 사람들끼리 뭉친다 : 25%
- 아무도 건드릴 수 없는 영향력이 큰 집단이 회사 내에 존재한다 : 36%
- 승진을 잘한다는 것은 사내 정치를 잘한다는 것 이외의 의미밖에 없다 : 24%
- 나만의 생각을 가지는 것보다, 지시받은 대로 생각하는 것이 더 안전하다 : 32%
- 권력을 가진 사람들의 뜻에 순응하는 것이 최고의 대안이다 : 36%
- 괜히 평지풍파를 일으키지 않는 것이 좋다 : 34%
- 반박할 거리가 별로 없이 잘 구성된 아이디어에 대해 비난을 받더라도, 함부로 반박하지 않는 것이 좋다 : 20%
- 시스템에 맞서 싸우는 것보다는 조용하게 있는 것이 더 쉽다 : 49%
- 상사의 의견에 반대해야 하는 상황이라면, 아이디어를 내는 것이 그다지 바람직하지 않다 : 26%
- 조직에서 상대방이 듣기 원하는 말을 해주는 것이, 진실을 말하는 것보다 더 나을 때가 종종 있다 : 28%

참고문헌

Achieve Guidance (2013). *The Millennial Impact Research: The 2013 Millennial Impact Report*. Retrieved from http://cdn.trustedpartner.com/docs/library/AchieveMCON2013/Research%20Report/Millennial%20Impact%20Research.pdf

American Psychological Association (2014). *Stress in America: Are Teens Adopting Adults' Stress Habits?* Retrieved from https://www.apa.org/news/press/releases/stress/2013/stress−report.pdf

American Psychological Association (2015). *Stress in America: Paying with Our Health*. Retrieved from http://www.apa.org/news/press/releases/stress/2014/stress−report.pdf

Atkinson, A. B., Piketty, T., and Saez, E. (2011). Top Incomes in the Long Run of History. *Journal of Economic Literature*, 49(1), 3-71.

Barkin, S. L., Heerman, W. J., Warren, M. D., and, Rennhoff, C. (2010). Millennials and the world of work: The impact of obesity on health and productivity. *Journal of Business and Psychology*, 25(2), 239-245.

Bauerlein, M. (2008). *The Dumbest Generation: How the Digital Age Stupefies Young Americans and Jeopardizes our Future (or, Don't Trust Anyone Under 30)*. London, England: Tarcher/Penguin Press.

Baum, C. L., II, and Ford, W. F. (2004). The Wage Effects of Obesity: A Longitudinal Study. *Health Economics*, 3(9), 885-899. Retrieved from http://amosyang.net/wp−content/uploads/2012/10/wageobesity.pdf

Billones, C. L. (2013, March 18). Japanese students deep in debt with $5 billion in loans. *JDP*. Retrieved from http://japandailypress.com/japanese−students−deep−in−debt−with−5−billion−in−loans−1825368/

Blanchard, K., and Johnson, S. (2003). *The One Minute Manager*. New York:

William Morrow.

Blanchflower, D. G., and Oswald, A. J. (2008). Is well−being U−shaped over the life cycle? *Social Science and Medicine*, 66(8) (April), 1733-1749.

Centers for Disease Control and Prevention (2014). *Child Obesity Facts. Obesity in Adolescents Aged 12-19 Increased from 5% in 1980 to 21% in 2012.* Retrieved February 10, 2015, from http://www.cdc.gov/healthyyouth/obesity/facts.htm

Chura, H. (2006, April 22). Sabbaticals Aren't Just for Academics Anymore. *New York Times*. Retrieved from http://www.nytimes.com/2006/04/22/business/22sabbaticals.html

The College Board (2014). *Trends in College Pricing 2014*. Retrieved from http://trends.collegeboard.org/college−pricing

Collins, J. (2011). *Good to Great*. New York: HarperCollins Publishers.

Covey, S. M. R. (2006). *The Speed of Trust: The One Thing That Changes Everything*. New York: Free Press.

Deal, J. J. (2007). *Retiring the Generation Gap: How Employees Young and Old Can Find Common Ground*. New York: John Wiley& Sons.

Deal, J. J., Stawiski, S., Graves, L., Gentry, W. A., Weber, T. J., and Ruderman, M. (2013). Motivation at Work: Which Matters More, Generation or Managerial Level? *Consulting Psychology Journal*, 65(1) (March), 1-16.

Deloitte Touche Tohmatsu Ltd. (2014). Big demands and high expectations: What generation Y wants from business, government, and the future workplace. Retrieved January 21, 2014, from http://www2.deloitte.com/uk/en/pages/press−releases/articles/big−demands−and−high−expectations−what−generation−y−wants.html.

Feldman, D. (2013). Inspiring the Next Generation Workforce: The 2013 Millennial Impact Report. Achieve Guidance. Retrieved from http://cdn.trustedpartner.com/docs/library/AchieveMCON2013/Research%20Report/Millennial%20Impact%20Research.pdf

Finkelstein E., Fiebelkorn C., and Wang, G. (2005). The Costs of Obesity Among Full−Time Employees. *American Journal of Health Promotion*, 20(1), 45-51.

Gannon, M. J., and Demler, J. W. (1971). Organizational Level and Job Attitudes. *Psychological Reports*, 29, 399-402. Retrieved from http://www.amsciepub.com/doi/pdf/10.2466/pr0.1971.29.2.399

Gardner, P. (2007). *Parental Involvement in the College Recruiting Process: To What Extent?* Retrieved from Michigan State University, Collegiate Employment Research Institute, Research Brief 2−2007, http://ceri.msu.edu/publications/

pdf/ceri2 − 07.pdf

The Goldman Sachs Group, Inc. (2014). Millennials: The Housing Edition. In *Thematic Research*. Retrieved August 4, 2014, from http://www.thehousingrenaissance. com/resources/2014/Millennials_The_Housing_Edition_handout.pdf

Gottschalk, P., and Joyce, M. (1998). Cross−national Differences in the Rise in Earnings Inequality: Market and Institutional Factors. *The Review of Economics and Statistics*, 80(4), 489–502.

Harvard Business School (2015). *Life & Leadership After HBS: Findings*. Retrieved from http://www.hbs.edu/women50/docs/L_and_L_Survey_2Findings_12final. pdf

Hofschneider, A. (2013, September 10). Should You Bring Mom and Dad to the Office? Employers are Embracing the Involvement of Parents to Attract and Hold On to Talent. *Wall Street Journal*. Retrieved from http://www.wsj.com/ articles/SB10001424127887323864604579066964214209866

Hossain, P., Kawar B., and El Nahas, M. (2007). Obesity and Diabetes in the Developing World—a Growing Challenge. *New England Journal of Medicine*, 356(3), 213–215.

The Institute for College Access & Success (2014, November). *Student Debt and the Class of 2013*. Retrieved from http://ticas.org/sites/default/files/legacy/ fckfiles/pub/classof2013.pdf

Kahn, L. B. (2010). The long−term labor market consequences of graduating from college in a bad economy. *Labour Economics*, 17(2), 303–316.

Kelly, T., Yang, W., Chen, C.−S., Reynolds, K., and He, J. (2008). Global Burden of Obesity in 2005 and Projections to 2030. *International Journal of Obesity*, 32, 1431–1437. Retrieved from http://www.nature.com/ijo/journal/v32/n9/full/ ijo2008102a.html

King, S. N., Altman, D. G., and Lee, R. J. (2011). *Discovering the Leader in You: How to Realize Your Leadership Potential*. Hoboken, NJ: John Wiley & Sons.

Lemieux, T. (2006). Increasing Residual Wage Inequality: Composition Effects, Noisy Data, or Rising Demand for Skill?" *American Economic Review*, 96(3), 461–498.

Levenson, A. (2006). Trends in Job and Wages in the U.S. Economy. In Lawler, E. E., and O'Toole, J., eds., *America at work: Choices and Challenges*, 87–107. New York: Palgrave MacMillan.

Levenson, A. (2010). Millennials and the World of Work. *Journal of Business and Psychology*, 25(2), 257–264.

Lorin, J. (2014, November 12). College Tuition in the U.S. Again Rises Faster

Than Inflation. *Bloomberg Business*. Retrieved from http://www.bloomberg.com/news/articles/2014−11−13/college−tuition−in−the−u−s−again−rises−faster−than−inflation

McGill, H. C., Jr., McMahan, C.A., and Gidding, S. S. (2008). Preventing Heart Disease in the 21st Century: Implications of the Pathobiological Determinants of Atherosclerosis in Youth (PDAY) study. *Circulation*, 117(9), 1216-1227.

McHugh, D. (2013). The Convergence Of 3 Factors Is Driving A Worldwide Retirement Crisis. Retrieved from http://www.businessinsider.com/worldwide−retirement−crisis−coming−2013−12

Mishel, L., Bernstein, J., and Allegretto, S. (2005). *The State of Working America 2004/2005*. Ithaca, NY: ILR Press.

Olson, E. (2014, September 13). Student Loan Debt Burdens More Than Just Young People. *New York Times*. Retrieved from http://www.nytimes.com/2014/09/13/business/student−loan−debt−burdens−more−than−just−young−people.html

Oreopoulos, P., von Wachter, T., and Heisz, A. (2006, April). The Short− and Long−Term Career Effects of Graduating in a Recession: Hysteresis and Heterogeneity in the Market for College Graduates. *National Bureau of Economic Research Working Paper*, no. 12159. Retrieved from http://www.nber.org/papers/w12159

Owen, N., Sparling, P. B., Healy, G. N., Dunstan, D. W., and Matthews, C. E.(2010). Sedentary behavior: Emerging Evidence for a New Health Risk. *Mayo Clinic Proceedings*, 85(12), 1138-1141. Retrieved from http://www.ncbi.nlm.nih.gov/pmc/articles/PMC2996155/

Parker, K. (2015, March 10, 2015). Despite progress, women still bear heavier load than men in balancing work and family. *FactTank: News in the Numbers*. Pew Research Center. Retrieved from http://www.pewresearch.org/fact−tank/2015/03/10/women−still−bear−heavier−load−than−men−balancing−work−family/

Pew Research Center (2010). *Millennials: A Portrait of Generation Next*. Retrieved from http://www.pewsocialtrends.org/files/2010/10/millennials−confident−connected−open−to−change.pdf

Pew Research Center (2013, December 11). Who Wants to Be the Boss? *In On Pay Gap, Millennial Women Near Parity*, Q31. Retrieved from http://www.pewsocialtrends.org/2013/12/11/on−pay−gap−millennial−women−near−parity−for−now/sdt−gender−and−work−12−2013−0−09/.

Pew Research Center: Social & Demographic Trends (2014, March 7).

Millennials in Adulthood: Detached from Institutions, Networked with Friends.
Retrieved from http://www.pewsocialtrends.org/files/2014/03/2014−03−07_
generations−report−version−for−web.pdf

Popping property bubbles: Choosing the right pin. (2014, August 30). *The Economist.* Retrieved from http://www.economist.com/node/21614165/print

Rhinehart, J. B., Barrell, R. P., Dewolfe, A. S., Griffin, J. E., and Spaner, F. E. (1969). Comparative Study of Need Satisfaction in Governmental and Business Hierarchies. *Journal of Applied Psychology,* 53(3), 230-235.

S&P Capital IQ: McGraw Hill Financial (2013). *Beggar Thy Neighbor: Exploring Pension Plans Research Brief.* Retrieved from http://www.spcapitaliq.com/ our−thinking/resources−ideas/Pension%20Plans%20Brief.pdf

Scisco, P., McCauley, C. D., Leslie, J. B., and Elsey, R. (2014). *Change Now! Five Steps to Better Leadership.* USA: CCL Press.

Sheehy, K. (2013, November 13). Undergrads Around the World Face Student Loan Debt. *U.S. News and World Report.* Retrieved from http://www.usnews. com/education/top−world−universities/articles/2013/11/13/undergrads− around−the−world−face−student−loan−debt

Social Security Administration (retrieved July, 2015). *Life Expectancy for Social Security.* Retrieved from https://www.ssa.gov/history/lifeexpect.html

Social Security Administration (retrieved July, 2015). *Retirement Age: Background.* Retrieved from https://www.ssa.gov/planners/retire/background.html

Student Loans Company (2012). *Full Catalogue of Official Statistics.* Retrieved from http://www.slc.co.uk/official−statistics/full−catalogue−of−official− statistics/student−loans−debt−and−repayment.aspx

Torres, N. (2014, September 18). Most People Don't Want to be Managers. *Harvard Business Review.* Retrieved from https://hbr.org/2014/09/most− people−dont−want−to−be−managers

Transamerica Center for Retirement Studies (2014). *Millennial Workers: An Emerging Generation of Super Savers.* Retrieved July 2014 from http://www. transamericacenter.org/docs/default−source/resources/center−research/ tcrs2014_sr_millennials.pdf

Trawinski, L. A. (2013). *Assets and Debt across Generations: The Middle−Class Balance Sheet 1989-2010.* AARP Public Policy Institute. Retrieved from http://www.aarp.org/content/dam/aarp/research/public_policy_institute/ security/2013/middle−class−balance−sheet−1989−2010−AARP−ppi− sec−pdf.pdf

The U−bend of life: Why, beyond middle age, people get happier as they get older. (2010, December 16). *The Economist*. Retrieved August 30, 2014, from http://www.economist.com/node/17722567?fsrc = scn/fb/wl/ar/ubend

United Nations, Department of Economic and Social Affairs, Population Division (2012). *World Marriage Data 2012* (POP/DB/Marr/Rev2012). Retrieved from http://www.un.org/esa/population/publications/WMD2012/MainFrame.html

Universum (2015). *Understanding a misunderstood millennial generation: Part one of a six−part series*. Retrieved from http://universumglobal.com/insights/understanding − misunderstood − generation/

Urban, Tim. (2013, September, retrieved July, 2015). *Why Generation Y Yuppies Are Unhappy*. Retrieved from http://waitbutwhy.com/2013/09/why − generation − y − yuppies − are − unhappy.html

U.S. Census Bureau (2003). Statistical abstract of the United States:2012. Table 1337. Single Parent Households: 1980-2009. Monthly Labor Review. Retrieved from https://www.census.gov/compendia/statab/2012/tables/12s1336.pdf

U.S. Department of Health and Human Services Centers for Disease Control and Prevention (2008). *2007 National Youth Risk BehaviorSurvey Overview*. Retrieved August 4, 2009, from http://www.cdc.gov/HealthyYouth/yrbs/pdf/yrbs07_us_overview.pdf

Wilcox, M., and Rush, S. (2004). *The CCL Guide to Leadership in Action: How Managers and Organizations Can Improve the Practice of Leadership*. Hoboken, NJ: John Wiley & Sons.

Wild, S., Roglic, G., Green, A., Sicree, R., and King, H. (2004). Global Prevalence of Diabetes: Estimates for the year 2000 and projections for 2030. *Diabetes Care*, 27(5), 1047-1053.

World Health Organization (2004). *Work Organization and Stress: Systematic Problem Approaches for Employers, Managers and Trade Union Representatives*. World Health Organization: Protecting Workers' Health Series No 3. Retrieved from http://www.who.int/occupational_health/publications/pwh3rev.pdf

메모

Notes

제1장

1. 밀레니얼 세대 중 77%는 명확한 보고관계를 구축하는 것은 관리자에게 중요한 일이어야 한다고 생각하고 있었다. 78%는 명료한 위계체제를 갖추는 것은 관리자에게 중요한 일이어야 한다고 이야기했다.

2. Deal, J. J., Stawiski, S., Graves, L., Gentry, W. A., Weber, T. J., and Ruderman, M. (2013). Motivation at work: Which matters more, generation or managerial level? *Consulting Psychology Journal*, 65(1) (March), 1–16.

3. Rhinehart, J. B., Barrell. R. P., Dewolfe, A. S., Griffin, J. E., and Spaner, F. E. (1969). Comparative study of need satisfaction in governmental and business hierarchies. *Journal of Applied Psychology*, 53(3), 230–235.

4. Gannon, M. J., and Demler, J. W. (1971). Organizational level and job attitudes. *Psychological Reports*, 29, 399–402. Retrieved from http://www.amsciepub.com/doi/pdf/10.2466/pr0.1971.29.2.399

5. Universum (2015). *Understanding a misunderstood millennial generation. Part one of a six–part series.*

6. 81%

7. 35%

8. 26%

9. 58%

10. 56%

11. 29%

12. Bauerlein, M. (2008). *The Dumbest Generation: How the Digital Age Stupefies Young Americans and Jeopardizes Our Future (or, Don't Trust Anyone Under 30)*. London, England: Tarcher/Penguin Press.

13. 76%

14. 67%

1. Hofschneider, A. (2013, September 10). Should You Bring Mom and Dad to the Office? Employers are Embracing the Involvement of Parents to Attract and Hold On to Talent. *Wall Street Journal*. Retrieved from http://www.wsj.com/articles/SB10001424127887323864604579066964214209866

2. Universum (2015). *Understanding a misunderstood millennial generation. Part one of a six-part series*. Retrieved from http://universumglobal.com/insights/understanding-misunderstood-generation/

3. Gardner, P. (2007). *Parent Involvement in the College Recruiting Process: To What Extent?* Retrieved from Michigan State University, Collegiate Employment Research Institute, Research Brief 2–2007, http://ceri.msu.edu/publications/pdf/ceri2–07.pdf

4. Gardner, P. (2007). *Parent involvement.*

5. 밀레니얼 세대 중 71%는 채용인터뷰 과정 중에 부모가 회사를 방문하지 말아야한다고 대답했고, 20%는 상황에 따라 다르다고 응답했다.

6. 밀레니얼 세대 중 54%는 직원을 채용하고자 하는 회사에서, 자녀에게 제공한 어떤 제안 자료도 부모에게 보여주면 안된다고 대답했고, 31%는 상황에 따라 다르다고 응답했다.

7. 기혼인 밀레니얼 세대 중에서는, 매우 많은 사람들이 배우자와 자신의 보상체계에 대해 의논한다고 대답했다(95%).

8. The Goldman Sachs Group, Inc. (2014). Millennials: The Housing Edition. In

Thematic Research. Retrieved August 4, 2014, from http://www.thehousingren aissance.com/resources/2014/Millennials_The_Housing_Edition_handout.pdf

9. Deal, J. J. (2007). *Retiring the Generation Gap: How Employees Young and Old Can Find Common Ground*. New York: John Wiley & Sons.

10. 74%

11. Blanchard, K., and Johnson, S. (2003). *The One Minute Manager*. New York, NY: William Morrow.

12. 31%

13. Blanchflower, D. G., and Oswald, A. J. (2008). Is Well—Being U—Shaped Over the Life Cycle? *Social Science & Medicine*. 66(8) (April), 1733–1749.

14. The U—bend of life: Why, beyond middle age, people get happier as they get older. (2010, December 18). *The Economist*. Retrieved August 30, 2014, from http://www.economist.com/node/17722567?fsrc=scn/fb/wl/ar/ubend

15. Pew Research Center: Social & Demographic Trends (2014, March 7). *Millennials in Adulthood: Detached from Institutions, Networked with Friends*. Retrieved from http://www.pewsocialtrends.org/files/2014/03/2014—03—07_generations—report—version—for—web.pdf

16. 61%

17. 72%

18. 기성세대 구성원의 44%는 조직 구성원들은 신뢰할만 하다고 대답했고, 15%는 지나치게 걱정할 필요는 없다고 응답했으며, 40%는 사람에 따라 다르다고 이야기했다.

19. 31%

20. 신뢰에 있어서, 기성세대 구성원들 중 6%는 자신의 커뮤니티에서 근무하는 경찰을 믿지 못한다고 대답했고, 31%는 언론을 믿지 못한다고 응답했으며, 22%는 은행업계를 신뢰할 수 없다고 이야기했다. 24%만이 이웃이나 커뮤니티를 모두 믿을 수 있다고 대답했다. 43%는 같은 종교기관에 있는 사람들을 믿는다고 응답했고, 29%는 같은 종교적 신념을 공유하는 사람들을 신뢰한다고 대답했다.

1. 현재 미국의 법에 따르면, 26세가 된 후에는 부모의 건강보험 혜택 대상에 포함될 수가 없게 되어 있다.

2. Feldman, D. (2013). *Inspiring the Next Generation Workforce: The 2013 Millennial Impact Report*, 23. Indianapolis, IN: Achieve Guidance. Retrieved from http://cdn.trustedpartner.com/docs/library/AchieveMCON2013/Research%20Report/Millennial%20Impact%20Research.pdf

3. Feldman, D. (2013). *Inspiring*, 25.

4. Feldman, D. (2013). *Inspiring*, 8.

5. 여성 밀레니얼 세대의 42%는 인터뷰를 하기 전에 자원봉사를 할수 있는 기회를 찾아보았다고 대답했는데, 이는 남성 밀레니얼 세대의 수치(30%)보다 높았다. 여성 밀레니얼 세대의 63%는 의미있는 일을 할 수 있는 기회가 있어서 이 직장을 선택했다고 대답했고, 남성의 경우에는 45%가 동일한 대답을 하였다. Feldman,D. (2013). Inspiring, 9.

6. Feldman, D. (2013). *Inspiring*, 18.

7. Feldman, D. (2013). *Inspiring*, 7.

8. 34%

9. 54%

10. 51%

11. 49%

12. Feldman, D. (2013). *Inspiring*, 10.

13. Friedman, T. L. (2005). *The World is Flat: A Brief History of the Twenty−First Century*. New York: Farrar, Straus, and Giroux.

14. Urban, T. (2013, September). Why Generation Y Yuppies Are Unhappy, Retrieved from http://waitbutwhy.com/2013/09/why−generation−y−yuppies−are−unhappy.html

15. Pew Research Center: Social & Demographic Trends (2014, March 7). *Millennials in Adulthood: Detached from Institutions, Networked with Friends*. Retrieved from http://www.pewsocialtrends.org/files/2014/03/2014−03−07_generations−report−version−for−web.pdf

16. The Institute for College Access & Success (2014, November). *Student debt*

and the class of 2013. Retrieved from http://ticas.org/sites/default/files/legacy/fckfiles/pub/classof2013.pdf

17. Sheehy, K. (2013, November 13). Undergrads Around the World Face Student Loan Debt. *U.S. News and World Report*. Retrieved from http://www.usnews.com/education/top-world-universities/articles/2013/11/13/undergrads-around-the-world-face-student-loan-debt

18. Popping property bubbles: Choosing the right pin. (2014, August 30). *The Economist*. Retrieved from http://www.economist.com/node/21614165/print

19. The Goldman Sachs Group, Inc. (2014). Millennials: The Housing Edition. In *Thematic Research*. Retrieved August 4, 2014, from http://www.thehousingrenaissance.com/resources/2014/Millennials_The_Housing_Edition_handout.pdf

20. Goldman Sachs Group, Inc. (2014). *Millennials*.

21. Student Loans Company (2012). *Full Catalogue of Official Statistics*. Retrieved from http://www.slc.co.uk/official-statistics/full-catalogue-of-official-statistics/student-loans-debt-and-repayment.aspx

22. Billones, C. L. (2013, March 18). Japanese students deep in debt with $5 billion in loans. *JDP*. Retrieved from http://japandailypress.com/japanese-students-deep-in-debt-with-5-billion-in-loans-1825368/

23. Deloitte Touche Tohmatsu Ltd. (2014, January 21). *Big demands and high expectations: What generation Y wants from business, government, and the future workplace*. Retrieved from http://www2.deloitte.com/uk/en/pages/press-releases/articles/big-demands-and-high-expectations-what-generation-y-wants.html

제4장

1. Pew Research Center (2010). *Millennials: A Portrait of Generation Next*, February 25. Retrieved from http://www.pewsocialtrends.org/files/2010/10/millennials-confident-connected-open-to-change.pdf

2. Pew Research Center (2010). *Millennials*, 26.

3. Pew Research Center (2010). *Millennials*, 26.

4. Achieve Guidance (2013). *The Millennial Impact Research: The 2013 Millennial*

Impact Report, 23. Retrieved from http://cdn.trustedpartner.com/docs/library/AchieveMCON2013/Research%20Report/Millennial%20Impact%20Research.pdf

5. Achieve Guidance (2013). The 2013 *Millennial Impact Report*, 23.

6. 52%

7. Pew Research Center (2010). *Millennials*, 26.

8. 이 패턴은 이 연구결과에서도 볼 수 있다. Pew Research Center(2010). Millennials: A Portrait of Generation Next, February, 25. Retrieved from http://www.pewsocialtrends.org/files/2010/10/millennials-confident-connected-open-to-change.pdf

9. 52%

10. 73%

11. 76%

12. 77%

13. 58%

14. 74%

15. 찰리 브라운(Charlie Brown)

16. 26%

17. 60%

18. 68%

19. Achieve Guidance (2013). *Inspiring the Next Generation Workforce: The 2014 Millennial Impact Report*, 14. Retrieved from http://cdn.trustedpartner.com/docs/library/AchieveMCON2013/MIR_2014.pdf

20. 42%

21. 24%

22. 64%

23. 56%

24. 93%는 성과평가 피드백을 대면으로 받기를 원한다고 했고, 95%는 커리어 계획에 대해 대면으로 이야기할 수 있기를 바랬으며, 84%는 보상체계에 대해 대면으로 논의하고 싶다고 응답했다.

25. Blanchard, K., and Johnson, S. (2003). *The One Minute Manager*. New York:

William Morrow. Wilcox, M., and Rush, S. (2004). *The CCL Guide to Leadership in Action: How Managers and Organizations Can Improve the Practice of Leadership*. Hoboken, NJ: John Wiley & Sons. Covey, S. M. R. (2006). *The Speed of Trust: The One Thing That Changes Everything*. New York: Free Press. Collins, J. (2011). Good to Great. New York: HarperCollins Publishers. Scisco, P., McCauley, C. D., Leslie, J. B., and Elsey, R. (2014). *Change Now! Five Steps to Better Leadership*. USA: CCL Press. King, S. N., Altman, D. G., and Lee, R. J. (2011). *Discovering the Leader in You: How to Realize Your Leadership Potential*. Hoboken, NJ: John Wiley & Sons.

제5장

1. 56%

2. 63%

3. 61%

4. 76%

5. 72%

6. 밀레니얼 세대 중 72%는 자신의 스킬 개발에 도움이 되는 학습과 개발자원에 접근가능한 기회를 일터에서 얻고 있다고 이야기했다.

7. 밀레니얼 세대 중 73%는 자신의 조직은 구성원의 학습과 성장에 대해 가치를 두고 있다고 이야기했다.

8. 밀레니얼 세대 중 98%는 동료들과의 친밀한 관계를 강화하는 것은 자신에게 중요하다고 이야기했고, 57%는 매우 중요하거나 가장 중요한 일이라고 말했다. 66%는 직장에 매우 친한 친구들이 있다고 응답했다.

9. 밀레니얼 세대 중 58%는 직속 상사가 자신의 웰빙에 대해 관심을 가지고 있다고 이야기했다.

10. 기성세대 구성원 중 95%는 동료들과의 친밀한 관계를 강화하는 것은 자신에게 중요하다고 이야기했고, 43%는 매우 중요하거나 가장 중요한 일이라고 말했다. 64%는 직장에 매우 친한 친구들이 있다고 응답했다.

11. 44%

12. Pew Research Center (2013). Who Wants to Be the Boss? *On Pay Gap, Millennial*

Women Near Parity, Q31. Retrieved December 11, 2013, from http://www.pewsocialtrends.org/2013/12/11/on-pay-gap-millennial-women-near-parity-for-now/sdt-gender-and-work-12-2013-0-09/

13. Universum (2015). *Understanding a misunderstood millennialgeneration. Part one of a six-part series.* Retrieved from http://universumglobal.com/insights/understanding-misunderstood-generation/

14. Torres, N. (2014, September 18).), Most People Don't Want to Be Managers. *Harvard Business Review.* Retrieved from https://hbr.org/2014/09/most-people-dont-want-to-be-managers

15. 30%는 현재 직장을 그만두는 것에 대해 자주 생각한다고 말했고, 25%는 지금도 다른 일자리를 찾고 있다고 이야기했다. 새로운 직장을 찾고 있지는 않지만, 가까운 미래에 새로운 일자리를 알아보려고 한다고 말한 사람은 36%였고, 27%는 내년에 다른 곳에서 일자리를 찾을 계획이라고 응답했다.

16. 입사를 고민한 기간이 길수록, 현재의 회사에서 앞으로도 계속해서 일할 생각이라고 말한 밀레니얼 세대의 수는 적었다. 78%는 이 직장에 들어오기로 마음을 먹기까지 6개월이 걸렸다고 대답했고, 67%는 1년이 걸렸다고 말했다. 39%는 이 직장에서 일하는 것을 결정하기까지 5년이 걸렸다고 응답했다.

17. 47%

18. 26%는 자신의 상사가 지지적이지 않다고 대답했다. 자신이 추가적인 노력을 했는데도 관리자가 인정해주지 않는다고 대답한 사람은 23%였고, 26%는 어쩔수 없는 실수를 했을 때에도 관리자가 용서해주지 않는다고 응답했다. 그리고, 31%는 일보다 개인적인 삶을 우선시해야 할 때 관리자가 이해해주지 않는다고 이야기했다.

19. 70%

20. 63%

21. Pew Research Center (2010). *Millennials: A portrait of generation next* 41. Retrieved from http://www.pewsocialtrends.org/files/2010/10/millennials-confident-connected-open-to-change.pdf22. 63%

23. 32%

24. 70%

25. 76%

26. 73%

27. 72%

28. 54%

29. 63%

30. 77%

31. 68%

32. 61%

33. 28%

34. 55%

제6장

1. Chura, H. (2006, April 22). Sabbaticals Aren't Just for Academics Anymore. *New York Times*. Retrieved from http://www.nytimes.com/2006/04/22/business/22sabbaticals.html

제7장

1. Kahn, L. B. (2010). The long-term labor market consequences of graduating from college in a bad Economy. *Labour Economics*, 17(2), 303–316. Oreopoulos, P., von Wachter, T., and Heisz, A. (2006, April). The short- and long-term career effects of graduating in a recession: Hysteresis and heterogeneity in the market for college graduates. National Bureau of Economic Research Working Paper no. 12159. Retrieved from http://www.nber.org/papers/w12159

2. 대침체가 가져온 장기적인 영향에 대한 연구는 1980년대와 1990년대의 경기침체 현상을 극복한 사람들을 기반으로 이루어졌다. 2007–8년의 대침체보다는 훨씬 더 약한 영향을 받은 대학 졸업생들이 연구대상이었다. 우리는 그때 대학을 졸업했던 X세대에게 있어서 이전의 경기침체 현상이 미쳤던 영향보다, 대침체가 밀레니얼 세대에게 미친 깊고 장기적인 영향이 더 클 거라고 생각한다.

3. 2000년대 초기의 성장기와, 그 직후에 바로 시작된 2008년의 대침체는 우리의 연구에 참여한 대부분의 선진국 밀레니얼 세대들의 경험에 큰 영향을 미쳤다. 특히 미국, 영국, 유럽에서 말이다. 하지만, 각 나라마다 보여진 성장과 침체의 범위는

차이가 매우 컸다. 특히 개발도상국에서의 경험은 다양한 형태로 나타났다. 예를 들어, 중국의 성장 속도를 보면 빠르지는 않았지만, 경제적 침체와 유사한 현상은 일어나지 않았다.

4. Social Security Administration. *Life Expectancy for Social Security.* Retrieved July 2015 from http://www.ssa.gov/history/lifeexpect.html

5. Social Security Administration. *Retirement Age: Background.* Retrieved July 2015 from http://www.ssa.gov/retirement/background.html

6. S&P Capital IQ: McGraw Hill Financial (2013). *Beggar Thy Neighbor: Exploring Pension Plans Research Brief.* Retrieved from http://www.spcapitaliq.com/our-thinking/resources-ideas/Pension%20Plans%20Brief.pdf

7. McHugh, D. (2013, December 29). The Convergence Of 3 Factors Is Driving A Worldwide Retirement Crisis. *Business Insider.* Retrieved from http://www.businessinsider.com/worldwide-retirement-crisis-coming-2013-12

8. Transamerica Center for Retirement Studies (2014). *Millennial Workers: An Emerging Generation of Super Savers.* Retrieved July 2014 from http://www.transamericacenter.org/docs/default-source/resources/center-research/tcrs2014_sr_millennials.pdf

9. Levenson, A. (2006). Trends in Job and Wages in the U.S. Economy. In Lawler, E. E., and O'Toole, J., eds., *America at Work: Choices and Challenges*, 87–107. New York: Palgrave MacMillan. Mishel, L., Bernstein, J., and Allegretto, S. (2005). *The State of Working America 2004/2005.* Ithaca, NY: ILR Press. Atkinson, A. B., Piketty, T., and Saez, E. (2011). Top Incomes in the Long Run of History. *Journal of Economic Literature*, 49(1), 3–71. Gottschalk, P., and Joyce, M. (1998). Cross-National Differences in the Rise in Earnings Inequality: Market and Institutional Factors. *The Review of Economics and Statistics*, 80(4), 489–502. Lemieux, T. (2006). Increasing Residual Wage Inequality: Composition Effects, Noisy Data, or Rising Demand for Skill? *American Economic Review*, 96(3), 461–498.

10. The College Board (2014). *Trends in College Pricing 2014.* Retrieved from http://trends.collegeboard.org/college-pricing. Lorin, J. (2014, November 12). College tuition in the U.S. Again Rises Faster Than Inflation. *Bloomberg Business.* Retrieved from http://www.bloomberg.com/news/articles/2014-11-13/college-tuition-in-the-u-s-again-rises-faster-than-inflation

11. Olson, E. (2014, September 13). Student Loan Debt Burdens More Than Just Young People. *New York Times*. Retrieved from http://www.nytimes.com/2014/09/13/business/student—loan—debt—burdens—more—than—just—young—people.html

12. Trawinski, L. A. (2013). *Assets and Debt Across Generations: The middle—class balance sheet 1989—2010*. AARP Public Policy Institute. Retrieved from http://www.aarp.org/content/dam/aarp/research/public_policy_institute/security/2013/middle—class—balance—sheet—1989—2010—AARP—ppi—sec—pdf.pdf

13. Centers for Disease Control and Prevention (2014). *Child Obesity Facts. Obesity in Adolescents Aged 12—19 Increased from 5 percent in 1980 to 21 percent in 2012*. Retrieved February 10, 2015, from http://www.cdc.gov/healthyyouth/obesity/facts.htm

14. U.S. Department of Health and Human Services Centers for Disease Control and Prevention (2008). *2007 National Youth Risk Behavior Survey Overview*. Retrieved August 4, 2009, from http://www.cdc.gov/HealthyYouth/yrbs/pdf/yrbs07_us_overview.pdf

15. McGill, H. C., Jr., McMahan, C. A., and Gidding, S. S. (2008). Preventing Heart Disease in the 21st Century: Implications of the Pathobiological Determinants of Atherosclerosis in Youth (PDAY) Study. *Circulation*, 117(9), 1216—1227.

16. Wild, S., Roglic, G., Green, A., Sicree, R., and King, H. (2004). Global Prevalence of Diabetes: Estimates for the year 2000 and projections for 2030. *Diabetes Care*, 27(5), 1047—1053.

17. Hossain, P., Kawar, B., and El Nahas, M. (2007). Obesity and Diabetes in the Developing World—A Growing Challenge. *New England Journal of Medicine*, 356(3), 213—215.

18. Wild, S., Roglic, G., Green, A., Sicree, R., and King, H. (2004). Global Prevalence of Diabetes: Estimates for the year 2000 and projections for 2030. *Diabetes Care*, 27(5), 1047—1053.

19. Barkin, S. L., Heerman, W. J., Warren, M. D., and Rennhoff, C. (2010). Millennials and the world of work: The impact of obesity on health and productivity. *Journal of Business and Psychology*, 25(2), 239—245.

20. Baum, C. L., II, and Ford, W. F. (2004). The Wage Effects of Obesity: A

Longitudinal Study. *Health Economics*, 3(9), 885–899. Retrieved from http://amosyang.net/wp-content/uploads/2012/10/wageobesity.pdf

21. Finkelstein, E., Fiebelkorn, C., and Wang, G. (2005). The Costs of Obesity Among Full-Time Employees. *American Journal of Health Promotion*, 20(1), 45–51.

22. Kelly, T., Yang, W., Chen, C.-S., Reynolds, K., and He, J. (2008). Global Burden of Obesity in 2005 and Projections to 2030. *International Journal of Obesity*, 32, 1431–1437. Retrieved from http://www.nature.com/ijo/journal/v32/n9/full/ijo2008102a.html

23. Owen, N., Sparling, P. B., Healy, G. N., Dunstan, D. W., and Matthews, C. E. (2010). Sedentary behavior: Emerging Evidence for a New Health Risk. *Mayo Clinic Proceedings*, 85(12), 1138–1141. Retrieved from http://www.ncbi.nlm.nih.gov/pmc/articles/PMC2996155/

24. World Health Organization (2004). *Work Organization and Stress: Systematic Problem Approaches for Employers, Managers and Trade Union Representatives*. World Health Organization: Protecting Workers' Health Series No 3. 2. Retrieved from http://www.who.int/occupational_health/publications/pwh3rev.pdf

25. American Psychological Association (2015). *Stress in America: Paying with Our Health*. Retrieved from http://www.apa.org/news/press/releases/stress/2014/stress-report.pdf

26. American Psychological Association (2014). *Stress in America: Are Teens Adopting Adults' Stress Habits?* Retrieved from https://www.apa.org/news/press/releases/stress/2013/stress-report.pdf

27. American Psychological Association (2015). *Stress in America: Paying With Our Health*.

28. 동일한 문헌

29. 동일한 문헌

30. United Nations, Department of Economic and Social Affairs, Population Division (2012). *World Marriage Data 2012* (POP/DB/Marr/Rev2012). Retrieved from http://www.un.org/esa/population/publications/WMD2012/MainFrame.html

31. The Goldman Sachs Group, Inc. (2014). Millennials: The Housing Edition. In · *Thematic Research*. Retrieved August 4, 2014, from http://www.thehousingren

aissance.com/resources/2014/Millennials_The_Housing_Edition_handout.pdf

32. U.S. Census Bureau (2003). Statistical abstract of the United States: 2012. Table 1337. Single Parent Households: 1980—2009. Monthly Labor Review. Retrieved from https://www.census.gov/compendia/statab/2012/tables/12s1336.pdf

33. Harvard Business School (2015, May). *Life & Leadership After HBS: Findings*. Retrievedfromhttp://www.hbs.edu/women50/docs/L_and_L_Survey_2Findings _12final.pdf

34. Parker, K. (2015). Despite progress, women still bear heavier load than men in balancing work and family. *FactTank: News in the Numbers*. Pew Research Center. Retrieved March 10, 2015, from http://www.pewresearch.org/fact-tank/2015/03/10/women-still-bear-heavier-load-than-men-balancing-work-family/

색 인

Index

저자 약력

제니퍼 딜(Jennifer J. Deal)은 캘리포니아 샌디에고에 있는 창의적 리더십 센터(CCL)의 선임 연구원이자, USC(University of Southern California) 효율적 조직개발 센터(Center for Effective Organization)의 겸임 연구원이며, 월스트리트 저널의 리더십 전문가 패널에 속해 있다. 그녀의 연구주제는 글로벌 리더십과 세대간 차이를 주로 다루고 있으며, 다음과 같이 다양한 학술지와 비즈니스 잡지들에 글을 쓰고 있다 : 월스트리트 저널(Wall Street Journal), 뉴욕타임즈(New York Times), Strategy&, 가디언(The Guardian), 이코노미스트(The Economist), 포브스(Forbes), 연합통신(Associated Press), CNN, 내셔널 퍼블릭 라디오(National Public Radio), 사우스 차이나 모닝 포스트(South China Morning Post), 글로브 앤 메일(Globe and Mail), 성장 훈련 잡지(Training Development Magazine).

제니퍼는 CCL의 세계 리더십 설문조사와 젊은 리더에 대한 연구 프로젝트의 관리직을 맡고 있다. 2002년, 그녀는 도서 '새로운 글로벌 관리자의 성공'(Jossey-Bass/Wiley)을 공동집필하였고, 세대별 이슈, 협상에서의 전략적 정보사용, 임원 채용, 문화 적응, 글로벌 관리, 여성 관리자에 대해 다양한 논문을 발표하였다. 그녀의 두 번째 책 '세대간 차이를 극복하자(Retiring the Generation Gap)'는 2007년에 출간되었다. 세대간 차이에 대해 국제적인 명성을 가지고 있는 연구자로서, 그녀는 6개의 대륙에서 일어나는 현상에 대해 논의했었다(북아메리카, 남아메리카, 유럽, 아시아, 아프리카, 호주).

그녀는 하버퍼드(Haverford) 대학에서 심리학으로 학사학위를 받았고, 오하이오 주립대학에서 산업 및 조직심리학으로 석사와 박사학위를 받았으며, 세부 전공으로는 정치심리학을 공부하였다.

알렉 레빈슨(Alec Levenson)은 경제학자이며 USC(University of Southern California) 마샬경영대에 속한 효율적 조직개발 센터(Center for Effective Organizations)의 선임 연구원이다. 그의 행동연구와 조직들에 대한 컨설팅에서는 업무와 조직성과, 그리고 HR 시스템을 최적화하는 일을 주로 다루고 있으며, 다음과 같은 주제들에 초점을 맞추고 있다 :

- 새롭게 떠오르는 시장과 글로벌 조직들을 위한 조직 및 인재관리 전략
- 새로운 조직구성원 세대와 새로운 업무의 세계를 위한 인재관리계획
- 핵심인재 선택을 효율화하기 위한 인력자원 분석
- 조직 설계와 효율성 추구

알렉이 조직과 함께 작업을 할 때에는, 성과를 높이기 위해 조직이 활용할 수 있는 실용적이고 실행가능한 지식과 과학적 연구결과들을 최적화해서 통합하곤 한다. 그는 경제학, 전략, 조직행동, 산업 및 조직심리학의 원리들로부터 복잡한 핵심인재 관리와 조직관리에 대한 도전과제들을 해결할 수 있는 방안을 만들어낸다. 그리고, 조직들이 핵심적인 분야에서의 발전을 유지시키기 위해 반드시 해야 하는 행동에 대해 제안을 해준다.

알렉은 인적자원 분석에 있어서 포춘(Fortune) 선정 상위 500대 기업과 글로벌(Global) 선정 상위 500대 기업들을 대상으로 다양한 훈련을 쌓은 숙련된 HR 전문가이다. 그는 "효과적인 구성원 설문조사 : 설계와 활용의 효율화, 그리고 조직에 대한 영향력 높이기(Employee Surveys that work : Improving Design, Use, and Organizational Impact)"와 "전략 분석 : 전략 실행과 조직 효율성의 강화(Strategic Analytics : Advancing Strategy Execution and Organizational Effectiveness)"라는 두 권의 책을 집필하였다.

알렉의 연구는 다음과 같이 다양한 학술지와 비즈니스 잡지들에 게재되었다 : 뉴욕타임즈, 월스트리트 저널, 이코노미스트, CNN, 비즈니스위크(BusinessWeek), 연합통신, 미국 뉴스와 세계소식(U.S. News and World Report), 내셔널 퍼블릭 라디오, 로스앤젤레스 타임즈(Los Angeles Times), USA 투데이(USA Today), 마켓플레이스(Marketplace), 폭스 뉴스(Fox News) 외의 다양한 뉴스 매체.

그는 경제학 전공으로 프린스턴 대학에서 석사와 박사학위를 받았으며, 세부전공으로는 노동경제학과 개발경제학을 공부하였다. 그리고 학부에서는 위스콘신-매디슨 대학에서 경제학과 중국어를 전공하였다.

회사소개

창의적 리더십 센터(Center for Creative Leadership)에 대한 소개

창의적 리더십 센터(CCL)는 리더십 개발에 있어서 세계적인 명성을 가지고 있는 최고의 교육기관이다. 리더가 가지는 권력을 효과적으로 조율해서 고객에게 중요한 성과를 낼 수 있도록 하기 위해, CCL은 개인 리더와 팀, 조직과 사회를 변화시켜왔다. 다양하고 날카로운 해결책들은 여러 직급의 리더 수천만명을 대상으로 얻어진 광범위한 연구결과와 경험에 기반하여 개발되었다. 파이낸셜 타임스(Financial Times)가 선정한 세계 최고의 임원 교육기관 상위 5개에 포함되었고, 블룸스버그 비즈니스위크(Bloomsberg BusinessWeek)가 선정한 상위 10개의 교육기관에 포함되었다. CCL의 세계 지사들이 위치한 곳은 다음과 같다 : 노스캐롤라이나주의 그린즈버러, 콜로라도주의 콜로라도 스프링즈, 캘리포니아주의 샌디에고, 벨기에의 브뤼셀, 러시아의 모스코바, 이디오피아의 아디스아바바, 남아프리카의 요하네스버그, 싱가포르, 인도의 구르가온, 중국의 상해.

효율적 조직개발센터(Center for Effective Organizations)에 대한 소개

USC(University of Southern California) 마샬경영대의 효율적 조직개발 센터(CEO)는 30년이 넘도록 리더십에 대한 뛰어난 연구와 지식을 쌓아온 것으로 국제적 명성을 가지고 있는 곳이다. CEO는 다양한 조직들과 함께 행동연구를 하고, 실용적이고 과학적 근거가 있는 이론을 도출하며, 효율성을 강화하기 위해 변화를 설계하고 그 변화를 실행에 옮기는 작업에 적극적으로 참여하였다. CEO의 연구원들은 조직을 운영하는 방법을 개선하기 위해 조직설계, 복잡한 변화이론, HR의 체계와 분석, 전략분석, 리더십, 핵심인재 관리 이론들을 적용한다. 그리고 CEO는 모든 인력관리분야와 조직효율성 분야에서 뛰어난 임원 교육과 학습 프로그램을 보유하고 있는 것으로 명성이 높다.

역자 소개

박정민

이화여자대학교 대학원 심리학과에서 상담심리학 전공으로 박사 학위를 받았다. 한국청소년상담원(현 한국청소년상담복지개발원) 선임상담원, 이화여자대학교 학생상담센터 상담원, ㈜다산E&E의 EAP 팀장, ㈜피플인싸이트그룹의 EAP 팀장, ㈜리더스인싸이트그룹의 Development 담당 상무를 역임하였고, 현재 COZY SUDA라는 1인 기업 대표로 재직 중이다. 다양한 조직의 임원 및 팀장, 구성원을 대상으로 건강한 마음관리를 하는 상담심리전문가, Smart Leadership & Followership을 관리하는 전문코치로 활발히 활동하고 있다.

Homepage www.cozysuda.com
Email monica@cozysuda.com

저서
코칭여행자를 위한 안내서(지식과감성, 2015)
오해하지 말아주세요(박영스토리, 2014)
남자의 공간(21세기북스, 2013)
멘붕 탈출! 스트레스 관리(학지사, 2013)

역서
나의 일을 의미있게 만드는 방법(박영스토리, 2016)
일터에서 의미찾기(박영스토리, 2015)
역량기반 평가기법(지식과감성, 2015)
스트레스 없는 풍요로운 삶(시그마프레스, 2013)
상사를 관리하라(랜덤하우스, 2011)
Y세대의 코칭 전략(시그마북스, 2010)
중간관리자의 성과코칭전략(이너북스, 2009)
심리치료의 거장(학지사, 2008)

밀레니얼 세대가 일터에서 원하는 것

초판발행	2017년 1월 30일
중판발행	2017년 11월 15일
지은이	제니퍼 딜, 알렉 레빈슨
옮긴이	박정민
펴낸이	안상준
편 집	김선민
기획/마케팅	노 현
표지디자인	조아라
제 작	우인도·고철민
펴낸곳	(주) 피와이메이트
	서울특별시 마포구 월드컵북로 400, 5층 2호(상암동, 문화콘텐츠센터)
	등록 2014.2.12. 제2015-000165호
전 화	02)733-6771
f a x	02)736-4818
e-mail	pys@pybook.co.kr
homepage	www.pybook.co.kr
ISBN	979-11-87010-12-8 93370

copyright©제니퍼 딜, 알렉 레빈슨, 2017, Printed in Korea

* 잘못된 책은 바꿔드립니다. 본서의 무단복제행위를 금합니다.
* 역자와 협의하여 인지첩부를 생략합니다.

정 가 20,000원